Stefan Ark Nitsche

König David

Sein Leben – seine Zeit – seine Welt

Chr. Kaiser
Gütersloher
Verlagshaus

Die Deutsche Bibliothek – CIP-Einheitsaufnahme

Nitsche, Stefan Ark:
König David: Sein Leben – seine Zeit – seine Welt / Stefan Ark Nitsche. – Gütersloh: Kaiser, Gütersloher Verl.-Haus, 2002
ISBN 3-579-05191-1

Umwelthinweis:
Dieses Buch wurde auf chlorfrei gebleichtem und alterungsbeständigem Papier gedruckt. Die vor Verschmutzung schützende Einschrumpffolie ist aus umweltschonender und recyclingfähiger PE-Folie.

ISBN 3-579-05191-1

Umschlag: Finken & Bumiller, Stuttgart unter Verwendung einer Abbildung der Statue »David« von Michelangelo Buonarroti, 1501-1504
Druck und Bindung: Těšínská Tiskárna AG, Český Těšín
Printed in Czech Republic

www.gtvh.de

Inhalt

David – historische Figur oder Mythos? **7**

Annäherung an eine schillernde Gestalt **11**
David gegen Goliath – Geschichte und Geschichten 15
Die Vorgeschichte der Lebensgeschichte 54

Ohnmacht und Macht – Stationen des Aufstiegs **83**
Vom Musiktherapeuten zum Schwiegersohn des Königs 86
Vom Offizier des Königs zum Verfolgten 104
Vom Flüchtling zum Schutzgelderpresser 127
Vom Hochverräter zum Stammeskönig von Juda 151
Vom Stammesfürsten zum König der Einheit 171

Macht und Gestaltung: Jerusalem **191**
Ein Handstreich – die Eroberung Jerusalems 197
Die neue Zeit – Jebusiter und Judäer in einer Stadt 198
Die Heimholung der Lade 204
Am Ziel! 208
Nachspiele 209

Macht und Verfehlung – der langsame Abstieg **213**
Mißbrauch der Macht: David und Bathseba 215
Davids Expansionspolitik 227
Der ohnmächtige Vater: David und Tamar 234
Der Aufstand Abschaloms 245
Innenpolitische Spannungen 256
Davids Ende 264

David – Gestalt im Umbruch **273**
Jerusalem, heute 275
Gestalt im Umbruch 279
Die Macht des Versprechens und des Verzeihens 281

Anhang
Stammtafel – Verwandschaftsverhältnisse 287
Anmerkungen 289
Literatur 306
Personenregister mit Erklärungen 309
Ortsregister 313

David – historische Figur oder Mythos?

Kaum eine andere Figur des Alten Orients übte eine solche Faszination auf ihre Zeitgenossen und die Nachwelt aus wie der erste König der Doppelmonarchie von Juda und Israel an der Wende vom zweiten zum ersten vorchristlichen Jahrtausend. David: jüngster Sohn eines Bauern aus dem südlichen Hügelland Palästinas; Hütejunge und begabter Musiker; Realpolitiker mit steiler Karriere und charismatischer Ausstrahlung; Frauenliebling und zugleich akzeptiert in einer Männerwelt, die in vielem an die Schilderungen der Heldensagen anderer Völker des Mittelmeerraumes erinnert.

David war eine historische Figur, die Spuren hinterließ. Er prägte entscheidend die Entstehung des bis in die jüngste Gegenwart einzigen wirklich souveränen Staates, der auf der fruchtbaren Landbrücke zwischen den beiden Hochkulturen am Nil im Westen und im Zweistromland des Euphrat und Tigris im Osten existierte. David hinterließ aber auch Spuren in Dichtung und darstellender Kunst, in der Philosophie und Theologie der mediterranen und abendländischen Kultur. Je größer der zeitliche Abstand zu seinem Leben, desto mehr wurde er zur Idealgestalt des göttlich legitimierten Herrschers und zum Vorbild ganzer Generationen byzantinischer und deutscher Kaiser und Könige stilisiert. David wurde zu einer mythischen Figur.

An der Gestalt des Psalterdichters auf dem Thron wurde im Laufe der Geschichte immer deutlicher der Umgang mit der Macht herausgearbeitet. Durch eine Reihe von Ohnmachtserfahrungen und Niederlagen führte Davids steiler Aufstieg zur Macht, ehe er diese zur Gestaltung eines neuen Staates einsetzen konnte. Doch auch die zerstörende Wirkung seiner Machtausübung ist bezeugt. Davids Stärke lag zweifellos in der für Feind und Freund gleichermaßen unberechenbaren Fähigkeit, Situationen in ihren größeren politischen und strategischen Zusammenhängen intuitiv zu erfassen und dann plötzlich und präzise zuzuschlagen – oft dort, wo es niemand vermutet hatte.

Seinen Aufstieg zum Thron verdankte er allerdings auch in nicht geringem Maße den Frauen an seiner Seite: Da war zum Beispiel Michal, die Tochter seines Vorgängers. Sie ebnete ihm endgültig den Weg in die Hofgesellschaft und machte ihn für das Nordreich als Thronfolger akzeptabel. Da war aber auch Abigail, die notwendiges Kapital und Einfluß mit in die Ehe brachte. Sie wurde zur Witwe, als ihr reicher erster Mann einen Schlaganfall erlitt – er hatte erfahren, daß sie hinter seinem Rücken auf die Zukunft Davids setzte.

Davids Eheschließungen als König waren Bestandteil einer Vertragspolitik, welche die rasche Expansion seines Reiches ermöglichte. Auch sein Machtmißbrauch ist mit Frauennamen verbunden: Die Erzählung von der schönen Bathseba und ihrer Affäre mit dem König markiert den Anfang einer langwierigen Auseinandersetzung innerhalb des David-Clans um die Nachfolge auf dem Thron, in deren Verlauf seine Tochter Tamar eines der vielen Opfer wurde.

Die historische Figur des Königs läßt sich nicht mehr trennen von der überlieferten Schilderung einer Person, in der ein gesellschaftlicher Umbruch Gestalt gewann. Die Hauptakteure des Geschehens wurden bereits in den ältesten rekonstruierbaren Texten zu Personifikationen der verschiedenen politischen, theologischen und gesellschaftlichen Tendenzen der Zeit. Für den Versuch einer Spurenaufnahme der historischen Figur müssen zuerst die Rahmenbedingungen abgesteckt werden. Das auswertbare Material kann nur als das Ergebnis einer Entwicklungsgeschichte der Lebensgeschichte Davids verstanden werden. Am bekanntesten Detail seiner Biographie, seinem Kampf gegen den Riesen Goliath, soll deshalb der Gang rückwärts durch diese Geschichte bis zu den Ereignissen selbst dargestellt werden. In einem weiteren Schritt wird dann die Vorgeschichte der Lebensgeschichte zu skizzieren sein, bevor die Spuren Davids – geleitet von der Frage nach dem Umgang mit der Macht – in seiner eigenen Zeit und in der Geschichte nachgezeichnet werden können.

Annäherung an eine schillernde Gestalt

Die Spuren der Biographie Davids liegen uns in der Geschichte ihrer Wirkung vor – sie liegen uns *nur* in der Wirkung vor. Um hinter den Zeugen dieser Rezeptionsgeschichte die wahrscheinlichen historischen Daten der Lebensgeschichte zu entdecken, ist es nötig, Schicht um Schicht des über zweieinhalb Jahrtausende andauernden Wachstumsprozesses sorgfältig abzutragen. Zu Beginn des Annäherungsversuches an die historische Figur David in ihrer Geschichte gewordenen Gestalt steht deshalb ein Abschnitt, in dem die sorgfältige Spurenaufnahme mit Hilfe der historisch-kritischen Methoden der Rezeptions-, Kompositions- und Überlieferungsgeschichte vorgestellt werden soll.

Am Beispiel des Kampfes Davids gegen Goliath soll der notwendige Weg durch die Geschichte der Wirkungen bis zu den Texten gezeigt werden, die dieser Rezeption zugrunde liegen. Damit ist allerdings für die Suche nach der historischen Figur noch wenig gewonnen, denn die Texte sind selbst Dokumente eines mehr als achthundertjährigen Wachstumsprozesses. Dieser muß zurückverfolgt werden bis auf die ersten mündlichen Überlieferungen. Um diese ältesten Erzählungen ausfindig zu machen, die zum Großteil schon zu Lebzeiten Davids entstanden sind, ist die Identifikation des Konzeptes von Herrschaft notwendig, das hinter ihnen steht. Dabei wird sich herausstellen, daß es sich in den meisten Fällen um das dem Alten Testament sonst eher fremde Heroen-Konzept handelt. In den sogenannten «Heroensagen», die vor allem aus der griechischen Welt und durch Textmaterial aus Sumer und Ugarit bekannt sind, findet sich dieses Konzept wieder: «Heroensagen» sind Erzählungen, die ihre Funktion darin haben, die Legitimation eines Herrschers zu unterstützen. In diesen Sagen ist in der Regel von den heldenhaften Taten eines Königs die Rede. Damit wurde sein Machtanspruch unterstrichen. In den Überlieferungen von David begegnen immer wieder einzelne Teile dieses Konzeptes. Damit eröffnet sich die Möglichkeit, den

Wachstumsprozess der Texte bis vor die erste Bearbeitungsschicht, in der von JHWH, dem Gott Israels die Rede ist, zurückzuverfolgen. Auf diese Weise gelangt man – zeitlich gesehen – relativ nahe an die Ereignisse. Wie die Bezeichnung «Sage» schon deutlich macht, geht es in diesen ältesten Erzählungen aber nicht in erster Linie um die Übermittlung historischer Fakten. Erst im Vergleich mit archäologischen Ergebnissen, durch die Auswertung von Inschriften und Textüberlieferungen altorientalischer und ägyptischer Kulturen sowie durch topographische und soziohistorische Untersuchungen lässt sich die Wahrscheinlichkeit der Historizität der Daten der Biographie Davids beurteilen.

In diesem Anfangskapitel wird teilweise Abschied zu nehmen sein von der vertrauten Frage nach dem, was «eigentlich passiert sei damals»; ein Geschichtsverständnis wird sichtbar werden, das einen Umgang mit Geschichte und Geschichten möglich macht, den die Fragen nach den «reinen Fakten» verstellt haben.

David gegen Goliath – Geschichte und Geschichten

Das bekannteste Detail der Lebensgeschichte des israelitischen Königs David ist sein erfolgreicher Kampf mit dem Riesen Goliath. «David gegen Goliath», das hat sprichwörtlichen Charakter gewonnen. Beinahe jeden Tag wird in den Medien Bezug genommen auf die Heldentat des Hirtenknaben, der es gewagt hat, gegen einen Großen und Mächtigen anzutreten. Die Tat ist längst zum Beleg dafür geworden, daß auch die Kleinen eine Chance haben.

Hat dieser Kampf wirklich stattgefunden, oder ist er eine bloße Fiktion – wenn auch eine, die eine große Wirkung hinterlassen und immer wieder Menschen ermutigt hat, sich von scheinbar unumstößlichen Machtverhältnissen nicht die Initiative zum eigenen Handeln rauben zu lassen? Liegt dieser ermutigenden Überlieferung ein tatsächliches Geschehen zugrunde, oder verleiht sie lediglich der Dynamik eines archetypischen Grundmusters Gestalt?

Untersuchungsgegenstand dieses Kapitels ist ein Totschlag. Die Tatzeit liegt etwa 3000 Jahre zurück. Wahrscheinliche Todeszeit des Opfers: zwischen 1013 und 1011 vor Christus. Die Identität des Täters scheint, wie so oft, auf der Hand zu liegen. Die öffentliche Meinung dazu ist eindeutig: David ben Ischai, ein Hirtenjunge aus Bethlehem, soll der Schuldige sein.

Die erste Spur führt nach Florenz.

Prolog: Florenz, Sommer 1534

Ein ehrgeiziger Plan war fehlgeschlagen.

Herzog Alessandro de Medici, den sie abschätzig den «Mulatten» nannten, hatte den Bildhauer Baccio Bandinelli beauftragt, eine Marmorgruppe für die Piazza Signoria zu entwerfen. Eine Figur sollte es sein, mit der sich der gerade erst von Kaiser Karl V. eingesetzte und durch Verlobung mit seiner Tochter Margareta von Österreich-Parma standesgemäß gemachte Medici-Bastard identifizieren konnte. Das inhaltliche Programm der Marmorgruppe stimmte: Herkules besiegt den Wegelagerer Cacus. Der für die Aufstellung vorgesehene Platz bewies, daß der Herzog verstanden hatte, gegen wen er antrat: Seine Marmorgruppe sollte als Pendant zur Statue des David von Michelangelo rechts vom Portal des Palastes aufgestellt werden. Ihr Ausmaß sollte noch gigantischer sein als dessen provozierende Gestalt, um die anmaßenden Florentiner Bürger in die Schranken zu weisen. Doch die Ausführung dieses Programms fand vor dem Florentiner Kunstverständnis keine Gnade. Der Bildhauerkollege Benvenuto Cellini hatte die allgemeine Einschätzung mit dem Spottnamen «Melonenquetscher» zum Ausdruck gebracht.[1]

Der Plan war fehlgeschlagen, den neuen Machtverhältnissen in der Toskana ein Denkmal zu setzen. Was blieb, war die Erkenntnis, daß die Medici zu lesen verstanden. Der Palazzo, vor dessen Front sich die Auseinandersetzung mit den Mitteln der darstellenden Kunst abspielte, war ursprünglich Amtssitz und Wohnung der beiden höchsten Würdenträger von Florenz. Die Medici hatten ihn für sich okkupiert.

Vor dem Palazzo standen zwei Marmorstatuen, welche die Freiheiten der abgeschafften Republik verkörperten: Donatellos Standbild der biblischen Heldin Judith, die ihr Volk von der Tyrannei des Holofernes durch dessen Enthauptung befreit hatte,[2] und die weltberühmt gewordene Figur des Michelangelo: David, der sein Land aus den Klauen des Riesen Goliath gerissen hatte. Ursprünglich war diese Arbeit Michelangelos nicht für die Piazza Signoria bestimmt, sondern für den Dom. Doch kaum hatte der Bildhauer sein Werk beendet, erkannte man dessen brisante Aussage und bildete, wie üblich in Florenz, eine Kommis-

Bacchio Bandinelli, Herkules besiegt Cacus, 1534. Florenz, am Eingang des Palazzo Vecchio

Donatello, Judith und Holofernes, 1456–60. Florenz, Piazza della Signoria

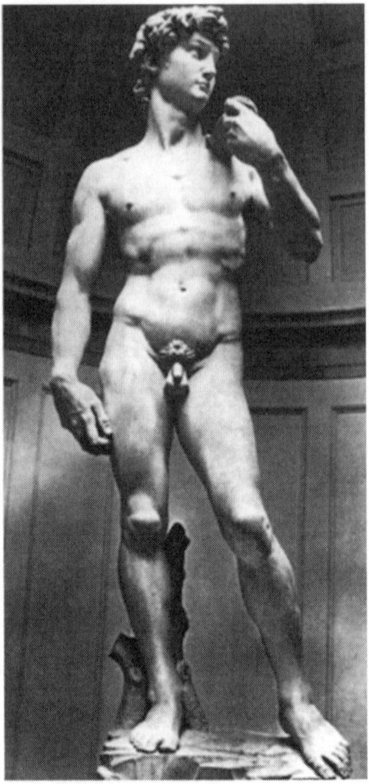

Michelangelo Buonarroti, David, 1501–1504. Florenz, Galleria dell'Accademia

sion, der neben anderen auch Leonardo da Vinci angehörte, um einen wirkungsvolleren Standort zu finden. 1504 wurde sie neben Donatellos Judith vor dem Zentrum der bürgerlichen Macht aufgestellt.

Dieser Gestalt gewordenen Herausforderung mußte der Mediciherrscher etwas entgegensetzen. Doch sein ehrgeiziger Plan war fehlgeschlagen.

Der Riesentöter David als Träger des neuen Selbstverständnisses eines zur Macht aufsteigenden Bürgertums hatte im Florenz des 15. Jahrhun-

Lorenzo Ghiberti, David besiegt Goliath, um 1440. Bronzerelief an der Türe des Baptisteriums in Florenz

derts bereits seinen festen Platz im Bildmaterial der darstellenden Kunst. In den Jahrhunderten zuvor war eben dieser David Vor- und Abbild der Macht von Königen und Kaisern gewesen.[3] Auf der Tür des Lorenzo Ghiberti für das Baptisterium des Florentiner Domes aber, die den Aufstieg der Stadt Florenz zum politischen Zentrum der ersten Hälfte des 15. Jahrhunderts verherrlicht, begegnet David zum ersten Mal als eine Identifikationsgestalt für das aufstrebende Bürgertum.

Ghibertis Schüler Donatello – dem wir auch die den Holofernes enthauptende Judith verdanken – entwickelte das Thema weiter. 1433 bis

Donatello, David, um 1433–43. Florenz, Museo Nazionale del Bargello

Andrea del Verrocchio, David, um 1472–75, Florenz, Museo Nazionale del Bargello

1443 entstand seine Bronzeversion des Davidtriumphes. Sie wurde von den Florentinern als eine Anspielung auf die Behauptung der Stadt gegenüber den Großmächten Mailand und Neapel verstanden. Nach dem Sturz der damals noch aus dem Hintergrund regierenden Medici wurde er 1495 denn auch aus dem Palazzo in den öffentlich zugänglichen Hof gebracht. Donatello stellte seinen Helden noch ganz als jugendlichen

Hirten mit einem für den Knaben viel zu großen Schwert dar – beinahe erstaunt, wenn nicht gar verblüfft über seinen Sieg gegen den Riesen Goliath: Der Beginn der Machtausübung durch das Bürgertum.

Verruchio dagegen ließ – knapp 30 Jahre später – in seiner Variation über das Thema den Knaben selbstbewußt lächelnd in einer bis ins Arrogante spielenden Haltung über das abgeschlagene Riesenhaupt hinweg auf den Betrachter blicken.

Michelangelo schließlich verzichtete ganz auf die Trophäe zu Füßen des Siegers. Mit großer Selbstverständlichkeit steht dieser aus einem vier Meter hohen Marmorblock Geschälte in unverhüllter Nacktheit da. Lässig liegt die Schleuder über seiner Schulter, die Rechte spielt mit dem Schleuderstein; die Lippen, der Blick des Helden: siegesgewiß. Kein Wunder, daß man dieses Sinnbild republikanischen Selbstbewußtseins aus seinem abseits gelegenen Platz auf einer der Chortribühnen des Domes holte und ins machtpolitische Zentrum der Stadt stellte: Er hatte den Riesen besiegt. Kein Wunder aber auch, daß diese Herausforderung von den zurückkehrenden Medici verstanden wurde.

Die erste Antwort war mißglückt; der «Melonenquetscher» war dem Spott der Bürger ausgeliefert. Sein Auftraggeber blieb auch nicht lange Herzog. Schon 1537 wurde er ermordet. Doch sein Nachfolger, Cosimo I., Großherzog der Toskana, bediente sich eben jenes Cellini, der den Spottnamen erfunden hatte, um die mit künstlerischen Mitteln geführten Auseinandersetzung endgültig abzuschließen: Seine Marmorgruppe *Perseus, das abgeschlagene Gorgonenhaupt haltend* (1545 bis 1554 entstanden) wurde, exakt in der Ausrichtung des selbstbewußten steinernen Blickes des David, unter den Arkaden der Loggia dei Lanzi aufgestellt.

Noch einmal wurde eine Enthauptung dargestellt – diesmal diente sie zur Befreiung der Jungfrau Andromeda. Herzog Cosimo selbst hatte das Thema aus der griechischen Mytholgie gewählt. Es muß nicht gerätselt werden, mit wem er sich identifizierte. Für die Stadt aber – und mit ihr für ihre Bürger – blieb nur die Rolle einer der Befreiung bedürftigen Jungfrau!

Das Thema «David erschlägt den Riesen Goliath» hatte ausgedient als Mittel für politische Auseinandersetzungen. Eine Version des Bildhauers Gian Lorenzo Bernini vom Beginn des 17. Jahrhunderts zeigt nur

Benvenuto Cellini, Perseus, 1545–1554. Florenz, Loggia dei Lanzi

Gianlorenzo Bernini, David, 1623–24. Rom, Galleria Borghese

noch Interesse an der Form und Dynamik der Figuren selbst und verzichtet auf eine pointierte Stellungnahme zur eigenen gesellschaftlichen Realität.[4]

Dieser vielleicht wie eine Spielerei anmutende Ausflug ins Florenz der Renaissance zeigt deutlich, wie frei mit Motiven, Gestalten und Geschichten der Historie, die als bekannt vorausgesetzt werden durften, in vergangenen Jahrhunderten umgegangen wurde.[5] Das Interesse galt nicht in erster Linie der uns heute scheinbar so geläufigen Frage, was denn da wirklich geschehen war. Vielmehr wurde Traditionsgut, allen bekannte Geschichte und Geschichten, in freimütiger Art und Weise zum deutenden Umgang mit der eigenen Situation verwendet.

Welchen Vorlagen und Anregungen konnten die Florentiner Künstler und Auftraggeber des 15. und 16. Jahrhunderts ihr Sprach- und Bildmaterial entnehmen? Es war nicht ihre «Erfindung», den Riesentöter David als Verkörperung des Widerstandes gegen Tyrannei und als positive Identifikationsfigur darzustellen.

Ein vielberufener Sieg

Szenen der Davidgeschichte begegnen bereits in spätantiken Darstellungen sehr häufig, sowohl im jüdischen Kulturgut[6] wie auch in frühchristlicher Kunst. In der Reihe dieser Darstellungen zählt der Kampf Davids gegen den Riesen Goliath zu den beliebtesten Motiven.[7]

Dabei galt Davids Triumph als ein Abbild des Triumphes Christi über den Satan. Dies läßt sich deutlich auf Reliefdarstellungen an der Holztüre von San Ambrosio in Mailand erkennen. Hier ist man glücklicherweise auch nicht auf nachträgliche Interpretationen angewiesen, denn beim Kirchenvater Augustin, der vermutlich das Bildprogramm für die Darstellungen auf den Kirchentüren entwickelt hat, findet sich der Gedanke schriftlich überliefert: «In der Gestalt Christi erscheint David, wie Goliath in der Gestalt des Teufels: und wie David Goliath niedergestreckt hat, ist es Christus, der den Teufel besiegte.»[8]

Zur gleichen Zeit diente der Kampf des wehr- und waffenlosen (!) David auch als Mittel der Darstellung und Deutung des Schicksals der frühchristlichen Märtyrer. Zwar ließen diese im Unterschied zu David ihr Leben, doch in der Darstellung ihres Todes mit Hilfe der alten Geschichte versuchte man der Hoffnung Ausdruck zu geben, daß ihnen der eigentliche Sieg gewiß wäre: So wie der König Israels in seiner Jugend gekämpft und in aussichtsloser Lage durch den Beistand Gottes doch letztendlich gesiegt hatte, so ist auch die Zukunft jener für ihren Glauben in den Tod Gegangenen weiterzuzeichnen: Der Sieg (über den Tod) ist ihnen gewiß.

Diese beiden Interpretationen der Erzählung, bald verschmolzen zu der in ihnen ausgedrückten Gewißheit der Überlegenheit der christlichen Botschaft und des christlichen Lebensstiles, lassen sich durch das gesamte Mittelalter verfolgen.

In der Bedeutung, die der Bewaffnung des jugendlichen Helden beigemessen wird, läßt sich die jeweilige Auffassung von der Bedeutung der Beteiligung der menschlichen Partner im Doppel Gott (Kirche) – Mensch (David) bei der Auseinandersetzung mit den Mächte erkennen, die der Kirche und dem Christentum feindlich gesinnt sind. Wurde David mit dem Schwert oder mit der Schleuder dargestellt – oder waren die Mittel gar der Abbildung nicht wert? In diesem Fall wurde lediglich seine triumphale Heimkehr mit dem abgeschlagenen Haupt in der Hand dargestellt.

Gerade im Umkreis der sich als Schutzherren der Kirche verstehenden deutschen Kaiser fehlt das Schwert nie in der Bildsprache;[9] Eine deutliche Sprache im Blick auf den Jahrhunderte währenden Streit zwischen Papst und Kaiser um die Vorrangstellung im Reich: In den Augen der Kaiser brauchte Gott – und damit die Kirche – einen starken, bewaffneten Arm, um seine Sache in dieser Welt siegreich zu Ende zu führen. Indem sich die Kaiser auf den bewaffneten David beriefen, zeigten sie ihre Bereitschaft an, in Stellvertretung Gottes Politik zu betreiben.

Die Illustration eines griechischen Psalters aus dem 10. Jahrhundert, der sich heute in Paris befindet, zeigt eine weitere Variante des Motivs.[10] Allegorische Gestalten begleiten die Handlungen des tugendhaften David. In der uns interessierenden Szene vom Goliathkampf sind sie die eigentlichen Handlungsträger! Hinter dem jugendlichen Hirten erscheint eine geflügelte Gestalt, die mit «Dynamis» (Kraft, Mut) bezeichnet ist; hinter Goliath, der bereits vor dem erfolgreichen Schleuderwurf in die Knie sinkt, ist eine fliehende Frauengestalt mit der Bezeichnung «Hybria» (frevelhafter Übermut) zu sehen. Nicht mehr Gott steht hinter dem Geschehen, sondern personifizierte Tugenden und Untugenden der jeweils Handelnden. Diese nur im byzantinischen Kulturraum anzutreffenden Darstellungen kennzeichnen einen ersten Schritt zur «Enttheologisierung» der Deutung des Geschehens mit Hilfe der klassischen griechischen Tugendlehre.

Es wird kein Zufall sein, daß gerade im Florenz der Renaissance diese Linie weiter ausgezogen wurde und die Geschichte von Davids Kampf gegen den Riesen zur Durchsichtigmachung rein weltlicher Machtverhältnisse benutzt wurde, während die Frage nach der Beteiligung Gottes am Geschehen keine Rolle mehr spielte.

Die Stadt erlebte ihren ersten politischen Höhepunkt am Unionskonzil 1439. Die katholische (weströmische) und die orthodoxe (oströmische) Kirche verhandelten an diesem Konzil über eine neue Einheit. Erstmals seit dem 6. Jahrhundert reisten die bedeutendsten byzantinischen Gelehrten und Kirchenmänner wieder in den westlichen Teil Europas. Theologisch und kirchenpolitisch war dem Konzil kein andauernder Erfolg beschieden; das Schisma blieb bestehen bis in unsere Tage. Doch kulturhistorisch betrachtet brachten die Jahrzehnte nach dem Konzil und dem Fall von Byzanz (1459) die Geburtsstunde der Renaissance.

Parallel zur Geschichte des Motivs im byzantinischen Osten entstanden seit dem 14. Jahrhundert in Europa, wahrscheinlich ausgehend von Frankreich, Darstellungen von allegorischen «neun (später auch zwölf) guten Helden».[11] Auf Flugblättern und Holzschnitten wurden abendländischen Regenten Vorbilder ritterlicher Tugenden vor Augen geführt. Nie fehlte in dieser Reihe der zweite König Israels: David.

Im 16. Jahrhundert tauchte dann auch ein entsprechendes Gegenstück in der regen Holzschnittproduktion auf, die vor allem das deutsche Reich (zu dem auch Florenz gehörte) überschwemmte: Die «Schandpforten der zwölf *Tyrannen* des Alten Testamentes» von Erhard Schön.[12] In dieser Reihe der Tyrannen findet sich auch «Goliath der Besiegte»!

Der letzte noch fehlende Mosaikstein für das Bildprogramm der Davidstatue des Michelangelo ist entdeckt. Der Medici-Herzog verstand auch ohne kunstgeschichtliches Detailwissen, ebenso wie die Bürger von Florenz, wer hier mit wem zu identifizieren wäre.

Diese wenigen Beispiele zeigen bereits, mit welch freiem und zugleich jeweils sehr zeitbezogenen Umgang mit einer biblischen Erzählung in unserer eigenen europäischen Vergangenheit zu rechnen ist. Auf der Suche nach einer eindeutigen, oder wenigstens exakteren Beschreibung dessen, was wir uns angewöhnt haben, ein historisches Faktum zu nennen, stehen wir vor einem Kaleidoskop von Darstellungen. Statt einer Eindämmung der Möglichkeiten läßt sich ein Auffächern zeitbedingter und zeitrelevanter Interpretationen beobachten.

Gibt es einen gemeinsamen Nenner dieser Vielfalt? Auf welches Material stützen sich die Bildprogramme und literarischen Deutungen?

Die Tat und ihre Überlieferung

Die Grundlage: das erste Buch Samuel und Jesus Sirach

In der hebräischen Bibel, dem Alten Testament des Christentums, findet sich im 17. Kapitel des 1. Buches Samuel ein Bericht, der mit einer genauen Ortsangabe einsetzt: Bei Efes-Damin, das zwischen Soko und Aseka liegt, sammelten die Philister ihr Heer zum Kampf und schlugen dort ein Feldlager auf. Darauf rief König Saul den Heerbahn Israels zusammen und bezog seinerseits eine strategisch günstige Position im Terebinthental. Die beiden Heere standen sich, jeweils auf der Höhe lagernd, gegenüber. Sie waren getrennt durch ein Bachbett, das zu der Zeit kein Wasser geführt zu haben scheint.

Jetzt geschah nach dem Bericht etwas Unvorhergesehenes: Es kam zwar zum Ausrücken der beiden Heere und zur Aufstellung in Schlachtformation, doch bevor das Kriegsgeschrei erhoben, das Zeichen zum Sturm beider Reihen hinab ins Tal und zum Kampf gegeben wurde, trat aus den Reihen der Philister ein Zweikämpfer hervor.

Sein Auftritt war furchterregend. Der Erzählung nach war er sechs Ellen und eine Spanne groß (ca. 2,80 m). Er trug einen bronzenen Helm, einen Schuppenpanzer und Beinschienen. Das Gewicht des Panzers wird mit 5000 Schekel (ca. 60 kg) angegeben. Auf dem Rücken trug er einen gewaltigen Wurfspieß, dessen Schaft «dick wie ein Weberbaum» und dessen Spitze aus dem damals erst aufkommenden und noch sehr seltenen Eisen war (Gewicht ca. 600 Schekel, ca. 7 kg). Eine wahrhaft panzerbrechende Waffe. Vor ihm her schritt ein Schildträger. Der Name des Riesen wird mit Goliath angegeben, aus der Stadt Gat, unweit des Kampfplatzes stammend. Er stellte sich vor die eigenen Schlachtreihen und schrie den Schlachtreihen Israels am gegenüberliegenden Hang seine Herausforderung zu:

«Warum zieht ihr zum Kampf aus?
Bin ich nicht der Philister und ihr die Knechte Sauls?
Wählt aus euren Reihen einen, der mit mir kämpfen will.
Wenn er mich erschlägt, so wollen wir eure Knechte sein,
wenn ich ihn erschlage, sollt ihr uns dienen.»

Aus den Reihen der Israeliten kam keine Reaktion; wie gelähmt vor Entsetzen standen alle da. Der Philister fing an zu höhnen und zu spotten über das Heer, das da verzagt am Hang stand und sich nicht rührte.

Vierzig Tage, so der Bericht, spielte sich nun morgens und abends eben diese Szene ab und das Resultat war, Tag für Tag, das Gleiche: Der philistäische Zweikämpfer konnte keinen Gegner finden.

Kein Wort von David.

Doch nun wechselt die Szene nach dem ungefähr 30 km weiter östlich gelegenen Bethlehem, einem Ort im judäischen Hochland. Dort wohnte ein Mann namens Ischai, der hatte acht Söhne. Der Mann war hochbetagt zu dieser Zeit und längst über das Alter hinaus, in dem man mit in den Krieg zieht. Seine drei ältesten Söhne aber, deren Namen alle aufgeführt werden, waren mit Saul ins Terebinthental gezogen. Dieser Mann Ischai machte sich Sorgen um seine ältesten Söhne, die seit mehr als vierzig Tagen schon im Feld waren. Er packte einen Esel voll mit Verpflegung für die Söhne, auch ein Geschenk für ihren Vorgesetzten wurde nicht vergessen, wohl in der Absicht, ihn dazu zu bewegen, die Söhne nicht bei einem Himmelfahrtskommando einzusetzen – Ischai ahnte ja nicht, daß man im Terebinthental immer noch in Stellung lag und kein Schwert sich gerührt, kein Pfeil, kein Speer geflogen war. Dann rief er seinen Jüngsten von der Herde zu sich auf den Hof und sandte ihn mit dem Esel und dem Auftrag, Nachricht von den Brüdern einzuholen, ins Heerlager. Dieser Jüngste aber hieß – und nun tritt der zweite Protagonist des Berichtes endlich auf – dieser hieß David.

David übergab die ihm anvertrauten Schafe einem Hirten, nahm den Esel beim Halfter und zog los. Als er zur Wagenburg des israelitischen Heeres kam, war gerade der allmorgendliche Aufmarsch der Truppen im Gang. Rasch übergab David dem Troßmeister seinen Esel samt Ladung, lief dem Heer nach, suchte seine Brüder und richtete ihnen – als Alibi für sein Auftauchen mitten unter den Soldaten – die Grüße des Vaters aus. Während er noch im Gespräch mit seinen Brüdern war, trat der Zweikämpfer – wie schon zum Ritual geworden – vor die eigenen Reihen und gab mit lauter Stimme den bereits bekannten Text von sich. Auf seiten des israelitischen Heeres: Lähmung.

Nur einer flüsterte die Neuigkeit:

«Habt ihr schon gehört? Der König hat eine Belohnung ausgesetzt für denjenigen, der es wagt, mit dem Philister zu kämpfen, der uns da seit vierzig Tagen verhöhnt und verspottet. Wer ihn erschlägt, den will der König reich machen und ihm seine Tochter zur Frau geben. Und damit noch nicht genug, seine ganze Familie soll von allen Steuern und Abgaben befreit werden.»

David hatte nur halb zugehört und eben den Rest mitbekommen:

«Was wird dem zuteil, der diesen Philister da erschlägt? Wer ist denn der unbeschnittene Kerl, daß er ungestraft die Schlachtreihen des lebendigen Gottes verhöhnen darf?»

Die Männer erklärten ihm die Situation und das Belohnungsangebot des Königs. Eliab, sein großer Bruder, bemerkte das und wurde zornig über den neugierigen Dreikäsehoch:

«Warum bist du eigentlich hergekommen? Und überhaupt, was ist denn mit den Schafen, für die du verantwortlich bist? Ach, ich weiß schon: Deine Vermessenheit und deine Neugier! Nur um den Kampf zu sehen bist du gekommen.»

David antwortete:

«Was habe ich denn getan? Man wird doch noch ein Wort reden dürfen!»

Er ließ seinen Bruder stehen und fragte die Umstehenden interessiert weiter über diese seltsame Pattstellung im Kampf aus. Irgendeiner hinterbrachte König Saul, daß da ein Knabe zwischen den Schlachtreihen herumstrich und die ganze Aufregung und Angst nicht verstehen wollte. Der König ließ nach ihm schicken. Kaum stand David vor Saul, sagte er ihm auch schon unbekümmert ins Gesicht:

«Mein König, lasse den Mut nicht sinken, ich werde hinuntergehen und mit dem Philister kämpfen.»

Saul sah den Knaben an, schüttelte den Kopf und meinte, er sei zu jung um dem trainierten Kämpfer entgegenzutreten. David ließ sich nicht beirren. Er berichtete, ohne Rücksicht auf die Möglichkeit, als Aufschneider dazustehen, von ein paar Heldentaten aus seiner Jugendzeit (Kämpfe mit Löwen und Bären) und schloß:

«Den Löwen und den Bären hat dein Knecht erschlagen, dem unbeschnittenen Philister soll es ebenso ergehen.»

Saul war überzeugt und gab seine Einwilligung.

Nun folgt eine Szene, die nicht ohne Komik ist:

Der Knabe David sollte die Rüstung des Königs tragen. Er wurde angekleidet wie es sich gehört: Panzer, Helm, Schwert. David, der noch nie eine Rüstung getragen hatte, versuchte, damit zu gehen: Er stolperte. Sicher verkniffen sich die Männer der Umgebung Sauls nur mühsam ein Lachen. Der Knabe aber blieb ruhig, legte die Rüstung wieder ab, nahm seinen Stecken, suchte sich fünf glatte Steine, legte sie in seine Jackentasche, griff zur Schleuder und marschierte dem Philister entgegen.

Zurück blieben ein sprachloser König und sein Stab.

Die Verblüffung auf seiten des Philisters aber war noch größer. Ein rotblonder, schöner Jüngling kam ihm entgegen. Der Philister sah nur den Stecken und höhnte:

«Bin ich denn ein Hund, daß du mit einem Stecken zu mir kommst?»

Dann begriff er. Dieser Winzling sollte sein Gegner sein. Endlich kam es zum Kampf. Er ging auf David zu – das Schild wurde ihm immer noch vorausgetragen. Auf dem Talgrund, noch mit Sicherheitsabstand, kam es zu einem ersten Gefecht – einem Wortgefecht. Der Philister eröffnete:

«Komm nur her, ich werde dein Fleisch den Vögeln zu fressen geben und die Tiere des Feldes werden deine Knochen abnagen.»

David blieb ebenfalls nicht stumm und stellte die Waffen dieses ungleichen Zweikampfes klar:

«Du kommst zu mir mit Schwert und Speer und Wurfspieß. Ich aber komme zu dir mit dem Namen JHWHs der Heerscharen, des Gottes der Schlachtreihen Israels, die du verspottest.»

Der Philister schaute nur ungläubig, und David fuhr fort:

«Heute wirst du in meiner Hand sein. Ich werde dir den Kopf abschlagen und deine Leiche und die Leichen der Philister werden den

Vögeln zum Fraß dienen und den Tieren. Damit alle Welt erkennt, daß Israel einen Gott hat.»

Dem Philister fiel auf die Rede dieses Knaben nichts mehr ein, und er stampfte auf David zu. Dann ging alles sehr schnell.

Krieger mit Schleuder. Steinrelief aus Tel Chalaf, Assyrien, 10./9. Jh. v. Chr., British Museum, London

David rannte auf den Philister zu, griff dabei in die Tasche, holte einen Stein heraus, schleuderte ihn und traf den Philister an der Stirn. Der taumelte, fiel nach vorn zu Boden. Schon war David bei ihm, zog sein Schwert und schlug ihm den Kopf ab.

Einen Augenblick war es totenstill hüben und drüben an den Hängen des Terebinthentales. Dann flohen die Philister und die Israeliten verfolgten sie. Das ganze Tal hinunter bis vor die Tore der Philisterstadt Ekron lagen die Leichen. David aber stand, als wäre kaum etwas geschehen, was der Rede wert, inmitten des Trubels.

König Saul erwachte aus seiner Verblüffung über die unvermutete Wendung der Ereignisse, merkte, daß er nichts wußte von dem Knaben, der eben seinen Ruf und sein Reich gerettet hatte, und fragte seinen Feldhauptmann Abner nach ihm. Der mußte zugeben, daß er auch keine Ahnung hatte. Als David, das blutende Haupt in der Hand, den Hang hinaufstieg, rief man ihn erneut zum König:

«Wer bist du, Jüngling?»

«Ich bin David, der Sohn deines Untertan Ischai aus Bethlehem».

Saul ließ ihn nicht mehr zurückkehren nach Bethlehem und nahm ihn in seinen Hofstaat auf. Sauls Sohn aber, Jonathan, schloß Freundschaft mit David und sie wurden ein Herz und eine Seele. *(1 Sam 17,1 – 18, 5)*

Soweit die Erzählung aus dem 1. Buch Samuel. Es findet sich alles wieder: Der (fast) wehrlose Jüngling, der den Riesen mit einer Schleuder tötet; das Schwert; der abgeschlagene Kopf; der höhnende und spottende Riese; die idyllische Szene inmitten des Krieges; die unbekümmerte Naivität dessen, der weiß, daß Recht und Gott auf seiner Seite sind; das furchtlose, selbstverständliche Auftreten; die Frechheit in Wort und Blick.

Knapp und präzise auf den Punkt gebracht, findet sich dies auch in einer hebräischen Zusammenfassung der Schriften des Alten Testamentes, die durch einen gewissen Jesus ben Sirach im zweiten vorchristlichen Jahrhundert für Schul- und Studienzwecke verfasst wurde. Im 47. Kapitel dieses Buches liest man:

«Denn wie das Fett aus dem Fleisch des Opfers ausgesondert wird,
so war David auserlesen aus ganz Israel.
Mit jungen Löwen spielte er wie mit Zicklein
und mit Bären wie mit Lämmern.
In seiner Jugend erschlug er einen Riesen
und nahm die Schmach vom Volke weg,
als er den Arm zum Schleuderwurfe schwang
und den Hochmut [Hybris] *Goliaths brach.*
Denn er rief zu Gott, dem Höchsten
und der verlieh seiner Rechten Kraft [Dynamis]
den kriegserfahrenen Mann zu fällen
und das Horn[13] *seines Volkes zu erhöhen.*
Darum sangen ihm die Jungfrauen zu
und gaben ihm den Beinamen ‹Zehntausend›.»
(Jesus Sirach 47, 1–11)

Auch in dieser poetisch verdichteten Darstellung sind alle von der darstellenden Kunst der folgenden Jahrhunderte aufgenommenen Motive versammelt. Es fehlt nur das Schwert, das nötig war, des Riesen Haupt von seinem Körper zu trennen. Dafür findet sich der Hinweis auf *Dynamis* und *Hybris* als treibende Kräfte hinter den beiden Kämpfern.

Sind wir also am Ziel? Wir haben die Quellen der Bildtradition aufgespürt. Haben wir es in den beiden Texten aber mit zuverlässigen Zeugen jener beinahe 3000 Jahre zurückliegenden Ereignisse zu tun? Befragt man die zahlreichen Kommentare und Einzeluntersuchungen zu diesen beiden Texten, findet sich als gemeinsame, durch viele Argumente untermauerte Position die Überzeugung, daß bestimmte Züge der Erzählung im 1.Buch Samuel tatsächlich bis auf die Zeit der ersten Könige Israels zurückzuverfolgen sind.

Und doch – auch darauf wird aufmerksam gemacht – gibt es Widersprüche, die es nicht erlauben, die Texte in dieser Form als Dokumente historischer Fakten zu akzeptieren.

Widersprüche und Lösungsversuche

König Saul führte nach der Überlieferung ein langes Gespräch mit David und fragte trotzdem am Ende der Geschichte seinen Feldhauptmann nach dem Namen des Jünglings und seiner Herkunft. Hatte er Wohl und Wehe seines Heeres und Reiches und seine eigene Rüstung einem unbekannten Knaben anvertraut?

Das ließe sich, mühsam zwar, aber immerhin, mit dem Hinweis erklären, daß es Saul unter dem Druck der Ereignisse und der erfreulichen Tatsache, daß endlich einer den Zweikampf wagte, nicht in den Sinn kam, sich an gesellschaftliche Konventionen zu halten. Es bleibt allerdings das Unbehagen, daß da einem frechen, unbekümmert auftretenden Knaben so einfach zugetraut wurde, den Kampf zu bestehen. Immerhin wäre die staatliche Souveränität verloren gewesen, hätte der Knabe den Kampf verloren.

Damit nicht genug. Manche Einzelzüge der Geschichte weisen eher in das Reich der Märchen als auf authentische Berichterstattung hin: Vierzig Tage soll nichts geschehen sein ausser jener immer wieder neuen, höhnenden und spottenden Herausforderung des Riesen. Dem Sieger wurde Reichtum, die Hand der Königstochter sowie Abgabenfreiheit versprochen. Und das in einer Zeit, in der das Auspreßsystem von Untertanen durch ihre Monarchen im sich gerade erst bildenden Staat Israel noch nicht sehr hoch entwickelt war.

Mag man das auch mit dem Hinweis auf die sprichwörtliche orientalische Freude am Ausschmücken von Geschichten beiseiteschieben, so steht man spätestens dann vor einem wirklichen Problem, wenn der Kontext der Erzählung mit in den Blick kommt:

Im Kapitel 16 des 1. Buches Samuel wird berichtet, daß König Saul von tiefer Melancholie – wahrscheinlich Depression – erfüllt war *(1 Sam 16, 14–23)*. Sein Hofstaat machte sich Sorgen, trug die Bedenken dem Monarchen vor und hatte auch einen Lösungsvorschlag bereit: Musiktherapie. Ein Name wurde ins Spiel gebracht. Einer der Beamten kannte einen jungen Mann, der nicht nur tapfer, redegewandt und kriegserfahren war, sondern auch noch das Saitenspiel beherrschte. Der Mann wurde an den Hof geholt und seine Therapie hatte Erfolg: *«Er nahm die Kinnor und spielte und Saul wurde es leichter und besser…» (1 Sam 16, 23)*.

Der Mann hieß David.

Da kann etwas nicht stimmen. Es liegen nun drei Versionen für den Zeitpunkt vor, an dem König Saul David kennenlernte: Vor dem Philisterkrieg, bei der Anmeldung zum Zweikampf und nach erfolgreicher Erledigung seiner Aufgabe.

Für dieses Problem wurde eine Reihe von Lösungsmöglichkeiten vorgeschlagen:

Bereits am Anfang des 19. Jahrhunderts wurde in der Forschung angeregt, die Reihenfolge der Kapitel 17 und 16 umzustellen. David hätte dann zuerst Goliath besiegt und wäre erst danach an den Hof gerufen worden.

Dagegen spricht allerdings, daß in Kapitel 16 der Berater nicht etwa sagt: «Es gibt einen gewissen David in Bethlehem, du kennst ihn ja als Riesentöter, der spielt auch noch sehr gut auf der Kinnor». Vielmehr wird im 16. Kapitel davon ausgegangen, daß der König den Titelhelden nicht kennt.

Eine Umstellung würde das Problem also nur verschieben und nicht lösen.

Da kam von anderer Seite ein neuer Aspekt ins Spiel. In der Bibliothek des Vatikans in Rom wurde eine sehr alte Handschrift der griechischen Übersetzung des Alten Testamentes wiederentdeckt.

In dieser Übersetzung fehlen neben kürzeren Passagen ausgerechnet jene Teile der Geschichte, die hier Schwierigkeiten bereiten: Das eher zufällige Auftauchen des Jünglings beim Heer, für das er noch viel zu jung ist *(1 Sam 17, 12–31)* und eben jenes abschließende Gespräch mit Saul, in dem seine Herkunft zum wiederholten Male geklärt wird *(1 Sam 17, 55 – 18, 5)*.

Was trägt diese neue Information zur Klärung der Frage bei, welchen Nachrichten am ehesten historischer Wert zugebilligt werden kann?

Bis zum Ende des 19. Jahrhunderts ging man davon aus, daß die Übersetzer ins Griechische vor dem selben Problem standen und es so lösten, daß sie einfach alles strichen, was nicht stimmig zu einem logisch erscheinenden Ablauf paßte.[14] Damit wäre allerdings nichts gewonnen, es würde lediglich bedeuten, daß der ältere und der Übersetzung zugrunde liegende Text bereits diese schwer zu erklärenden Unstimmigkeiten enthalten hätte.

Ein nächster Vorschlag kam aus der sich neu entwickelnden Schule der literarkritischen Erforschung der Texte. Diese ging davon aus, daß es ursprünglich eine Menge einzelner Berichte über ein und dasselbe Ereignis gegeben haben mußte – ähnlich dem Nebeneinander verschiedener Zeugenaussagen oder Zeitungsberichte zu einem Vorfall. Im Zuge der Überlieferung dieser Berichte – so die These – wurde nicht nur ein Text als der glaubwürdigste aufgeschrieben, sondern mehrere Perspektiven nebeneinander gestellt. Dies geschah – so stellte man sich es sich vor – durch einen Bearbeiter, den man, in Anlehnung an den entsprechenden Beruf im Zeitungswesen, Redaktor nannte.

Auf den Text von Davids Riesenkampf angewandt, kommen die Vertreter dieser These zu folgendem Ergebnis: Im 1. Buch Samuel finden sich verschiedene Textversionen, die alle unter der Fragestellung gesammelt wurden: «Wie kam David an König Sauls Hof?»

Die Tatsache, daß in der Vatikan-Handschrift eine dieser Versionen fehlte, gewann unter diesen Gesichtspunkten den Charakter eines Indizienbeweises: Die Übersetzer hatten von der Entstehungsgeschichte der

Erzählung gewußt und waren an einer eindeutigen Fassung interessiert.[15] Diese Sicht der Dinge erlaubte es nun, unabhängig von Widersprüchen zwischen einzelnen Textstücken, diese im Detail zu untersuchen. Dabei kam man zu heute noch nicht überholten Erkenntnissen:

Die Rüstung und Bewaffnung des philistäischen Riesen ist in der biblischen Erzählung deutlich verschieden von jener der Israeliten. Der Vergleich mit ägyptischen Darstellungen zeigt, daß sich die Waffen der Philister tatsächlich von den im Vorderen Orient gebräuchlichen unterschieden.[16] Daraus läßt sich schließen, daß die Schilderung das Ergebnis einer tatsächlichen Beobachtung fremder Zweikämpfer ist und keine bloße Fiktion. Man ging noch einen Schritt weiter und stellte fest, daß sich gewisse Parallelen zu den homerischen Helden ergeben – sowohl was das Zweikampfangebot als auch die Bewaffnung angeht. Auch die Erwähnung der eisernen Speerspitze weist in diese Richtung. Die topographischen Angaben in den Texten wurden einzeln untersucht und es gelang, fast alle Angaben zu identifizieren und mit heutigen Ruinenhügeln (Tell) in Verbindung zu bringen.

Die Angaben *Terebinthental, Soko, Aseka und Efes-Damin* weisen auf eine strategisch entscheidende Stelle hin: Das Terebinthental ist ein aus der Küstenebene ins Landesinnere führendes Wadi. Dieses im Sommer ausgetrocknete Bachbett war der schnellste Weg von den Philisterstädten Ekron und Gat in Richtung der Siedlungsgebiete Israels und Judas. Das Tal gabelt sich bei Soko im Gebirge: der eine Ast führt an Gob vorbei in Richtung Hebron, der ersten Residenzstadt Davids, der andere Ast führt hinauf über Bethlehem und Jerusalem nach Gibea, zur Residenz des Königs Saul.

Der Ort Efes-Damin, zwischen Soko und Aseka, liegt kurz vor dieser Gabelung und zeigt, daß die Stoßrichtung des Angriffes der Philister gegen Jerusalem und Gibea gerichtet war und nicht gegen Hebron, das sich viel leichter in dem Seitental bei Adullam hätte verteidigen lassen. Jerusalem war zu Sauls Zeiten noch nicht von den Israeliten erobert. Somit läßt sich schließen: Entweder galt der Angriff Gibea, dann fand er in der Regierungszeit Sauls statt, oder er zielte auf Jerusalem, dann allerdings weist die Notiz auf einen wesentlich späteren Zeitpunkt der Ereignisse – während der Regierung Davids – hin.

Die historischen und topographischen Untersuchungen zeigen, daß

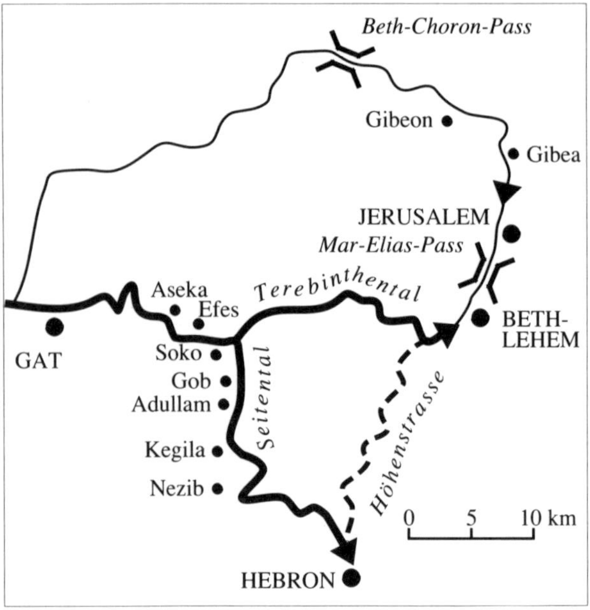

Der Ort des Geschehens: Das Terebinthental und das bei Soko abzweigende Seitental

der Teil der Erzählung, der auch in der griechischen Übersetzung überliefert ist, von historischen Gesichtspunkten aus gesehen auf besseren Informationen beruht. Damit ist noch nichts darüber gesagt, ob er auch tatsächliches Geschehen dokumentiert. Sicher ist allerdings, daß die Erzähler über genaue Ortskenntnisse und allgemeine historische Informationen verfügten. Wie es zu den im griechischen Text nicht überlieferten Erzählstücken kam, die mit humorvollem Interesse am Detail zur Anregung für die in der Kunstgeschichte wieder auftauchenden Einzelheiten von Figur und Charakter Davids wurden, ist damit noch nicht geklärt. Wahrscheinlich ist bisher lediglich, daß jene Person, die nicht vom Namen «David» zu trennen ist, in einem ungleichen Zweikampf einen Riesen aus Gat mit Namen Goliath überwand. Ob es sich bei der Person, die mit einem Geniestreich zum ersten Mal ins Rampenlicht damaliger Politik trat, um einen Jüngling – beinahe noch ein Kind – handelte oder um einem bereits im Dienste von König Saul stehenden jungen Krieger, ist ebenfalls noch nicht geklärt.

Neue Zeugen: die Bücher der Chronik

Neben den beiden Geschichtswerken, mit denen wir uns bisher befaßt haben (das 1. Buch Samuel und Jesus Sirach) gibt es noch ein weiteres, das ca. 100 bis 200 Jahre älter sein dürfte als das Kompendium des Jesus Sirach: die beiden Bücher der Chronik. Es handelt sich dabei um eine stark an Jerusalem und seinem Tempel orientierte Darstellung der Geschichte Israels. Beinahe das gesamte erste Buch (ab Kapitel 11) ist David gewidmet. Seinem unglücklichen Vorgänger Saul wird lediglich ein Kapitel zugestanden. Trotz dieser Ausführlichkeit erwartet uns bei der Untersuchung eine Überraschung:

Am Anfang der Biographie Davids nach der Version der Chronik fehlt jeder Hinweis auf den Kampf Davids gegen Goliath. Es findet sich lediglich eine kurze Nachricht, daß David bereits unter der Regierung seines Vorgängers das Heer Israels siegreich angeführt habe *(1 Chron 11, 2).* Dieses Fehlen wäre vielleicht noch zu verschmerzen – gerade angesichts der problematischen Situation der schwierig in Einklang zu bringenden Details. Eine weitere Überraschung wiegt schwerer: Im 20. Kapitel des Buches findet sich eine Liste von drei Taten der *Helden Davids.* Diese «Helden» gehörten zu einer Eliteeinheit, die David schon in seiner Frühzeit aufgebaut hatte. Bei allen drei Taten geht es um die Tötung eines Kämpfers aus dem Geschlecht der Riesen von Gat *(1 Chron 20, 4–8).*

Innerhalb dieser Liste taucht – wie zu erwarten – der Name Goliath auf *(1 Chron 20, 5).* Er wird, wie bereits bekannt, als Träger eines Speeres beschrieben, dessen Schaft so «dick wie ein Weberbaum» sei. Doch von dessen Tod wird nichts berichtet. Vielmehr informiert die Notiz nur über die Tötung seines Bruders Lachmi durch einen Mann namens Elkanan.

Warum schweigt die Chronik, die doch so deutlich erkennbar an Größe und Verdienst des Königs David interessiert ist, über dessen erste Heldentat? Vermutungen, es könne sich um ein beschönigendes Ausklammern von blutigen Taten des Helden handeln, sind schnell entkräftet. Denn im 22. Kapitel wird David die Erlaubnis zum Tempelbau verweigert mit der Begründung, daß *«die Erde vor meinen [Gottes] Augen so viel Blut hat trinken müssen, das du [David] vergossen hast.»* *(1 Chron*

22, 8) Ist das eingestanden, so fällt das Blut des einen Mannes Goliath nicht mehr ins Gewicht.

Auffallend ist allerdings, daß die Liste mit einer Formel beginnt, die darauf schließen läßt, daß sie ursprünglich nicht das erste Glied einer Reihe von Notizen war: «*Und es geschah* noch *ein Kampf…*». Fehlt hier vielleicht eine Nachricht?

Warum schweigt das Buch von der ersten Heldentat Davids? Waren die vorliegenen Fakten in den Augen derer, die den Text verfassten, doch nicht so eindeutig? Welche Fakten lagen ihnen überhaupt vor? Woher stammt beispielsweise die Liste der drei Heldentaten?

In einer Nachricht am Ende des 1. Buches der Chronik werden die verwendeten Quellen genannt:

«Die Geschichte König Davids aber, von Anfang bis zu Ende, siehe, sie ist ja aufgezeichnet in der Geschichte des Sehers Samuel und in der Geschichte des Propheten Nathan und in der Geschichte des Sehers Gad…» (1 Chron 29, 29)

Die Geschichten des Propheten Nathan und des Sehers Gad sind beide nicht erhalten, die des Sehers Samuel glücklicherweise aber schon. Und im 21. Kapitel des 2. Buches Samuel findet sich tatsächlich die Vorlage für die Liste der Riesenkämpfe in der Chronik.

Die Forschung geht davon aus, daß die im Anhang des 2. Samuelbuches aufbewahrte Liste die Abschrift eines Originals aus dem Archiv König Davids darstellt. Trifft dies zu, so heißt dies, daß es Material gibt, das bis auf wenige Jahre an die Tat heranführt!

In der Liste der Chronik fehlt mindestens ein Glied. In der Vorlage, die im Samuelbuch überliefert ist, finden sich tatsächlich vier Notizen von der Tötung eines Riesen. Auch die Namen David und Goliath treten auf.

Allerdings, und das beschäftigt nun die Forschung seit längerer Zeit, besteht kein Zusammenhang zwischen beiden Personen. Vielmehr führt das wiederaufgefundene Glied der Liste in jene Lebenszeit Davids, in der er bereits König von Juda und Israel war und, noch vor der Eroberung Jerusalems, in Hebron residierte. Das weist in etwa in das Jahr 998 v.Chr. Saul war seit wenigstens sieben Jahren tot. David wird in der Liste auch nicht als Riesenüberwinder gekennzeichnet. Schonungslos wird statt dessen von einer Schwäche des Königs im Kampf erzählt, die ihm beinahe das Leben gekostet hätte und seine nähere Umgebung dazu brachte, ihn in Zukunft ganz vom Kampf fernzuhalten. Folgerichtig sind es dann drei Helden Davids und nicht mehr er selbst, von denen weitere Siege im Zweikampf gegen Riesen berichtet werden.

Doch damit nicht genug.

In einer der Archivmeldungen im 2. Buch Samuel begegnet uns Elkanan wieder. Diesmal allerdings nicht als jener, *«der Lachmi, den Bruder des Goliaths bezwang»*, sondern – eine winzige Verschiebung im hebräischen Wortlaut – als *«jener aus Bethlehem, der Goliath bezwang» (2 Sam 21,19)!*

Das verändert die Sachlage entscheidend. Ein neuer Täter kommt ins Spiel.

Der Stand der Dinge aufgrund des bisher ausgewerteten Materials:

Der Riese Goliath wurde tatsächlich im Zweikampf getötet. Allerdings geschah das nicht zur Regierungszeit Sauls um ca. 1013 bis 1011 v. Chr., sondern etwa 998/97! Der Kampf fand auch nicht bei Efes-Damin im unteren Terebinthental statt – als Abwehr eines Angriffes auf Sauls Königsburg Gibea – sondern bei Gob in einem südlichen Seitental; das Ziel der Philister war demnach Hebron, der Regierungssitz Davids zwischen 1005 und 997. Der siegreiche Gegner Goliaths war auch nicht David, ein Hirtenjunge aus Bethlehem, sondern einer der kampferfahrenen Helden des *Königs* David, der ebenfalls aus Bethlehem stammte.

Es ist also gelungen, die Spuren dieses Zweikampfes beinahe 3000 Jahre zurückzuverfolgen – mit dem Ergebnis, daß sich offensichtlich die so vertraute Geschichte nicht mit den zu ermittelnden Fakten deckt. Ist sie also nur eine Fiktion – wenn auch eine, die eine lange Spur an Wirkungen in der Geschichte hinterlassen und immer wieder Menschen ermutigt hat, sich von unumstößlichen Machtverhältnissen nicht die Initiative zu eigenem Handeln rauben zu lassen? Müssen wir uns mit der Dynamik eines archetypischen Grundmusters zufriedengeben, das sich in biblischen und nichtbiblischen Erzählungen, in musikalischen und bildlichen Darstellungen, in politischen Programmen und im Sprichwort seine Realität selbst geschaffen hat?

Man hat sich nie damit zufriedengegeben. Bereits der Bericht im 1. Buch der Chronik mit seiner leichten Verschiebung in Bezug auf den Goliath-Bezwinger Elkanan, der dort zum Bezwinger von Goliaths Bruder wird, ist als Versuch zu verstehen, wenigstens einen Raum offenzuhalten, in dem die Erzählung von der Tötung Goliaths durch David ihren historischen Haftpunkt haben könnte.

In unserem Jahrhundert endlich glaubte man, die Lösung dafür gefunden zu haben, dass für eine Tat zwei Täter belegt sind. Bei Ausgrabungen in der alten Stadt Mari in Nordsyrien fand man eine Keilschrifttafel, auf der auch das Wort *Davidum* eingeritzt war. Aus dem Zusammenhang musste ihm die Bedeutung «Heerführer» zugeordnet werden. Also schloß man, Elkanan wäre der eigentliche Name des Helden, «David» nur sein Titel; David und Elkanan wären demnach identisch und das Problem aus der Welt. Allerdings wird das durch den Text im Kapitel 21 des 2. Buches Samuel nicht abgedeckt. Der Held Davids mit Namen Elkanan wird dreimal erwähnt, und es ist eindeutig, daß er nicht mit dem jeweils im Kontext erscheinenden König David identisch ist. Elkanan wird auch noch genauer identifiziert durch seinen Vater: Jaïr. Dieser Name ist keinesfalls gleichzusetzen mit Ischai, dem Vater Davids. Auch diese Erklärung war also nur ein gelehrter Versuch, der Geschichte die historische Wahrscheinlichkeit zu retten. Dasselbe trifft auch für die schon weniger gelehrte Vermutung zu, daß «Goliath» einfach eine Sammelbezeichnung für Riesen sei. Demnach gäbe es mehrere «Goliaths», von denen einer durch David, ein anderer durch seinen Helden besiegt worden wäre. Es konnte nachgewiesen werden, daß es sich bei dem Namen eindeutig um einen philistäischen Eigennamen handelt, der auch bei den Griechen Verwendung fand und dort «Alyattes» geschrieben wurde.

Der älteste, noch in die Zeit Davids selbst zu datierende Bericht macht also deutlich: Mit an Sicherheit grenzender Wahrscheinlichkeit existierte zwar Goliath und war auch ein Zeitgenosse Davids, doch der sprichwörtlich gewordene Bezwinger hörte in Wirklichkeit auf den Namen Elkanan.

Mit dieser Bestandesaufnahme und dem Hinweis darauf, daß es ein häufig in der Geschichte zu beobachtendes Phänomen sei, daß einem

Heerführer oder Herrscher persönlich der Sieg seines Heeres zugeschrieben wurde, geben sich die meisten Forscher zufrieden. Als Beispiel wird etwa der englische Feldherr Wellington angeführt: Man spricht davon, daß er der Sieger von Waterloo sei – und nicht die Zehntausende von Soldaten, die dort Napoleon oder besser dessen Heer bezwungen haben.

Doch noch ist ein Detail unberücksichtigt geblieben.

Das fehlende Glied in der Archiv-Liste

Die Einleitungsformel der Liste im 1. Buch der Chronik *(«und es geschah noch ein Kampf...»)* hatte wahrscheinlich gemacht, daß mindestens ein Glied in der Liste fehlt. Im 2. Samuelbuch wurde es gefunden. Allerdings – und das ist zwar schon beobachtet,[17] aber noch nie weiter verfolgt worden – beginnt auch diese Liste mit eben jener Formel *«und es geschah noch ein Kampf...» (2 Sam 21, 15)*. Darf man daraus den selben Schluß ziehen wie bei der Analyse der Chronik-Liste? Dann wäre auch jene Notiz der Samuel-Liste, in der von Davids Schwäche berichtet wird, nicht die erste der ursprünglichen Archiv-Liste?

Im Chronikbuch läßt sich ein Grund ausmachen, der die Reduzierung von vier auf drei Nachrichten rechtfertigte: Jene Notiz, die eine Schwäche Davids zeigt, wurde gestrichen, da das ganze Buch an einer Verherrlichung des Königs David interessiert ist. Doch diese Begründung greift nicht im Blick auf das Samuelbuch. Gerade der Anhang des Buches, zu dem die Liste ja gehört, nimmt keinerlei Rücksicht auf ein ideales Bild des Königs. Was für Gründe bleiben dann noch für das Auslassen einer Nachricht? War die Liste bereits bei der Übernahme in das Buch nicht mehr vollständig? Oder war die Notiz nicht notwendig, weil das in ihr Berichtete bereits im vorausgehenden Text aufschien – und zwar inhaltlich identisch, so daß auch eine Korrektur überflüssig wurde? Es müßte, der Natur der Liste nach, von einem Duell mit einem Riesen aus Gat die Rede gewesen sein.

In den Samuelbüchern wird nur noch von zwei weiteren Riesenkämpfen berichtet:

- Benaja – auch einer der Helden Davids – tötet, lediglich mit einem Stock bewaffnet, einen Riesen *(2 Samuel 23, 21)*. Allerdings war die-

ser ein Ägypter und nicht ein Philister aus Gat. Diese Erzählung kann also nicht das vermißte Glied der Archivliste sein.
- Ein hochgewachsener Philister, schwer bewaffnet, wird von einem lediglich mit einer Schleuder Antretenden besiegt. Der Philister war aus Gat. Der Schleuderer hieß David! *(1 Sam 17,1–54)*

War also die bekannte Geschichte von Davids Kampf gegen den Riesen Goliath der Inhalt jenes vermißten Gliedes der Archiv-Liste? Wurde es weggebrochen, weil sich im 17. Kapitel des 1. Buches Samuel bereits eine ausführliche Schilderung vorfand?

Das Problem des Namens ist damit allerdings noch nicht geklärt. Goliath kann nicht zweimal an zwei verschiedenen Orten im Abstand von etwa 15 Jahren getötet worden sein. Die Untersuchung des Textes im 17. Kapitel des 1. Buches Samuel ergibt, daß der Name Goliath nur zweimal auftaucht. Eine der beiden Namenserwähnung findet sich in der griechischen Übersetzung und damit im älteren Text überhaupt nicht *(1 Sam 17, 23)*. Somit bleibt für den älteren Text nur eine Namensnennung übrig. Das ist im Vergleich mit der Häufigkeit der Nennung Davids (21 mal)[18] auffallend wenig. Der Gegner Davids wird bis auf dieses eine Mal in Vers 4 immer als «der Philister» bezeichnet.[19] In Vers 8 nennt er sich sogar selbst so. Löst man nun versuchsweise aus Vers 4 den Hinweis: «Goliath sein Name» und aus Vers 7 die einzige Erwähnung der Beschreibung: «der Schaft seines Speeres wie ein Weberbaum» heraus, so bleibt:

«[4] Und es trat ein Zweikämpfer aus dem Lager der Philister,
der war aus Gat.
Seine Größe 6 Ellen und 1 Spanne.
[5] Und ein Helm, ehern, auf seinem Haupt.
Und ein Panzer, schuppig, kleidete ihn,
das Gewicht des Panzers 5000 Schekel Erz.
[6] Und Schienen, eherne, an seinen Füßen.
Und ein Wurfspieß, ehern, zwischen seiner Schulter,
[7] die Spitze seines Speeres 600 Schekel Eisen.
Und der Schildträger vor ihm.»

Wüßte man nichts von diesem Versuch, kein Verdacht würde sich aufdrängen, daß hier etwas fehlt. Im Gegenteil: Die Beschreibung des Zweikämpfers gewinnt an kompositorischer Geschlossenheit. Jeweils auf zwei Zeilen mit Angaben über die Rüstung folgt eine Gewichtsangabe.

Könnte es sich also bei dem hier geschilderten Kampf «David gegen einen Riesen» um den aus der Archivliste verlorengegangenen handeln?[20] Das würde bedeuten, daß wir es weder mit einer topographischen Ungenauigkeit zu tun haben, wenn der Ort des Kampfes mit Efes-Damin angegeben wird, noch mit einer zeitlichen, wenn der Bericht den Zweikampf in die Regierungszeit Sauls zu Beginn der Karriere Davids datiert. Der Kämpfer hieß, vielfach im Text erwähnt, David und er besiegte einen Riesen aus Gat mit einer Schleuder. Lediglich dessen nicht überlieferter Name wurde – nach den historischen Daten nicht haltbar – später mit «Goliath» in den Text hineingetragen.

Am Ziel?

Ein Arbeitsschritt fehlt noch: Alle jetzt auf dem Tisch liegenden Zeugenaussagen sollten in eine sinnvolle Beziehung zueinander gebracht werden können. Es müßte möglich sein, die Geschichte der Entstehung der jetzt vorliegenden Texte in ihrem Nacheinander zu skizzieren und dabei auch zu einer einleuchtenden Erklärung zu gelangen, wie der in diesem Bericht unangebrachte Name «Goliath» in den Text kommen konnte.

Die Schichten der Überlieferung

«DAVID GEGEN GOLIATH – WIE UNFAIR
(Zeitungsmeldung vom 14./15. September 1991 – Abendzeitung München)
Stuttgart. Vermutlich hat David verdammt viel Glück gehabt. Denn daß er den Riesen Goliath mit einer Steinschleuder niederstrecken konnte, lag nur daran, daß der biblische Gigant sehbehindert und durch Kopfschmerzen gehandikapt war. Zumindest behauptet das der Kieler Medizinier Michael Hermanussen. Gigantismus sei fast immer durch einen

Tumor der Hirnanhangdrüse verursacht, erklärte der Professor in seiner Antrittsvorlesung. Der Tumor provoziere Wachstumshormone, führe aber auch häufig zu Sehbehinderungen und Kopfschmerzen. Von Giganten reden Mediziner bei Menschen ab einer Körpergröße von ca. 229 cm.»

Unwahrscheinliches verlangt nach plausiblen Erklärungen. Die Versuche, die Geschichte vom Sieg eines Hirtenknaben über einen gut bewaffneten Riesen zu erklären, reichen bis in die jüngste Gegenwart.

Die Frage, die das notwendige akribische Vorgehen dieses Kapitels vorantrieb, das Interesse daran, was wirklich geschah, damals im Terebinthental bei Efes-Damin, im Jahre 1013/11, ist eine sehr moderne, dessen müssen wir uns bewußt sein.

Die Aufnahme der Spurensuche im Florenz der Renaissance hat deutlich gemacht, daß in der Weitergabe der Tradition das Interesse erkennbar im Vordergrund stand, mit Hilfe eines historischen Ereignisses die eigene Gegenwart zu beschreiben; damit wurde sie darstellbar gemacht und gleichzeitig in einen grösseren Sinnzusammenhang eingeordnet: Goliath stand für die Tyrannei der Medici, ihre Vertreibung war legitim.

Diese Vorgehensweise, die im Rekurs auf die Tradition an der Deutung und Legitimierung der eigenen Gegenwart interessiert ist, dürfen wir nicht nur in der darstellenden Kunst der Renaissance, sondern auch in den vorliegenden Texten vermuten; Texten, die unser an historischen Fakten orientiertes Fragen vor manches Rätsel stellen.

Die Methode der Kompositionsanalyse kann hier weiterhelfen. Sie beruht auf der Annahme, daß der Text bis zu seiner heute vorliegenden Gestalt in einem Prozeß der voranschreitenden Aktualisierung anwuchs. Es gilt demnach, den Textkomplex gleichsam bis zum Kern abzuschälen und jede Wachstumsschicht dahin zu befragen, warum das Geschehen zu jener Zeit in dieser Form mit einer ganz bestimmten Intention erzählt wurde. Es sollte möglich sein, diese Erzählabsichten bestimmten soziologischen, kulturellen, theologischen, politischen und auch historischen Situationen zuzuordnen. So wird sich ein Umgang mit Geschichte abzeichnen, der sie in Geschichten lebendig erhält, weil diese Bedeutung haben für die jeweilige Gegenwart.

Wachstumsgeschichte der Erzählung vom Duell Davids mit einem philistäischen Zweikämpfer

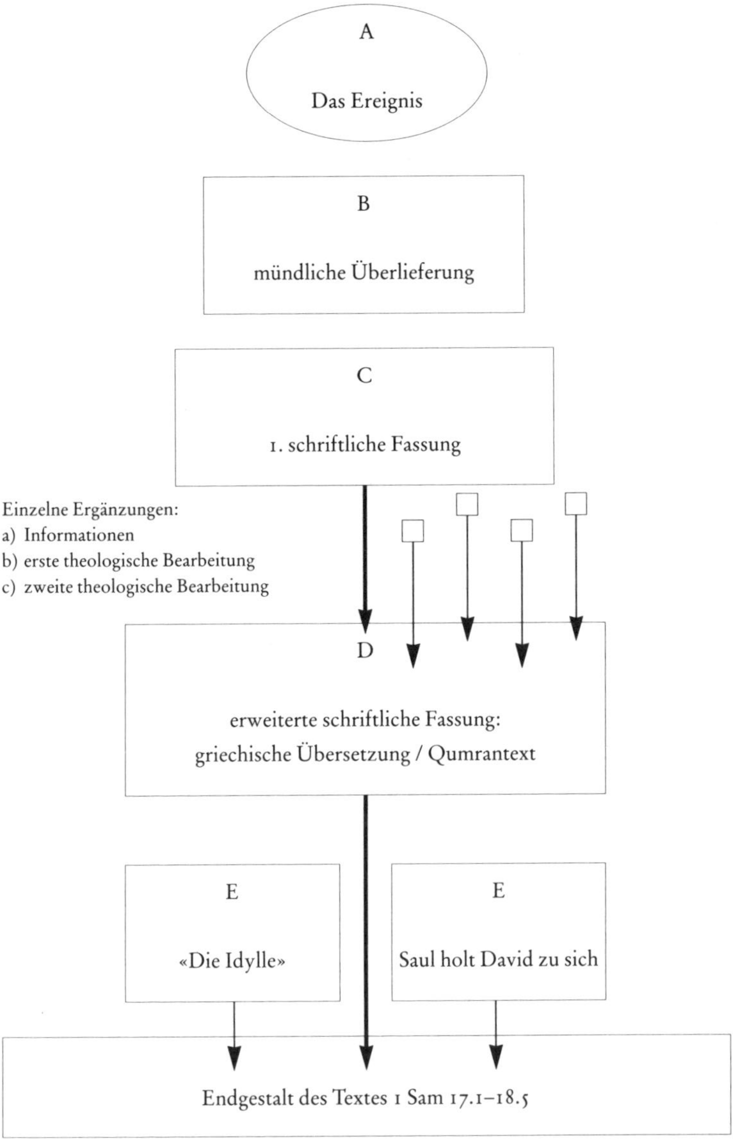

Efes-Damin, Terebinthental, zwischen 1013 und 1011 v. Chr.: Im Rahmen eines sich über mehrere Jahrzehnte erstreckenden Krieges zwischen dem noch jungen Staat Israel unter der Führung seines Königs Saul und einer Koalition von fünf Städten aus der Küstenebene unter der Führung einer Oberschicht, die wir unter dem Namen «Philister» kennen, kommt es zu einer militärischen Konfrontation. Der Ort der Auseinandersetzung ist von strategischer Bedeutung. Er ist einer der Zugänge zu dem Bergland, in dem der neue Staat Israel um seine Autonomie kämpft. Die militärische Überlegenheit der Küstenstädte durch bessere Bewaffnung und ein Berufsheer wurde bis zu diesem Zeitpunkt vor allem durch taktisch geschickte Kriegsführung seitens der im Gebirge operierenden Truppen des Königs Saul sowie durch einzelne erfolgreiche Stoßtruppunternehmen ausgeglichen.

Nun stehen sich zum ersten Mal die beiden Heere zur offenen Feldschlacht gegenüber. Beide halten je einen Hang eines zu der Zeit trokkenen Wadi. Der Tag wird von entscheidender Bedeutung für die Geschicke beider Seiten werden. Da geschieht etwas Unvorhergesehenes: Ein Kämpfer der Philister fordert zum Zweikampf auf. Überraschend ist das allerdings nur für die Israeliten – das Angebot eines Zweikampfes am Beginn einer Schlacht gehört zur kriegerischen Tradition der Philister. Der Zweikämpfer, der aus den Schlachtreihen der Philister tritt, brüllt seine Herausforderung den erst Erstaunten, dann verschreckt Gelähmten am anderen Hang zu. Niemand wagt es, sie anzunehmen. Zu groß ist die Verantwortung. Schließlich tritt der Waffenträger des Königs vor und erklärt, er werde den Zweikampf aufnehmen. Er verläßt sich überraschenderweise lieber auf eine ihm vertraute Waffe: Er kämpft mit der Steinschleuder und erringt einen Überraschungssieg. Die Philister fliehen. Das israelitische Heer macht sich an die Verfolgung. Es erringt einen Sieg, der allerdings nicht das Ende des Krieges bedeutet.

Der Waffenträger wird befördert und erhält das Kommando über eine eigene Einheit. Sein Name: David, Sohn des Ischai aus Bethlehem, am Hof bis dahin vor allem als Musiktherapeut des zu Depressionen neigenden Königs bekannt.

Soweit die Ereignisse, die sich mit einiger Wahrscheinlichkeit noch rekonstruieren lassen.

Die früheste Überlieferung (B)

Die älteste, sicher noch mündlich überlieferte Erzählung dieser Ereignisse dürfte noch zu Lebzeiten Davids entstanden sein. Das Konzept, das diese Überlieferung prägt, ist bekannt. Es ist für die griechische Welt belegt und findet sich auch in Palästina in der Literatur der nichtisraelitischen Stadtkönigtümer: eine «Heroensage» zur Legitimation rechtmäßiger Königsherrschaft.[21] Jerusalem war eine nichtisraelitische Stadt und David ab 998 v. Chr. ihr neuer König. Legitimation tat not!

Die Geschichte wurde wahrscheinlich schon bald mit einigen Anekdoten ausgeschmückt – wie etwa die Szene von der Anprobe der zu großen königlichen Rüstung –, welche die Grundsituation mit unverkennbarem Spaß an einer guten Pointe zuspitzten: Der Held handelt völlig unkonventionell, aber erfolgreich. Die Intention und Funktion der Erzählung ist deutlich: Der Held hat sich schon zu Beginn seiner Laufbahn durch überragende Kühnheit ausgezeichnet – und er hat *fortune!*

Die erste Wachstumsschicht (C)

Dieser Zweikampf eines Israeliten mit einem großgewachsenen Philisterhelden blieb in den Auseinandersetzungen der folgenden Jahre nicht der einzige. Die literarischen Spuren der verschiedenen Kämpfe lassen sich in der Abschrift der Archiv-Liste *(2 Sam 21)* wiederfinden. Unter den Archivnotizen kommt auch eine Nachricht von der Überwindung des Riesen Goliath durch den Bethlehemiten Elkanan vor. Es finden sich dort außerdem noch weitere Erzählmotive, die in der Geschichte von Davids Kampf gegen den Riesen ebenfalls auftreten:

- Die verbale Bedrohung Davids *(2 Sam 21, 16)*
- der schwere Spieß des Philisters (allerdings nur 300, nicht 600 Scheckel) *(2 Sam 21, 16)*
- die Bewaffnung mit einem Stecken *(2 Sam 21, 21)* und die Tötung des Riesen mit der eigenen Waffe.

- die Wende einer Schlacht durch den Mut eines Einzelnen *(2 Sam 23, 8–12)*
- das Verhöhnen Israels durch einen Riesen, der schließlich besiegt wird *(2 Sam 21, 21)*.

Die Vermutung liegt nahe, daß alle diese Motive, die mit dem Kampf gegen Riesen verbunden sind, im Laufe der Zeit zur Ausschmückung der einen Heldengeschichte herangezogen wurden, der in besonderem Maße das Interesse galt.[22] Die Inanspruchnahme von «Verdiensten» der «Helden» Davids geschah nach Auffassung der Bearbeiter völlig legitim, denn im ganzen alten Orient war es ein geläufiger Vorgang, die Taten der Krieger eines Königs diesem selbst zuzuschreiben.[23]

Das hinter der Erzählung stehende Konzept zur Legitimation eines Herrschers, das den herorenhaften Kämpfer David in den Vordergrund stellte, wurde allerdings zunehmend zu einem ernsten Problem. David war nicht nur König der Jebusiterstadt Jerusalem, sondern auch Fürst über den Stamm Juda und Wahlkönig des Nordreiches Israel. Seine Herrschaft mußte vor allem theologisch untermauert werden. Kernsatz dieser Theologie war die wahrscheinlich durch den Propheten Nathan erstmals ausgesprochene Verheißung: *«Wohlan, alles, was in deinem Herzen ist, das tu, denn JHWH wird mit dir sein» (2 Sam 7, 3)*. In der ersten schriftlichen Version der Erzählung wird diese theologische Deutung von Davids Handeln sichtbar in der Pointe des Dialoges zwischen David und Saul. Der alte König entläßt den zukünftigen in den Kampf mit der Verheißung: *«Geh – JHWH wird mit dir sein!» (1 Sam 17, 37)*. Das ist die einzige wirklich nötige Legitimation für einen Fürsten in Juda und König von Israel.

Der Gegensatz zwischen den beiden einzigen in der Geschichte beim Namen Genannten – Saul und David – ist das eigentliche Thema in der frühen verschriftlichten Form dieser Erzählung: Hier der alte König Saul und seine Unfähigkeit im entscheidenden Augenblick zu handeln und dort der junge Aufsteiger David, der die Gunst der Stunde erkennt und zugunsten seines Volkes nutzt. Deutlich ist aus dieser Erzählschicht ein Interesse herauszulesen, das sie mit der alten Heldensage verbindet: David ist der wahre König.

Die zweite Wachstumsschicht (D)

David war König über drei verschiedene «Staaten» mit drei verschiedenen «Verfassungen»: Stadtkönig von Jerusalem, Stammesherrscher von Juda und König der Stämme Israels durch Wahl. Und eben diese letzte Funktion brachte die Theologie ins Spiel.

Ein Mensch als Hauptakteur eines Kampfes zur Befreiung des Volkes aus der Unterdrückung war im Stämmebund Israel nicht vorstellbar. Diese Rolle blieb einzig dem Gott Israels, JHWH, vorbehalten. Und tatsächlich lassen sich im 1. Buch Samuel, Kapitel 17,1 – 18,5, wenigstens zwei Bearbeitungsschichten nachweisen, die die Intention verfolgen, JHWH als den eigentlich Handelnden herauszustellen. Haftpunkt dieser «Kommentare» in der Erzählung ist die Verheißung in Sauls Mund: *«...JHWH wird mit dir sein»*. Nicht David ist somit der Retter des Volkes, sondern der Gott Israels selbst – durch seinen Knecht David. Mehr und mehr wird die Beschreibung Davids als «göttlicher» Held zugunsten einer Nennung als göttliches «Werkzeug» zurückgedrängt. So wird auch die Königswahl durch die Ältesten Israels in Hebron fünfzehn Jahre später begründet werden![24]

Im Zuge des Wachstumsprozesses des Textes wird neben den anderen Einzelzügen zur genaueren Beschreibung des von David besiegten philistäischen Zweikämpfers auch ein Name für den bis dahin Namenlosen in den Text gelangt sein. *«Goliath sein Name» (1 Sam 4, 17)* klingt nach einer um Präzision bemühten Erklärung, der es nicht in erster Linie um historische Information zu tun war, sondern um eine glorifizierende Vergrößerung des Sieges David. In der zweiten Phase seines Wachstums wurde der Bericht nun in den weiter gespannten Bogen einer Erzählung vom Aufstieg Davids bis zum ersten Herrscher der Doppelmonarchie Israels und Judas eingebaut. Dieser wiederum wurde dann in einen noch größeren Zusammenhang eingetragen: in die Darstellung der Geschichte Israels vom Auszug aus Ägypten bis zur Katastrophe der endgültigen Eroberung Jerusalems im Jahre 586 v.Chr. (das sogenannte «Deuteronomistisches Geschichtswerk»).

Bis dahin schlummerten die Listen der Taten der Helden Davids noch immer im Palastarchiv in Jerusalem, wurden aber wahrscheinlich bei der

Zerstörung der Stadt in Sicherheit gebracht. Der innere Widerspruch in den Büchern Samuel, der uns heute so zu schaffen macht, ist erst das Ergebnis einer weiteren Bearbeitung, die es sich offensichtlich zum Ziel gesetzt hat, die im Untergang geretteten Dokumente in einem von der Forschung heute als «Anhang» bezeichneten Teil in das deuteronomistische Geschichtswerk einzubauen. (Außer den Archivlisten handelt es sich dabei um zwei poetische Texte und zwei Berichte, die aus dem uns verlorenen Buch «des Sehers Gad» stammen.)

Das Problem der Widersprüchlichkeit der Texte ist kein neuentdecktes. Das beweist der schon Versuch in den Büchern der Chronik, durch vorsichtige Bearbeitung Widersprüche aus der Welt zu schaffen: Aus dem von Elkanan getöteten Goliath wird ein etwa 700 Jahre später literarisch gezeugter Bruder desselben mit dem Namen Lachmi *(1 Chron 20,5)*. Gezeugt wurde er allerdings nur, um sofort wieder «beseitigt» zu werden. Beseitigt wurde mit ihm auch ein verwirrendes Mosaiksteinchen des Materials zur Rekonstruktion von Davids Zweikampf mit dem Philister.

Das Fehlen der Erzählung von diesem Kampf in den Büchern der Chronik ist gleichzeitig auch Indiz dafür, daß sie offenbar für mehrere Jahrhunderte keine Konjunktur mehr hatte. Situationen, zu deren Interpretation oder Bewältigung sie Material und Anreiz einzubringen hätte, fanden sich nicht in den der Zerstörung Jerusalems (586 v. Chr.) folgenden Zeiten des Exils und des Provinzdaseins im Großpersischen Reich.

In der Rekonstruktion der Wachstumsgeschichte ist die Endgestalt des Berichtes noch nicht erreicht. Was noch fehlt, muß also in der Zeit nach der Rückkehr aus dem Exil (5. Jahrhundert v. Chr.) und vor der endgültigen Festschreibung des biblischen Textes auf der Synode von Jamnia (Ende 1. Jahrhundert n. Chr.) entstanden sein. Bis zu diesem Punkt stützt sich die Beweisführung für die schichtweise Entstehung unseres Textes auf eine reine Indizienkette, die allerdings eine große Wahrscheinlichkeit für sich in Anspruch nehmen kann.

Ende der vierziger und Anfang der fünfziger Jahre unseres Jahrhunderts wurde die wissenschaftliche Welt von einer sensationellen Entdeckung in Aufruhr versetzt. Auf dem Schwarzmarkt für Antiquitäten in Jerusalem waren Bruchstücke alter Pergamentrollen angeboten worden, von denen sehr schnell klar wurde, daß es sich bei ihnen um die ältesten bis dahin bekannten Dokumente alttestamentlicher Überlieferung handelte. Es gelang, ihre Spur zurückzuverfolgen. Ein Beduinenjunge war ausgezogen, um eine entlaufene Ziege zu suchen und fand in den Hängen am Nordwestufer des Toten Meeres in einigen Höhlen das ausgelagerte Archiv des «jüdischen Klosters» Qumran. In diesen Höhlen oberhalb des ehemaligen Wohnortes einer jüdischen Gruppierung lagerte in versiegelten Tonkrügen einer der größten Schätze der Bibelforschung: Neben vielen Texten für das gemeinschaftliche Leben der Qumraner konnten die ältesten erhaltenen Abschriften von fast allen Büchern der hebräischen Bibel geborgen werden!

Die Textform der vielen alttestamentlichen Rollen wurde zum Beweis für die äußerst exakte Überlieferung biblischer Schriften durch die Jahrhunderte der handschriftlichen Vervielfältigung. Auch Teile der Samuelbücher fanden sich unter den Rollen. Die in das 3. und 2. Jahrhundert v. Chr. zu datierenden Abschriften waren identisch mit der kurzen Version der griechischen Übersetzung der David-Erzählung! Es gab also zu diesem Zeitpunkt tatsächlich eine hebräische Ausgabe der Samuelbücher, die noch nicht das Endstadium des Wachstums wiedergab. Das bis dahin immer nur durch Kombination und Vermutung erschlossene Zwischenstadium war als real existierend gefunden.

Wir können somit den Zeitraum, der für die Entstehung der letzten Schicht in Frage kommt, entscheidend eingrenzen: Sie müßte erst im zweiten vorchristlichen Jahrhundert erarbeitet worden sein.

Die dritte Wachstumsschicht (E)

Was für die Endgestalt des Berichtes *(1 Sam 17,1 – 18,5)* noch fehlt, sind eben jene Teile, die als von feinem Humor gezeichnete Schäferidylle mit märchenartigen Zügen beschrieben wurden und die im Qumran-Text fehlen. Trägt die bisher angewandte These, daß es einen gegenwartsbezogenen Grund für eine Weiterarbeit am Text geben müßte, so sollte sich die Entstehungszeit noch weiter eingrenzen lassen.

Unabhängig voneinander stellten Forscher fest, daß durch die hellenistischen Nachfolger Alexanders des Großen[25] im dritten vorchristlichen Jahrhundert eine Neubelebung des alten Heroen-Konzeptes zu beobachten ist. Könige, die ihre Legitimation aus ihrer Gottgleichheit oder aus ihrem göttlichen Stammbau ableiteten, mußten den Widerstand des jüdischen Volkes hervorrufen, das strikte an der Menschlichkeit aller Menschen – auch des Herrschers – festhielt, da es nur einen Gott kannte und akzeptierte: JHWH. Es kam zu den Makkabäer-Kriegen und in der Folge zu einer neuen Eigenstaatlichkeit Juda-Israels. Die neue jüdische Dynastie der Hasmonäer freilich übernahm viele Elemente der Kultur und der Königsideologie der abgeschüttelten hellenistischen Herrschaft. Der ursprünglich gegen die fremden Herrscher gerichtete Widerstand wurde zur Opposition gegen das eigene jüdische Königshaus. Spuren davon finden sich in der rabbinischen Literatur.[26] Was lag näher, als mit der alten, ehrwürdigen Tradition vom schon lange verklärten König David zu argumentieren?

Die Hasmonäer, die sich zu ihrer Legitimation nicht auf die davidische Dynastie stützen konnten, wehrten sich und stellten den längst zur Idealgestalt gewordenen Sängerfürsten in Frage. Die Reaktion darauf finden wir in der letzten Schicht der Erzählung, die stärker noch als alle früheren Schichten das alleinige Handeln Gottes in der Geschichte herausstellt, indem sie den späteren König David als siegreichen Knaben zeichnet und mit dem Dialog zwischen David und seinem Bruder großen Wert darauf legt, daß aller Hybris-Vorwurf entkräftet wird.[27] Das Bild des idealen Königs David wurde dem realen Herrscher aus dem Haus der Hasmonäer vorgehalten.

Erreicht wurde dies in einer letzten Zuspitzung des schon lange vorher an den Text gelegten Interpretaionsschemas: je unwahrscheinlicher der Sieg, desto größer die Mitwirkung Gottes. Erreicht wurde damit aber auch ein Zweites: Die «Story» ließ sich endgültig ablösen von der historischen Gestalt des zweiten Königs der Doppelmonarchie Israel-Juda. Unauflösbar aber blieb sie verbunden mit der archetypischen Lichtfigur des knabenhaften Sängers auf dem Thron, von dessen Nachkomme die Weissagung umging, er werde den Erdkreis zum endgültigen Sieg über alle Tyrannei führen.

Das Ende des 2. Jahrhunderts v.Chr. wird der Zeitraum sein, in dem die Niederschrift dieser letzten Bearbeitung vermutet werden kann. Damit liegt der Text in jener Gestalt vor, die in den folgenden christlichen Jahrhunderten Wirkung gezeigt hat: der Tyrann stürzt, gefällt durch seine eigene Hybris, gefällt durch die Hand eines Kindes, mit dem Gott ist.

Der Tathergang

Mit dieser Rekonstruktion der Wachstumsgeschichte gewinnt die oben gewagte Schilderung des Vorgefallenen an Wahrscheinlichkeit. Mehr als 3000 Jahre nach dem Geschehen im Terebinthental wird eine Rekonstruktion des Tatherganges möglich:

David hat Goliath nicht getötet!

Goliath fiel ca 998 v.Chr. durch Elkanan.

David siegte um 1013/11 über einen namenlosen Zweikämpfer.

David war also der Täter. Nur das Opfer war ein anderes; ein Zweikämpfer, ein hochgewachsener Zweikämpfer vielleicht, ein namenloser auf jeden Fall.

Immer wieder neu hatten Menschen sich den Bericht von der tapferen Erstlingstat eines jungen Mannes im tödlichen Ringen um die Freiheit seines Volkes angeeignet. Sie übernahmen ihn jeweils aus ihrer Perspektive, mit ihrer Theologie und ihren Einsichten in Lauf und Lenkung der Geschichte. Sie übernahmen ihn in Auseinandersetzung mit eigenen Erfahrungen und zur Bewältigung derselben.

Geschichte als Sprach- und Bildmaterial: Das Florenz der Renaissance ist nicht weit. Und dahinter taucht unsere eigene Gegenwart auf: David gegen Goliath – die Macht der Machtlosen: ein politisches Programm!

Die Vorgeschichte der Lebensgeschichte

Der Versuch einer Rekonstruktion der Ereignisse im Terebinthental führte zwar zum Ziel, zugleich aber wurde eine Vielzahl noch offener Fragen berührt. Fakten, Personen und Personengruppen, politische, soziale, kulturelle und religiöse Umstände tauchten aus dem Nebel der Vergangenheit, erwiesen sich als Komponenten des Geschehens in noch zu klärender Mixtur. Auf der Suche nach den Spuren der Biographie Davids ist das Umfeld von grosser Wichtigkeit: Eine Skizze der Kräfte, die jene Zeit an der Schnittstelle zweier Jahrtausende und zweier Epochen in der Geschichte der Menschen in Palästina bestimmten, wird notwendig.

Die Welt, in der unser Protagonist am Ende der späten Bronzezeit auftauchte, um sie schließlich für eine bestimmte Zeit wesentlich mitzuprägen, die Welt des Alten Orients zwischen den beiden Flußkulturen des Nils im Westen und des Euphrat-Tigris-Beckens im Osten wird der «fruchtbare Halbmond» genannt. Ein Blick auf die Karte erweist diesen Ausdruck als treffend. Die beiden Hochkulturen an den großen Flüssen sind durch ein Stück Land verbunden, das eingezwängt ist zwischen Wüste und Küste und seit jeher jedem strategisch Planenden als das entscheidende Gelenk, Zwischenstück, Nadelöhr auffallen mußte.

Wer hier das Sagen hatte, hatte auch das Kassieren.

Wer hier kontrollierte, diktierte die Bedingungen des Handels.

Wer hier regierte, mußte gegebenenfalls rasch verteidigungsbereit sein.

Wer hier Besatzungsmacht war, hatte einen Puffer vor den eigenen Grenzen, der sicheres Leben verhieß.

Wer hier lebte, auf dessen Rücken und Feldern, in dessen Tälern und auf dessen Pässen und Straßen wurde große Politik gemacht – solange die westliche oder die östliche Großmacht stark genug war und nicht von innenpolitschen Problemen beansprucht wurde.

Dank diesem großen Interesse an den Gebieten Palästinas sind Quellen von unterschiedlichster Herkunft überliefert: Texte aus ägyptischen Archiven und biblischen Büchern, Reliefs auf Tempelwänden, Reiseaufzeichnungen hoher Beamter und Siegesstelen, auf denen Könige ihre erfolgreichen Feldzüge festhielten, bieten Informationen aus verschiedenen Perspektiven an. Sie werden ergänzt von den Ergebnissen archäologischer, geographischer und territorialer Untersuchungen.

Der Schauplatz

Schauplatz der Lebensgeschichte Davids ist das Land zwischen Mittelmeer und transjordanischer Wüste. Im Süden ist es begrenzt durch die Wüsten des Negev und der Halbinsel Sinai, im Norden durch die Bergstöcke des Libanon, Anti-Libanon und Hermon. Innerhalb dieses höchstens 90 Kilometer breiten Landstreifens werden die Siedlungsbedingungen diktiert von topographischen Vorgaben. Das Land ist der Länge nach dreigeteilt: Von Westen nach Osten gesehen schließt sich an die Küstenebene ein bis auf 1000 Meter ansteigendes Bergland, das dann steil abfällt zu dem bis 400 Meter unter dem Meeresspiegel liegenden Jordantal. Jenseits des Tales erstreckt sich nach einem weiteren Streifen bergigen Fruchtlandes die weite, im Altertum faktisch unpassierbare Wüste Transjordaniens bis in die Ebenen des Zweistromlandes im heutigen Irak. Diese Längsstrukturen werden zweimal unterbrochen: Auf der Höhe von Jerusalem durch tief eingeschnittene Täler und im Norden durch die fruchtbare Jesreelebene.

Das hatte Folgen für die Besiedlung. Dörfer und Städte fanden sich vor allem in den Ebenen und auch an den Hängen der Täler, die durch Quellen und ihre strategische Lage ausgezeichnet waren. Bis auf wenige Ausnahmen gab es keine größeren, zusammenhängenden Staatsgebilde. Bei kriegerischer Bedrohung wurden meist kurzfristige Koalitionen einzelner, selbständiger Stadtstaaten geschlossen. Wenn Stadtfürsten den Titel «König» führten, darf man sich darunter keineswegs großartige, weitreichende Macht entfaltende Herrscherfiguren vorstellen. Beim griechischen Historiker Herodot findet sich eine Notiz, die dies treffend erhellt: *«Und die Königin kochte ihnen [den Gästen] selber das Essen, denn in alten Zeiten waren auch die Könige arm.»*[28]

Städte waren ummauerte Ansiedlungen mit einer Einwohnerzahl, die selten die Tausendergrenze überschritt. Einige wenige Dörfer in Weilergröße umgaben sie. Die Menschen lebten vom Handwerk und vom Ackerbau, in geringerem Maße auch vom Handel. Das Leben war diktiert vom Rhythmus der Regenzeiten, die Saat und Ernte ermöglichten. Die Basis der Wirtschaft war die Nahrungsmittelproduktion, die bei weitem nicht so vielfältig war, wie wir das heute gewohnt sind. Getreide wurde nur in den Flußniederungen und in der Küstenebene angebaut, Obst auch an den Hängen des Gebirges. Salz wurde aus dem Toten Meer gewonnen. Die Viehzucht lag vor allem in den Händen der Bewohner der Grenzgebiete zwischen fruchtbarem Land und der Wüste. Diese Grenze war keine eindeutig zu definierende Linie, sie wanderte im Laufe der Jahreszeiten. Mit ihr wanderten die Großfamilien, die mit und von ihren Herden lebten. In der Regenzeit wurden breite Streifen Steppe zu Weideland. Während der Trockenzeit, nach der Ernte, trieben die Familien ihre Herden weit ins Kulturland hinein.

Die Handwerker in den Küstenstädten verarbeiteten vor allem die reichlich am Meer vorkommenden Purpurschnecken zu Färbemitteln, mit denen Stoffe zu kostbaren Exportartikeln veredelt wurden.[29] Nur außerhalb des israelitischen Siedlungsgebietes, im äußersten Süden bei Timna am Golf von Aquaba und weit im Norden, in der Bekaaebene im heutigen Libanon, wurde Erz gefunden und verarbeitet. Dieser Umstand bestimmte Davids Expansionspolitik in wesentlichem Masse. Elfenbeinschnitzereien waren ebenfalls eine Spezialität des Landes. Wenn die über Ägypten führenden Handelswege frei waren, wurde das Rohmaterial aus Nubien angeliefert. Aber auch aus Nordsyrien wurde das wertvolle Elfenbein importiert. Wir wissen aus zahlreichen Jagderzählungen der ägyptischen Pharaonen, daß die Elefantenjagd im heutigen Grenzgebiet zwischen der Türkei und Syrien dank großer Herden möglich war.

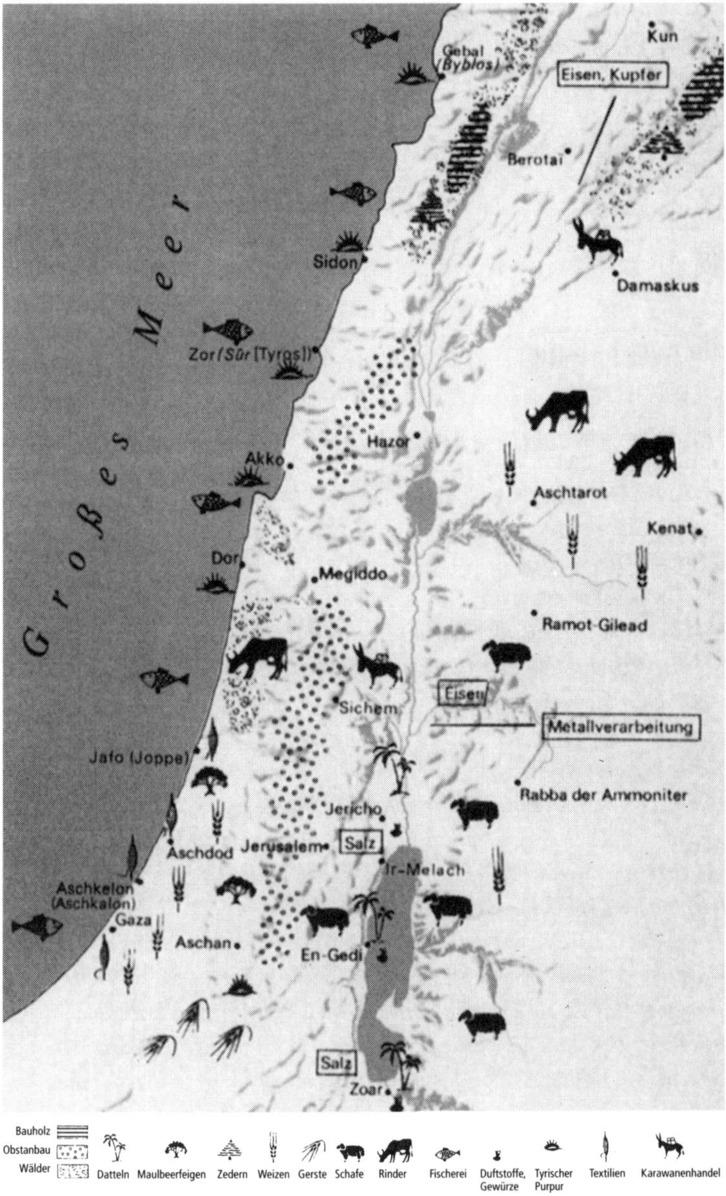

Die Wirtschaft Palästinas zur Zeit Davids

So spielten die topographischen Bedingungen ineinander: Dort wo Ackerbau möglich war, führten gleichzeitig die großen Handelswege über Ebenen und durch Täler. Dort entstanden dann auch jene Zwergstaaten, die die Landkarte vor den großen Veränderungen des 13. und 12. Jahrhunderts v. Chr. prägten.

Die Außenpolitik

«Israel ist verwüstet, sein Samen dahin»

«Kanaan wurde von jeglichem Übel betroffen
Aschkalon erobert
Gezer eingenommen
Janoam ist nicht mehr
Jasiríra ist verwüstet, sein Samen dahin.»
(Inschrift auf der sogenannten «Israelstele» des Pharao Merenptah um ca. 1220 v. Chr.)

Weiß man erst einmal, daß die Ägypter den ihnen unbekannten Laut «L» als ein «R» wiedergaben, dann erkennt man in dieser aus dem dreizehnten Jahrhundert stammenden Prahlerei des Pharao Merenptah die bisher einzig nachgewiesene Erwähnung des Namens Israel (=Jasiríra) in ägyptischen Texten.

So erfreulich es einerseits auch ist, ein derart altes und unverdächtiges Dokument für die Existenz Israels in dieser frühen Zeit zu besitzen, so unangenehm ist gleichzeitig der Inhalt dieses Textes, nimmt man ihn wörtlich: Mit dem erstmaligen Auftauchen einer Größe «Israel» in der Geschichte des alten Orients wird zugleich auch deren Untergang berichtet.

Der Beginn des intensiven Engagements der westlichen Großmacht Ägypten im Raum zwischen dem Mittelmeer und der transjordanischen Wüste liegt zu diesem Zeitpunkt (1220 v. Chr.) bereits etwa 250 Jahre zurück. Pharao Thutmosis III. begann 1468 v.Chr., mit einer ganzen Serie von Kriegen dieses strategisch so wichtige Gebiet zu unterwerfen. Nach mehreren Schlachten gelang es ihm, die ägyptische Einflußsphäre bis an die Festung Quadesch am Orontes auszudehnen. Es ging dabei keineswegs um eine völlige Okkupation dieses Landstriches. Die einheimischen Kleinstaaten und deren Herrschaftsgefüge blieben erhalten. Solange die kanaanäischen Stadtstaaten die Herrschaft Ägyptens akzeptierten, Tribut zahlten, für die Sicherheit des Handels garantierten, die Militärstützpunkte der pharaonischen Truppen mit allem Notwendigen versorgten und wenn nötig auch selbst Hilfstruppen stellten, blieb die innere Struktur dieser Kulturen unangetastet. Reiches archäologisches Material zeugt von der Blüte der Stadtstaaten, die sich unter der Schirmherrschaft des mächtigen westlichen Nachbarn gut entfalten konnten.

Die östlichen Nachbarn, zuerst das Reich von Mittani, später dann die Hethiter, versuchten dieses Gleichgewicht durch die Unterstützung lokaler Konflikte und vereinzelter Aufstände zu stören. Eine Strategie, die ihre Aktualität bis heute nicht verloren hat. Dadurch wurden immer wieder «Strafexpeditionen» vom Nil aus nötig, um einem Zerfall der Pufferstaaten vorzubeugen.

Als man Ende des vorigen Jahrhunderts die Residenz des Pharaos Echnaton in Tell el Amarna im Niltal ausgrub, fand man auch ein Archiv der außenpolitischen Korrespondenz Ägyptens mit den palästinensischen Kleinstaaten. 355 Tontäfelchen aus der Zeit zwischen 1400 und 1350 sind erhalten, die in der klassischen Diplomatensprache jener Zeit, dem Akkadischen, abgefaßt sind.

Die Briefe ermöglichen einen Einblick in die neue politische Konstellation. Das Reich von Mittani war im Norden mit den Hethitern beschäftigt, Echnaton mit religiösen Reformen. Die Folge: In Kanaan wurde der Druck gelockert. Es kam zu Versuchen, eigene lokale Positionen stärker auszubauen. Die Briefe sind voll von gegenseitigen Anschuldigungen und gleichzeitigen Ergebenheitsadressen an den Pharaonenhof, um damit militärische Unterstützung zu erhalten. So schreibt der Stadtfürst von Jerusalem beispielsweise an den Pharao:

«Und nun ist sogar eine Stadt namens Bethlehem im Lande Jerusalem, die dem König gehört, zu den Leuten von Kegila übergelaufen... ohne

Bogenschützen wird das Land des Königs in die Hände der Apiru fallen...»[30]

Bethlehem, Jerusalem und Kegila sind aus biblischen Texten bekannte Ortsangaben. Durch diese Briefe, die Feldzugsberichte der Pharaonen und archäologische Daten läßt sich ein Bild der Verhältnisse erstellen, das sich im wesentlichen bis zur Zeit der oben erwähnten «Israelstele» nicht ändert.

Erst während der Pattsituation zwischen den Großmächten der Ägypter und der Hethiter in der 66 Jahre dauernden Regierungszeit Ramses II. (1290 bis 1224 v. Chr.) verschoben sich die Machtverhältnisse langsam. Der Einfluß beider Mächte über die eigenen Grenzen hinaus nahm ständig ab, und so wundert es nicht, daß Merenptah, der Nachfolger des großen Ramses, gezwungen war, die immer selbständiger werdenden Frontprovinzen in Kanaan-Palästina durch einen Feldzug in den ersten Jahren seiner Regierung zur Räson zu bringen. Das Ergebnis ist auf der «Israelstele» festgehalten. Allerdings dürfte es sich dabei zu einem guten Teil um Regierungssprecher-Perspektive handeln. Von einer völligen Beseitigung der separatistischen Tendenzen kann jedenfalls nicht die Rede sein, wenn nur wenige Jahre später das Land, sich selbst überlassen, dem Ansturm zweier Völkerbewegungen ausgesetzt ist.

Die neue Front in Kanaan

Um die Wende vom 13. zum 12. Jahrhundert brach das Großreichsystem ziemlich schnell zusammen. Den Anstoß gab die sogenannte Seevölkerbewegung, die auf dem Wasser- und Landweg in die westlichen Gebiete des vorderen Orients einströmte. Die Seevölker kamen, soweit das heute noch zu ermitteln ist, hauptsächlich aus der ägäischen Inselwelt, möglicherweise auch zum Teil vom Balkan. Ausgelöst wurde diese Wanderung ihrerseits durch den Druck der Dorer, die das griechische Festland und die Inselwelt als neues Siedlungsgebiet beanspruchten. Aus einem Bericht des Pharao Ramses III. (1190–1159) auf den Wänden seines Totentempels in Medinat Habu ist zu erfahren:

«Kein Land konnte ihnen wiederstehen. Chatti (=Hethiter), [...] –

ein Königreich nach dem anderen fiel. In Amurru [=heutiger Libanon] schlugen sie Lager auf. Sie schlachteten die Menschen ab und verwüsteten das Land. Sie gelangten nach Ägypten, Feuer ging ihnen voraus. Ihr Bündnis umfaßte Philister, Zeker, Danuna und Aquaiwascha…».

Andere, mit den Libyern an der Westgrenze Ägyptens verbündete Seevölker konnten ebenfalls nur mühsam abgedrängt werden. Unter ihnen tauchen Namen auf, die wahrscheinlich identisch sind mit späteren Völkerschaften im Mittelmeerraum: Sirdana (Sardenier), Akawasa (Achäer), Tursa (Tyrrhener, Etrusker) und Sekles (Sizilier).

Nach der Darstellung Ramses III. gelang es seinen Vorgängern und ihm selbst in einer großen Seeschlacht, diesen Ansturm so weit aufzuhalten, daß Ägypten selbst verschont blieb. Doch eine der Gruppen setzte sich an der Küstenebene Kanaans fest und kontrollierten auch das pharaonische Verwaltungszentrum der Region Gaza: die Philister.[31] Sie brachten, archäologisch nachweisbar anhand ihrer Keramik, eine mit der minoischen verwandte Kultur ins Land. Die Philister waren vermutlich nicht ein Volk, sondern eine neue Herrenschicht. Sie zwang die vorhandene, eingesessene kanaanäische Bevölkerung unter ihre Macht.

Die Politik Ramses III. funktionierte noch insoweit, als der neue Puffer den weiteren Vorstoß der Seevölker nach Ägypten verhinderte. Doch die Philister übernahmen das Erbe der Großmacht, sobald die immer stärker werdenden innenpolitischen Probleme eine Konzentration der verbleibenden Kräfte der Pharaonen erzwang. Dabei führten sie eine neue politische Organisation ein: Ein Fünf-Städte-Bund wurde gegründet. Die Philistermetropolen Gaza, Aschkalon, Aschdod, Ekron und Gat wurden zu einem wesentlichen Machtfaktor in den kommenden Auseinandersetzungen. In den folgenden Jahrhunderten waren diese Städte bemüht, ihren Einfluß auch auf das Gebirge auszudehnen. Das gelang weniger rasch und umgreifend, als zu erwarten gewesen war. In das entstehende Machtvakuum in Kanaan drängten nämlich noch andere Kräfte. Vor allem auf dem Gebirge und im mittleren und nördlichen Bereich erwuchs dem Fünf-Städte-Bund ein Gegner, der angeblich – glaubt man dem dem Text der Stele Pharao Merenptahs – seit mehreren Jahrzehnten nicht mehr existierte: *«Israel ist verwüstet, sein Samen dahin»*. Israel?

Das Fragezeichen hinter dieser Bezeichnung einer Gruppe von Menschen, Stämmen, Großfamilien kann nicht groß genug sein. Dieser scheinbar selbstverständliche Begriff «Israel», seit Tausenden von Jahren aus der Geschichte der Kulturen wenigstens des Mittelmeerraumes nicht mehr wegzudenken, bezeichnet ein Forschungsgebiet, dessen Untersuchungen ganze Bibliotheken füllt und dessen Theorien und Mutmaßungen eine immer noch nicht abgeschlossene Kette von Diskussionen ausgelöst hat. Ein Historiker schließt das entsprechende Kapitel in seiner Darstellung mit dem Satz: «Hier ist abzubrechen; sonst entsteht der Eindruck, wir wüßten doch auf alle Fragen eine Antwort. Das ist nicht der Fall. Die aufgeworfenen und viele weitere Fragen bleiben unbeantwortet und erinnern schmerzlich an die Grenzen des historischen Erkenntnisvermögens.»[32]

Selbst wer die Bibel nur einigermaßen aufmerksam liest, hat eine Vorstellung von Herkunft, Einwanderung und Ausbreitung des Volkes Israel in Kanaan. Stichworte wie «der Auszug aus Ägypten», «die Wüstenwanderung» oder «der Fall der Mauern Jerichos» sind bekannt, nicht zuletzt auch aus den Spirituals und Gospelgesängen jener anderen ehemals versklavten Menge: der Farbigen Amerikas auf den Baumwollplantagen der konföderierten Südstaaten.[33] Alle diese in der Regel in Umrissen bekannten Daten sind Bestandteil der ältesten erhaltenen Theorie von Historikern zur Frage nach der Entstehung des Volkes Israel. Diese Theorie dürfte in ihrer jetzigen Gestalt bereits annähernd 2500 Jahre alt sein:

In der Knechtschaft als Fronarbeiter in Ägypten – so die These – wuchs eine ursprünglich nomadische Großfamilie zu einem in zwölf Stämme gegliederten Volk heran. Als die Unterdrückung nicht mehr tragbare Ausmaße annahm (die männlichen Neugeborenen sollten getötet werden), kam ein Mann aus der Wüste und führte sein Volk unter großartigen Begleiterscheinungen (die sogenannten ägyptischen Plagen und der Zug durchs Meer) aus der Sklaverei. In einem vierzig Jahre dauernden Marsch durch die Wüste, dessen Höhepunkt die Vermittlung einer Verfassung (10 Gebote) war, schmiedete er aus den «displaced people» ein Volk, das stark genug war, das verheißene Land, in dem *«Milch und Honig flossen» (Ex 3,8 u. a.)* zu erobern. Der Mann hieß Mose, sein Nachfolger Josua und die Mauern von Jericho fielen unter dem Klang der berühmten Posaunen.

Diese Theorie ist der deuteronomistischen Schule zu verdanken, die es unternahm, nach dem Untergang des ersten Staates Israel und seiner Hauptstadt Jersualem das vorhandene Material an Erzählungen, Archivberichten, Listen, Grenznotizen, Sagen, Prophetensprüchen und Legenden zu ordnen. Auf der Suche nach den Spuren des Mannes und Königs David ist weder Zeit noch Raum, dem jetzt im Einzelnen nachzugehen. Doch für eine einigermaßen präzise Einschätzung der Voraussetzungen, unter denen es David gelang, das Machtvakuum in Kanaan auszunutzen, wird es nötig, mit einigen Strichen die damaligen Verhältnisse zu skizzieren, soweit dies heute noch möglich ist.

Die Apiru – das Volk Israel?

Im Hilferuf des Königs von Jerusalem an die Staatskanzlei des Pharao war die Rede davon, daß das Land, bliebe die Hilfe aus, in die Hände der «Apiru» fiele.[34] Diese Bezeichnung für eine Gruppe von Menschen ist in den literarischen Quellen des 2. Jahrtausends v.Chr. für alle Länder der fruchtbaren Halbmondes bezeugt. In den Keilschrifttexten Mesopotamiens und Kleinasiens heißen sie Hapiru, in ugaritischen Texten ᶜ-p-r, in Ägypten ᶜpr.w.[35] Im Alten Testament taucht die Bezeichnung insgesamt überraschend selten auf. Nur 33 mal ist von «Ibrim» die Rede, und doch ist uns die Bezeichnung «Hebräer» bis hin zur Sprache des alten und den neuen Staates Israel «hebräisch-ivrith» geläufig.

Ist der Begriff «Apiru» als eine alte Bezeichnung für das Volk der Hebräer zu verstehen, analog dem Verhältnis «Germanen – Deutsche»? Dieser Vermutung ist mit Vorsicht zu begegnen. Untersucht man nämlich die Quellen genauer, wird bald deutlich, daß wir es nicht mit einer ethnischen Größe zu tun haben, sondern mit einer soziologischen. *Apiru* sind im Sprachgebrauch des alten Orient Menschen, die am Rand oder außerhalb der Gesellschaftsordnung stehen: Outlaws der bronzezeitlichen Städte, die sich zu ihrem Schutz und zur Sicherung ihres Lebens in

Abhängigkeitsverhältnisse begeben mußten (Arbeiter, Söldner), oder die ein freies Leben als Räuber und Wegelagerer führten. Erst die Griechen und die Römer haben diese Bezeichnung zu einer Zeit, als von einem Staat Israel keine Rede mehr sein konnte, als Bezeichnung für das Volk der Juden weiterverbreitet.

Dem Brief des Jerusalemer Königs zufolge lebten also im gesellschaftlichen und auch geographischen «Niemandsland», das die kanaanäischen Stadtstaaten umgab, Menschen, die unter der Sammelbezeichnung «Apiru» bekannt waren.

Die Vorgeschichte des Volkes Israel zeigt, daß es eine Verbindung zwischen dieser inhomogenen soziologischen Größe «Apiru» und den nachmaligen Bewohnern des Staates Isreal-Juda gibt. In der heutigen Gestalt der biblischen Texte wird zwar der Eindruck vermittelt, das Volk Israel und später auch der Staat ließen sich auf einen Ahnherren zurückverfolgen. Dieser Stammvater hieß Jakob und erhielt von Gott selbst den Ehrennamen Israel (»Er hat mit Gott gerungen»). Dieser Israel hatte, so die biblischen Texte, zwölf Söhne, die zu den Stammvätern der zwölf Stämme Israels wurden. Damit war die gemeinsame Herkunft und die ethnische Verwandtschaft aller Israeliten deutlich bezeichnet. Im Vergleich des außerbiblischen Quellenmaterials mit den biblischen Nachrichten werden aber einige Differenzen sichtbar. Das Volk Israel war keine homogene Ethnie, wie das die Texte glauben machen wollen. Ein Blick auf die bis heute unter den Beduinen des Sinai gebräuchliche Konstruktion von Verwandtschaftsverhältnissen mit Hilfe eines fiktiven Stammbaumes läßt die Absicht hinter dem Stammbaum Israels erkennen: Es ging darum, die Relationen zwischen den einzelnen Gruppen innerhalb des werdenden Volkes genauer zu beschreiben. Dazu griff man sicher auch auf Überlieferungen aus der Sippe Jakob-Israels und seiner Söhne zurück. Diese Genealogien sind also nicht daran interessiert, historische Daten zu tradieren, sondern bestehende Beziehungen zu beschreiben und neue zu stiften. Daraus wird ersichtlich, daß die verschiedensten ethnischen Gruppen, die zu dieser Zeit in Palästina in einer Apiru-Existenz lebten, tatsächlich zu dem Volk Israel zusammenwuchsen. Ihre gemeinsame Herkunft allerdings ist eine Fiktion.

Im 1. Buch Mose werden die zwölf Stämme Israel in den «Segenswünschen des Stammvaters Jakob für seine Söhne» charakterisiert *(Gen 49)*. Der Vergleich dieses und anderer biblischer Texte mit den außerbiblischen Quellen der Zeit zwischen 1500 und 1200 v. Chr. ergibt überraschende Übereinstimmungen; die in den Segenssprüchen genannten Gruppen lassen sich historisch belegen. Sie waren waren sehr verschieden – was sie aber einte waren die Lebensbedingungen einer Apiru-Existenz:

Fronarbeiter

Aus dem Archiv von Amarna ist bekannt, daß in einem der zahlreichen Kleinkriege die am Rande der Ebene von Jesreel liegende Stadt Schunem zerstört und nicht sofort wieder aufgebaut wurde. Ägyptische Politik war daran interessiert, daß die Einnahmen aus den die Stadt umgebenden fruchtbaren Feldern nicht versiegten. Der zuständige Vasallenkönig von Megiddo löste das Problem, indem er die Felder durch Fronarbeiter aus Japhira an der Südgrenze Untergaliläas bestellen ließ. Schunem aber und Japhira gehörten zum Siedlungsgebiet des Israel-Stammes Issachar, wie aus Grenzdokumenten *(Josua 19, 12 u.18)* hervorgeht. Von diesem Stamm wiederum gibt es eine Beschreibung, wie er sich mit den kanaanäischen Städten seines Siedlungsgebietes arrangiert hatte:

«Issachar ist ein knochiger Esel,
der zwischen den Gabelhürden lagert.
Da er sah, daß die Ruhe so schön und das Land lieblich sei,
beugte er seinen Rücken zum Lasttragen
und wurde Fronknecht.» (Gen 49, 14–15)

Diese treffende Charakterisierung des Stammes Issachar stammt aus dem Zwölf-Stämme-Segen, der dem Stammvater Jakob (= Israel) in den Mund gelegt wurde. Zu den Vorfahren Israels gehörte also mindestens eine Gruppe von Fronarbeitern.

Wegelagerer

Eine satirische Darstellung aus den Tagen Ramses II.[36] deckt einiges über die Zustände im Kanaan der zweiten Hälfte des 13. Jahrhunderts auf. Es handelt sich um den Bericht eines erfolglosen Schreibers über seine Reise durch das uns interessierende Land. In diesem Bericht schildert der Reisende auch Probleme, die ihm mit einem Anführer eines Stammes mit dem Namen Aser entstanden, als er den Aruna-Paß auf dem Weg von Megiddo ans Meer überquerte. Der Stamm Aser erscheint ebenfalls in den Segenssprüchen des Stammvaters Jakobs; dort heißt es unter anderem:

«Von Eisen und Erz sind deine Riegel,
solang du lebst, deine Kraft». (Gen 49, 25)

Diese poetische Umschreibung der Absperrung von Straßen und Pässen zeigt: Zu den Vorfahren Israels gehörte mindestens eine Gruppe von Wegelagerern.

Kleinviehnomaden

Auch die Daten über die Wirtschaft des Landes gewinnen noch einmal an Gewicht, wenn man die Situation der vor allem von der Landwirtschaft lebenden Stadt- und Dorfbewohner mit jener der im Wechsel der Jahreszeiten den Weideplätzen nachwandernden «Halbnomaden» vergleicht. Zündstoff lag in dieser Konstellation. Den aus der Steppe andrängenden Kleinviehhirten mußte das Kulturland im Umkreis der (aus heutiger europäischer Sicht sicher ärmlich zu nennenden) Siedlungen doch wie ein Land erscheinen, in dem «Milch und Honig fließen». Es gibt eine Reihe von biblischen und außerbiblischen Berichten über versuchte, abgewehrte oder geglückte Anstrengungen jener zum Wandern Gezwungenen, seßhaft zu werden und am Wohlstand der Städte teilzuhaben.[37]

Flüchtige Sklaven

Untersucht man die Nachrichten im Buch Exodus über den «Auszug aus Ägypten» genauer, so wird auch hier deutlich: Unter der Schale späterer Interpretationen steckt ein historischer Kern. Wenn auch die im biblischen Bericht genannte Gruppe keineswegs in Volksstärke aus dem «Haus der Knechtschaft» ausgebrochen war, so paßt doch die Flucht von Fronarbeitern aus den im östlichen Nildelta gelegenen Städten am Ende des 13. Jahrhunderts gut in das Bild, welches Ägyptologen für diese Zeit dank neuerer Ausgrabungen bei Tell ed Daba gewonnen haben. Nachdem die Mose- und Josua-Gruppe in der Wüste «ihrem Gott» JHWH begegnet war, könnte ihre Ankunft in Kanaan nach der Meinung nicht weniger Forscher sogar der entscheidende Anstoß für eine Solidarisierung aller unter «Knechtschaft» leidenden sozialen Gruppierungen gewesen sein.

Immerhin brachten sie die Botschaft von dem Gott mit, der nicht mit den herrschenden Städten und Staaten regiert, sondern aus der Sklaverei befreit – Unterdrückte, Randgruppen aus ihrer Existenz am Rand (er)löst.

Eindringlinge

Die Nachrichten von der kriegerischen Inbesitznahme des Landes durch das ganze Volk Israel, die im biblischen Buch Josua überliefert sind, lassen sich zurückführen auf eine einzige Gruppe, den Stamm Benjamin. Dieser Stamm kam aus dem Osten über den Jordan in das Land. Er stieß nördlich von Jerusalem mit militärischer Gewalt nach Westen auf das Gebirge vor. Im Stämmeregister des Jakob wird überliefert:

«Benjamin ist ein reißender Wolf.
Des Morgens wird er Raub fressen
und des Abends wird er Beute austeilen.» (Gen 49,27)

Zu den Vorfahren Israels gehörte also mindestens eine Gruppe von militärischen Eindringlingen.

JHWH-Vereherer

Und schließlich ist damit zu rechnen, daß auch direkt von Süden her, aus der Wüste des Negev, eine Gruppe in die Gegend von Hebron im judäischen Bergland eindrang und sich langsam hier festsetzte. Sie war ebenfalls, vielleicht in der Oasenregion von Kadesch Barnea, mit der JHWH-Verehrung bekannt geworden. Einzelne Berichte, wie die Kundschaftererzählung im 4. Buch Mose sprechen für diesen Sachverhalt *(Num 13)*.

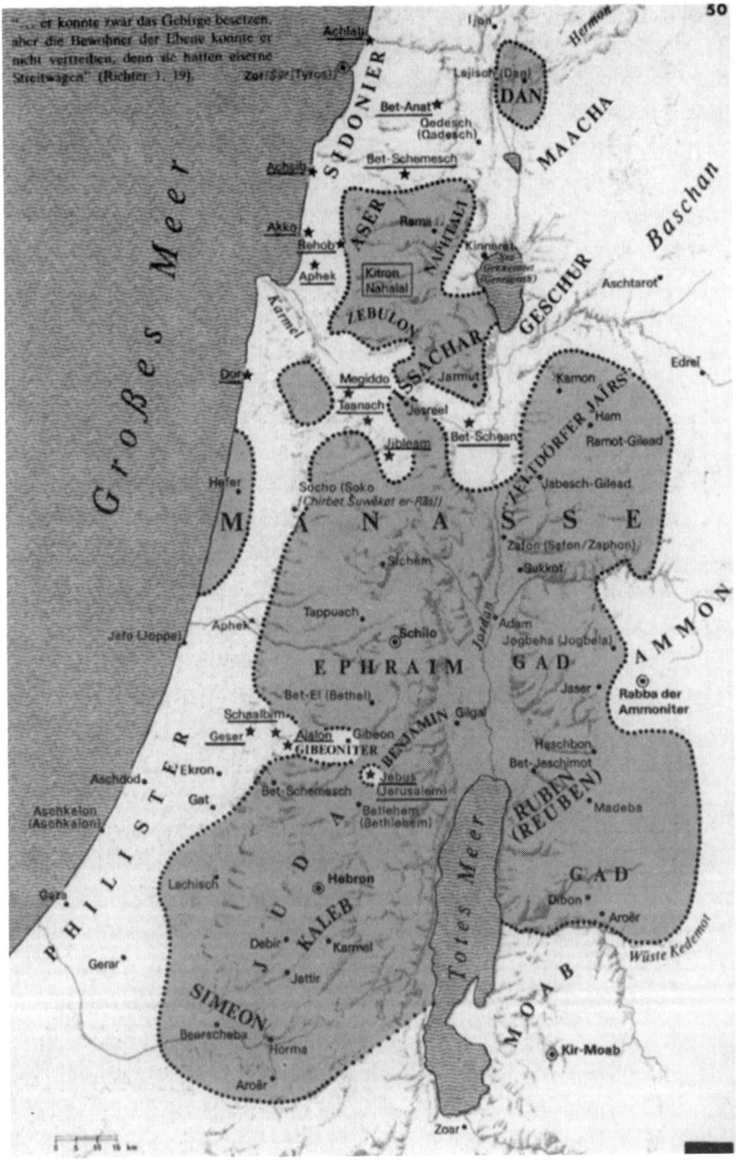

Die zwölf Stämme Israels

Der Vergleich biblischer und außerbiblischer Belege macht deutlich: Zu den Vorfahren Israels gehörten also gänzlich verschiedene Gruppierungen. Was sie einte, war keineswegs eine gemeinsame Abstammung, sondern eine gemeinsame Lebenssituation.

Der Gott der Befreiung und der Bund der Stämme

Man kann davon ausgehen, daß in den noch freien Räumen zwischen den einzelnen Zwergstaaten eine brisante Mischung aus ins Kulturland drängenden Halbnomaden, zu Fronarbeit gezwungenen Sippen und von Wegelagerei und kleineren Raubzügen lebenden «Outlaws» zahlenmäßig immer stärker wurde. Die Archäologie liefert weitere Hinweise: Für eine in dieser Zeit aufkommende dörfliche Kultur in exakt diesen Räumen gibt es gute Zeugen. Es wurden Siedlungen ausgegraben: kleinere, eng zusammengedrängte Häusergruppen, welche ohne die Mauerringe auskommen mußten, die für kanaanäische Städte typisch waren. Zuwachs bekam die inhomogene Gruppe nicht nur aus den eigenen Reihen und aus der Weite der sie umgebenden Wüsten und Steppen. Zuwachs kam sicher auch aus den Städten selbst: Menschen, denen die Schulden über den Kopf wuchsen, die ihre Abgaben, beispielsweise wegen einer schlechten Ernte, nicht bezahlen konnten. Zu einem Machtfaktor, der die Politik des Landes mitbestimmte, konnten diese Menschen allerdings erst dann werden, als sie durch eine gemeinsame, einende Idee tatsächlich zu einer einheitlichen Größe wurden.

Wie das geschehen konnte, und in welchem Umfang dabei die bereits beschriebene Gruppe, die aus ägyptischer Knechtschaft entflohen war, beteiligt war, das wird mit unterschiedlichsten Positionen in der Forschung diskutiert. In dieser Diskussion ist man in den letzten Jahren davon abgekommen, eine einzelne Theorie als die alles erklärende anzusehen. Weder die Annahme einer gewaltsamen Eroberung, wie sie ja die deuteronomistische Schule vor 2500 Jahren schon entwickelt hatte, noch die Vermutung einer friedlichen Einwanderung im Zuge des Weidewechsels von Halbnomaden – und auch nicht die These, Israel wäre aus den Emigrationsbewegungen der Randgruppen kanaanäischer

Stadtgemeinschaften entstanden, kann die Entwicklung zufriedenstellend erklären.

Wahrscheinlich haben wir es mit einem sehr komplexen, sich über mehr als ein Jahrhundert hinziehenden Vorgang zu tun, dem nur eine Verknüpfung mehrerer Theorien gerecht werden kann. Relativ eindeutig ist allerdings, daß dieser Prozeß des Zusammenschlusses der Gruppen und Menschen von den Rändern der Gesellschaft viel zu tun haben mußte mit der Botschaft von dem Gott, der sich sein Volk aus denen sucht, die in Knechtschaft leben.

Es wurde eine kultisch-religiöse Gemeinschaft gegründet, deren Zentrum die Verehrung jenes Gottes wurde, der aus der Wüste gekommen war, aus den kulturfeindlichen Bergen und Steppen vom Rand der bekannten Welt. Er war ein Gott, der seinen Namen mit einem Rätselwort entfaltete: Ich werde mich erweisen, als der ich mich erweisen werde: JHWH. Er war der Gott, der sich nicht in einem der zahlreichen Götterbilder in den Städten der Regierenden verehren und anbeten ließ. Ein Bund von Stämmen entstand um die Verehrung dieses Gottes. In einer konstruierten Ahnentafel ordnete er seine inneren Beziehungen. Es entstand in den langsam urbar gemachten Bergen des Landes ein ernst zu nehmendes Gegengewicht zu den fünf Philisterstädten in der Küstenebene. Es entstand, was immer und wie immer es auch genau gewesen sein mag in seinen Anfängen, gegen alle Pharaonenpropaganda: Israel!

Saul – ein gescheiterter Versuch

Die Anfänge des Königtums

«Die Bäume gingen hin
um einen König über sich zu salben
und sie sprachen zum Ölbaum:
‹Sei unser König!›

Aber der Ölbaum antwortete ihnen:
‹Soll ich meine Fettigkeit lassen,

die Götter und Menschen preisen an mir,
um hin zu gehen, über den Bäumen zu schweben?›

Da sprachen die Bäume zum Feigenbaum:
‹Komm du und sei unser König!›

Aber der Feigenbaum sprach zu ihnen:
‹Soll ich meine Süßigkeit lassen und meine Frucht, die gute,
um hin zu gehen, über den Bäumen zu schweben?›

Da sprachen die Bäume zum Weinstock:
‹Komm du und sei unser König!›

Aber der Weinstock sprach zu ihnen:
‹Soll ich meinen Wein lassen,
der Götter und Menschen fröhlich macht,
um hin zu gehen, über den Bäumen zu schweben?›

Da sprachen die Bäume zum Dornbusch:
‹Komm du und sei unser König!›

Der Dornbusch sprach zu den Bäumen:
‹Ist's wahr,
daß ihr mich salben wollt
zum König über euch
so kommt und bergt euch in meinem Schatten.
Wo nicht,
so gehe Feuer aus vom Dornbusch
und verzehre selbst die Zedern des Libanons›.»
(Buch der Richter 9, 8–15)

Diese mit beissendem Spott gesättigte Fabel faßt treffend die Stellung des Stämmebundes zur Frage nach einer Monarchie zusammen, auch wenn sie in dieser Form sicher jüngeren Datums ist. Im Buch der Richter ist sie Jotam, dem Kontrahenten eines gewissen Abimelech, in den Mund gelegt. Abimelech scheiterte beim Versuch, eine Herrschaft aufzurichten. Als er einen Aufstand niederschlagen wollte und dazu Stadt und Burg von Tebez belagerte, gelang es ihm, sich bis zum Burgtor vorzuarbeiten. Doch da *«warf eine Frau vom Dach der Burg dem Abimelech einen Mühlstein auf den Kopf und zerschmetterte ihm den Schädel. Abimelech schrie nach seinem Waffenträger und sprach zu ihm: ‹Zieh dein Schwert und töte mich, daß man nicht von mir sage: Ein Weib hat ihn erschlagen›. Da durchstach ihn sein Waffenträger. Als aber die Israeliten, die mit ihm waren, sahen, daß Abimelech tot war, ging jeder nach Hause.» (Buch der Richter 9, 53 – 55)*

So endete der wahrscheinlich erste Versuch eines Usurpators, sich auf den Thron des Stämmebundes zu setzen. Es war ein Thron, der als längst besetzt galt. Freilich nicht von einem Menschen, sondern von Gott. Eine weitere Erzählung aus dem Buch der Richter macht das deutlich: Wenn Not am Mann war, fand sich unter den jeweils betroffenen Stämmen ein Held, der sich eine Gefolgschaft suchte und sein «Volk» freikämpfte. Dieser «Retter» handelte immer im Auftrag des eigentlichen Herrschers: des Gottes. Die Beauftragung wurde im Zusammenhang mit einer durch JHWH erfolgten «Begeisterung» gesehen. Deshalb spricht man in der Forschung auch von «Charismatikern», die in zeitlich begrenztem Umfang zum Anführer wurden und ihre Aufgabe erledigten, um dann wieder in ihren angestammten Beruf zurückzukehren.

Einem gewissen Gideon wurde nach einer solchen erfolgreichen Befreiung in der ersten Begeisterung die Krone angetragen: *«Sei Herrscher über uns, Du und Dein Sohn und Deines Sohnes Sohn, weil Du uns aus der Hand der Feinde errettet hast.» (Buch der Richter 8, 22)*

Seine Antwort: *«Ich will nicht Herrscher über euch sein, und mein Sohn soll auch nicht Herrscher sein über euch, denn JHWH wird Herrscher über euch sein.» (Buch der Richter 8, 23)*

In dieser Erzählung hat sich die Erinnerung an eine stark föderal geprägte politische Ordnung erhalten, die man als «segmentäre Gesellschaft» bezeichnet. Einzelne Gruppen lebten selbständig organisiert in einem losen Miteinander. Es scheint nur ein zentrales Amt gegeben zu haben: eine gemeinsame Appellationsinstanz.

Die normale Rechtsprechung lag auch im Stämmebund, wie im alten Orient üblich, in der Hand der Ältesten eines Stammes oder einer Stadt.

Sie versammelten sich im Zentrum des Lagers (am Feuer, unter einem besonders herausragenden Baum), oder eben (später, nach der Seßhaftwerdung) «im Tor» der Stadt, das man sich mit einer platzähnlichen Erweiterung vorstellen muß: Dort also, wo das tägliche Leben pulsierte. Die Fälle wurden von den Betroffenen selbst vorgetragen und an Ort und Stelle noch nach Anhörung der Zeugen und des Beklagten verhandelt und entschieden. Besonders schwerwiegende Fälle sowie «Berufungsverhandlungen» waren in den Monarchien des Alten Orients dem Stadtfürsten oder dem König beziehungsweise seinem Kanzler oder Wesir vorbehalten. Im israelitischen Stämmebund gab es anstelle dieser Ämter lediglich die Institution des Richters, der in etwa die Rolle eines «Appellations- und Verfassungsgerichtes» innehatte. Ein König und sein Beamtenapparat waren in dieser «Verfassung» nicht vorgesehen.

Entsprechende Schwierigkeiten haben dann offensichtlich auch die Verfasser der überlieferten biblischen Texte damit, von dem dann doch entstehenden Königtum zu berichten.

Zusammenbruch der Hegemonialmächte

Im 11. Jahrhundert v. Chr. war der Einfluß Ägyptens in Kanaan völlig zusammengebrochen. Im Nildelta regierte ein Gau-Fürst, der die Oberhoheit der thebanischen Machtzentrale nicht mehr anerkannte. In Theben selbst hatte die Priesterschaft die Regierungsgewalt an sich gezogen. Der Bericht eines «Sonderbotschafters aus Theben» verdeutlicht die Verhältnisse in Palästina:[38]

Sein Name: Wen-Amon.

Sein Auftrag: Beschaffung des in der ganzen alten Welt damals unübertroffenen Zedernholzes vom Libanon. Es sollte zum Bau einer neuen Barke für den Gott Amun von Karnak-Theben verwendet werden.

Wen-Amons Bericht spiegelt die äußerst unsichere Situation und die undurchschaubaren Machtverhältnisse in Kanaan exakt wieder. Sein Geld wird ihm gestohlen, er beschlagnahmt eine fremde Kasse, wird daraufhin unter Arrest gestellt und jammert nun mehrere Seiten lang über die ihm zuteil werdende schlechte Behandlung; schließlich bekommt er eine neue Ausstattung aus der Heimat, gerät aber in einen lokalen Aufruhr und in Todesgefahr, wird erneut verhaftet, macht sich sehr wichtig und beruft sich auf die hinter ihm stehende Macht –

Hier bricht der Text ab und es wird nie zu erfahren sein, ob der Gott Amun in Karnak-Theben nun eine neue Barke erhielt, oder ob er sich mit dem alten Modell begnügen mußte. Die Zeiten waren andere geworden. Der Einfluß Ägyptens in Kanaan war nur noch wehmütige Erinnerung in den Köpfen einiger Beamter.

Erste Konfrontation

Die Auseinandersetzung zwischen den Philistern und dem sich konsolidierenden Stämmebund verschärfte sich. Um 1050 kam es in Eben-Eser, in der Nähe von Aphek, dem Zentrum der Philistermacht, zu einer ersten offenen Feldschlacht. Die philistäische Pentapolis besiegte das hoffnungslos unterlegene Heer der Stämme. Das Heiligtum Schilo wurde, wie auch Ausgrabungen bestätigt haben, völlig zerstört. Die Bundeslade, kultischer Garant der Gegenwart JHWHs, geriet in die Hände der Philister *(1 Sam 4)*. Allerdings blieb sie nicht lange als Trophäe in den Tempeln der Philisterstadt Aschdod. Es schien ein Fluch auf dem unrechtmäßig erworbenen Kasten zu liegen. Eine von seltsamer Heiterkeit des Verlierers durchsetzte Legende im 1. Buch Samuel berichtet:

Die Lade wurde im Tempel der Philisterstadt ausgestellt. Über Nacht fiel die Statue des stadteigenen Gottes Dagon um. Es sah aus, wird berichtet, als verehre der Stadtgott die Lade des Gottes Israels! Schleunigst wurde der Gott wieder aufgerichtet, doch am nächsten Morgen dasselbe Bild: Dagon lag flach auf dem Bauch, dazu waren sein Haupt und seine Hände abgesplittert. Wie eine heiße Kartoffel gab man den Kasten weiter an die nächste Stadt: Gat.

Auch dort gab es Probleme. Weiter nach Ekron. Das selbe Bild. Man beschloß, den unangenehmen Kasten loszuwerden – und so gelangte die Lade schließlich auf neutralen Boden, in Kirjat-Jearim, einer Enklave innerhalb des israelitischen Siedlungsgebietes, die von Kanaanäern bewohnt wurde.[39] Dort wurde sie aufbewahrt, bis sie im Staatskonzept Davids erneut eine wesentliche Rolle spielen sollte *(1 Sam 5, 1 – 7, 1)*.

Die verlorene Schlacht hatte eine für den Stämmebund spürbare Konsequenz: Die Philister richteten über das Bergland verstreut an strategisch entscheidenden Punkten Militärstationen ein. Sie hatten die Kontrolle über das ganze Gebiet gewonnen und nutzten dies sofort zu einer völligen Entmilitarisierung des Feindes. Das Schmiedehandwerk wurde den Besiegten untersagt und neue Bewaffnung unmöglich gemacht. Sogar landwirtschaftliche Geräte durften nur in den Philisterstädten wieder instandgesetzt werden. Dabei wurden horrende Preise verlangt *(Sam 13, 19–21)*. Die Angst, daß aus Pflugscharen Schwerter geschmiedet würden, war auch sicher nicht unberechtigt.

Der Stämmebund war an einem entscheidenden Punkt in seiner Geschichte angelangt. Entweder sank er zurück in ein reines Abhängigkeitsverhältnis, oder der entscheidende Schritt nach vorn wurde getan.

Die überraschende Krönung

Erneut wird von einer Situation berichtet, wie sie auch vom Charismatiker Gideon überliefert ist: Ein Mann aus dem Ort Gibea auf dem Gebiet des Stammes Benjamin, an dem sich eine Militärstation der Philister befand, wurde zum Anführer gegen die Bedrohung durch ein jenseits des Jordan angreifendes Volk, die Ammoniter.

Er hatte Erfolg. Der Sieg wurde gefeiert. Dem Mann, er hieß Saul, wurde die Krone angetragen. Und dann heißt es ganz lapidar am Ende des 11. Kapitels im 1. Buch Samuel: *«Da ging das ganze Volk nach Gilgal, und sie machten Saul dort zum König vor JHWH in Gilgal und opferten Dankopfer vor dem Herrn.»*

Hier wird für Israel eigentlich Unvorstellbares erzählt. Der Bericht endet: *«Saul aber und alle Männer Israels freuten sich dort sehr.» (1 Sam 11, 15)*

Spätere Bearbeiter konnten diese Nachricht nicht unkommentiert überliefern. Immer mehr Geschichten rankten sich um die Einführung der Monarchie in Israel. Da wurde erzählt, Saul hätte sich versteckt, um der Krönung zu entkommen *(1 Sam 10, 21)*. Da wurde nach einem Grund gesucht, warum ausgerechnet dieser Mann zum König geeignet sei – und er wurde gefunden: Saul war einen Kopf größer als alle anderen *(1 Sam 10, 23)*.

Vor allem aber: Wie vertrug sich diese Krönung mit der bis dahin vertretenen Theologie? Damals versuchte man die immer wieder auftauchende und oft quälende Frage nach dem «richtig» und «falsch» einer Entscheidung durch ein Orakel zu lösen. Das war eine im ganzen alten Orient bekannte Methode. Manche Orakel gaben die Verantwortung an den Fragesteller zurück, indem sie ihn mit dunklen, geheimnisvollen, zweideutigen, der Auslegung bedürftigen Antworten narrten.[40] Andere Orakelformen waren eindeutiger. Zum Beispiel das sogenannte Losorakel, von dem noch öfter zu berichten sein wird. Bei diesem ging es nur um die Entscheidung zwischen zwei Möglichkeiten, die dem Orakelpriester vorgelegt wurden. Er schüttelte die Orakeltasche, bis eines der beiden Lose herausfiel: «Ja» oder «Nein».

Auch zur Königserhebung des Saul gibt es eine Erzählung, die sich die «Wahl» mit Hilfe dieser Methode geschehen denkt. In einem etwas langwierigen Prozedere wird die Entscheidung durch eine systematische Reduzierung des in Frage kommenden Personenkreises herbeigeführt. Man muß sich das etwa so vorstellen: Zuerst wurde über jedem Stamm das Los geworfen, es blieb ein Stamm übrig. Dann wurde über jeder Großfamilie dieses Stammes das Los geworfen, es blieb eine Großfamilie übrig. So ging die Auswahl Schritt für Schritt weiter. Am Schluß «fiel das Los auf Saul, den Sohn des Kisch» *(1 Samuel 10, 21)*. Die Entscheidung aber hatten nicht Menschen getroffen, sondern JHWH selbst – und einzig darum geht es in diesem Bericht.

Damit noch nicht genug. Es findet sich ein weiterer Vorbehalt in diesem Textkomplex: Dem für das ganze Verfahren verantwortlichen Richter Samuel wurde eine Warnung in den Mund gelegt. Das monarchiewillige Volk sollte auf die Probleme hingewiesen werden, die mit dem Schritt verbunden waren:

«Das wird des Königs Recht sein, der über euch herrschen wird: Eure Söhne wird er nehmen für seine Wagen und seine Gespanne, und daß sie vor seinem Wagen herlaufen [...], daß sie ihm seinen Acker bearbeiten und seine Ernte einsammeln. [...] Eure Töchter wird er nehmen [...]. Eure besten Äcker und Weinberge und Ölgärten wird er nehmen [...]. Zehnten [Steuern] wird er nehmen [...]. Eure Knechte und Mägde, eure besten Rinder [...] wird er nehmen und ihr müßt seine Knechte sein.» (1 Sam 8, 11–17)

Dieser Text ist sicher nicht zur Zeit der Inthronisation Sauls in der zweiten Hälfte des 11. Jahrhunderts entstanden, doch zeigt er deutlich, wohin die Entscheidung für eine Monarchie in Israel führen würde.

Noch eine andere Geschichte verdankt sich dieser existentiellen Bewältigungsarbeit. Sie steht im 1. Buch Samuel im 9. und 10. Kapitel und gehört zu den poetischen Prosatexten des alten Testaments. Sie bringt ein Motiv ins Spiel, das in allem weiteren Geschehen unverzichtbar werden sollte: Die Salbung des Königs durch einen von Gott dazu Beauftragten:

Die Salbung des Königs

Es war einmal ein Mann aus Benjamin, mit Namen Kisch, ein angesehener Mann, der hatte einen Sohn mit Namen Saul, der war jung und schön. Dieser Mann Kisch besaß ein paar Eselinnen, die waren sehr wertvoll. Die Eselinnen hatten sich verlaufen. Da wurde der Sohn ausgesandt, die Tiere zu suchen. Ein Knecht begleitete ihn.

«Und sie gingen durch das Gebirge Ephraim und durch das Gebiet von Schalischa und fanden sie nicht. Und sie gingen durch das Gebiet von Schaalim, und sie waren nicht da. Sie gingen durch das Gebiet von Benjamin und fanden sie nicht. Als sie aber in das Gebiet von Zuf kamen, sprach Saul zu dem Knecht: ‹Komm, laß uns wieder heimkehren, mein Vater könnte sich sonst statt um die Eselinnen um uns sorgen.› Der Knecht aber sprach: ‹Siehe, es ist ein berühmter Mann Gottes in dieser Stadt; alles, was er sagt, das trifft ein. Nun laß uns dahin gehen; vielleicht sagt er uns, welchen Weg wir auf der Suche einschlagen sollen?›»

Die beiden beratschlagten, was sie dem berühmten Mann als Honorar anbieten könnten und es stellte sich heraus, daß der Knecht ungemünztes Silber bei sich hatte: ein Viertel Schekel (etwas mehr als vier Gramm). Das scheint ein angemessener Betrag gewesen zu sein, denn die beiden machten sich auf, den Seher zu befragen.

Der Seher wußte bereits vom Kommen der beiden, schließlich war das sein Beruf. Als Saul in die Stadt kam und den nächsten vertrauenswürdig Aussehenden nach dem Gottesmann fragte, bekam er zur Antwort:

«Ich bin der Seher. Kommt mit mir und eßt heute mit mir. Morgen will

ich dir alles, was du auf dem Herzen hast, eröffnen. Übrigens, an die Eselinnen, die du vor drei Tagen verloren hast, an die brauchst du nicht mehr denken. Sie sind gefunden worden. Wem gilt denn die ganze Erwartung Israels – etwa nicht dir und der ganzen Familie deines Vaters?»

Saul wies vergeblich auf die geringe Bedeutung seines Stammes, seiner Sippe und seines Vaterhauses hin. Der Seher blieb bei seinen rätselhaften Andeutungen. Am nächsten Morgen nahm er ihn beiseite, salbte ihn heimlich und befahl ihm, nach Hause zu gehen. Unterwegs werde er zwei Männern begegnen, die ihm mitteilen werden, daß die Eselinnen gefunden worden sind. Danach stoße er auf eine Gruppe von Propheten, die ihm mit Musikinstrumenten und in Ekstase entgegenziehen.

«Dann wird der Geist JHWHs auf dich kommen, du wirst mit ihnen in Ekstase sein und du wirst in einen anderen Menschen verwandelt werden. Wenn dann diese Zeichen an dir eingetroffen sind, dann tu, was immer sich dir anbietet – Gott ist ja mit dir.»

So geschah es auch und seit diesen Tagen sagte man in Israel: *«Was ist denn mit dem Sohn des Kisch geschehen? Ist Saul auch unter den Propheten?» (1 Sam 9, 1 – 10, 16)*[41]

Märchenhaft sind die Züge dieser Erzählung, doch die Intention im Rahmen der Überlieferungen von der Königserhebung des Saul ben Kisch ist klar: Gott selbst hatte seine Hand im Spiel. Die entscheidende Mittlerfigur aber ist der Seher und Prophet Samuel, zu dessen Recht es gehörte, im Auftrag Gottes zu salben und in dessen Macht es lag, damit Politik zu machen.

Salbung ist ein nicht erst zu diesem Zeitpunkt erfundener Akt der Weihe. Es gibt ägyptische Darstellungen schon aus dem 15. Jahrhundert v.Chr., die einen Priester mit Salbhorn und einer Räucherschale zeigen. In Megiddo wurde in kanaanäischen Schichten des Tell ein aus dem 11. oder 12. Jahrhundert stammendes Salbhorn gefunden, das mit Goldstreifen verziert ist. Somit ist klar, daß es auch in der nächsten Umgebung des Stämmebundes Salbungsrituale gab.

Bei der Salbung wurde das Haupt des Menschen, der geweiht werden sollte, mit einer Mischung von Olivenöl und anderen wohlriechenden Ölen eingerieben: Äußerliches Zeichen einer besonders herausgehobe-

Ein Priester mit Salbhorn und Opferschale. Gemälde in einem Grab in Theben aus der Zeit Thutmosis' IV. (1422–1413 v. Chr.)

nen Stellung des Gesalbten. Er stand unter dem Schutz der Gottheit und erfreute sich ihrer besonderen Aufmerksamkeit. In Israel wurde diese Sonderstellung zu Zeiten sogar als Unantastbarkeit verstanden – ein Fürst «von Gottes Gnaden».

Wie auch immer im einzelnen es zur Königserhebung des Saul ben Kisch kam, die Nachricht davon veränderte die Lage an der Front in Kanaan: Sie kam einer Kriegserklärung gleich.

Erste Erfolge

Die Situation eskalierte, als Jonathan, der älteste Sohn des Königs, mit einer relativ kleinen Streitmacht den Militärposten der Philister in seiner Heimatstadt Gibea überfiel und niedermachte. Die Tat mobilisierte die Hauptmacht der Philister. Sie sammelten ein Heer um ihre gefürchteten Streitwagenbatallione und zogen durch ein Wadi von der Küstenebene herauf gegen die Ortschaft Michmas, in die sich Saul mit ungefähr 2000 Kämpfern zurückgezogen hatte. Die Nachricht vom Herannahen des gefürchteten Heeres verbreitete Schrecken und viele *«verkrochen sich in Höhlen und Klüften und Felsen und Gewölben und Gruben» (1 Sam 13, 6)*, oder flohen über den Jordan nach Osten, wie der Berichterstatter nicht ohne Spott erzählt. Die Philister begingen einen taktischen Fehler und teilten ihre Streitmacht, um zu plündern. Dies nutzte erneut Jonathan, Sauls Ältester. Er überfiel einen Vorposten und gewann allein ein Duell mit zwanzig Gegnern. Der Rest war Panik und Flucht – auf Seiten der Philister.

Der erste Erfolg der Monarchie. Eine Atempause.

Allerdings wurde dabei ein Konflikt deutlich, der sich im weiteren Verlauf des Geschehens noch zuspitzen sollte: Hier der ganz der alten Tradition vom heiligen Krieg und seinen kultischen Regeln verhaftete Vater, der Gesalbte, der nicht ohne Opferritual und förmlicher Verfluchung von Feind und Feiglingen in den eigenen Reihen in die Schlacht zog; dort der die neue Situation erkennende Sohn, eine Lichtgestalt, beliebt beim Volk als strahlender Haudegen, der auch eine Befehlsverweigerung in Kauf nahm, um die Gunst der Stunde zu nutzen. Der Vater wollte ihn, schweren Herzens, zum Tod verurteilen – da zwang ihn das eigene Volk, den Sohn freizugeben. Ein erster Schatten fiel auf den Mann, den seine Salbung zum Charismatiker auf Lebenszeit gemacht, ja vielleicht verurteilt hatte. Die Auseinandersetzung Sauls mit seinem Sohn ist das erste Anzeichen seines letztendlichen Scheiterns.

Vorboten des Scheiterns

Über dem Scheitern des Königs liegt, mehr noch als über seinem Aufstieg, ein Schleier von Ratlosigkeit in allen Texten, die sich damit abmühen. Warum mußte dieser König – ein Gesalbter – an seiner Aufgabe letztlich zerbrechen?

Heutige Forscher suchen nach Lösungen in der Analyse politischer und militärischer Bedingungen. Er habe, so in etwa der Tenor der versuchten Antworten, mit den alten Mitteln des Stämmebundes einen Staat schaffen wollen. Das alt gewordende, überholte und den Anforderungen der Zeit nicht mehr gerecht werdende System aber war ungeeignet zur Bewältigung der neuen Herausforderungen. Als Truppenführer reagierte Saul auf spontan auftretende Herausforderungen. Die Ausdehnung der Führerschaft auf Lebenszeit ließ diese spontane «Begeisterung» umschlagen in ihre Schattenseite, die Melancholie, die Depression.

Die Geschichtsschreiber, denen die Berichte innerhalb der hebräischen Bibel zu verdanken sind, dachten von ihrer Weltdeutung her: Die Lösung des Problems mußte in einem Konflikt zwischen dem Gesalbten und seinem Auftraggeber JHWH selbst zu finden sein. Sie wurden nicht müde, die ihnen zur Verfügung stehenden Daten und Zeugnisse auf mögliche Verfehlungen des Königs abzuklopfen. Sie wurden fündig. In einer ziemlich offen ausgetragenen Rivalität zwischen dem König und Samuel, dem Richter, dem Repräsentanten der in der Schlacht von Eben-Eser untergegangenen Ordnung, sahen sie den Frevel des Gesalbten als erwiesen. Der alte Richter berief sich auf seinen Gott für seine Unfähigkeit, sich zurückzuziehen. Er drohte mit dem Entzug der Hilfe JHWHs. Es blieb nicht bei Drohungen. Er sprach die Verwerfung des Königs aus. Das Wort wirkte in uns heute kaum vorstellbarer Weise (so wie es auch im Munde eines Papstes 2200 Jahre später einen deutschen Kaiser nach Canossa zwang) und brachte das ohnehin gefährdete Selbstbewußtsein des Königs zum Einsturz. Unglückliche politische und strategische Entscheidungen folgten und trieben die Teufelsspirale an. Mißtrauen kam hinzu, und der Gesalbte wurde von tiefer Depression tagelang stumm sinnierend aufs Lager geworfen.

Ohnmacht und Macht – Stationen des Aufstiegs

Davids Hirtenlied. Arthur Honegger, Le Roi David, 1921

Bei der Salbung Sauls und der Einführung der Monarchie hatte Samuel, der letzte Garant der überkommenen vorstaatlichen Ordnung, noch eine entscheidende Rolle gespielt. Mit dem Aufstieg Davids zur Macht hatte er nur noch wenig zu tun. Die Initiative für das erste Auftauchen Davids in der Geschichte ging nicht von Samuel, dem legitimen Vertreter des Gottes aus. Der erste Auftritt Davids auf der Bühne der Geschichte Israels erfolgte auch nicht mit einem militärischen Paukenschlag, wie bei Saul. Der Auftritt war weit weniger spektakulär. Das Hirtenlied, das Arthur Honegger für diesen Anlaß komponierte, beschreibt die Situation angemessen.

Vom Musiktherapeuten zum Schwiegersohn des Königs

Der Ruf an den Hof

Ort: Bethlehem, ein kleines Dorf etwa zwölf Kilometer südlich von Jerusalem. Zeit: ein Spätnachmittag, wahrscheinlich 1013 v.Chr., Jahreszeit unbekannt.

Ein Bote kommt in das Dorf. Seit dem frühen Morgen ist er unterwegs. In sicherem Abstand führte ihn sein Weg vorbei an der auch von König Saul nicht eroberten Jebusiterstadt Jerusalem. Er betritt eine lange, leicht verwinkelte Gasse, die durch die schmalen Stirnseiten der Häuser gebildet wird. Längst hat er Aufmerksamkeit erregt. Es war nicht schwer für ihn, sich bis zum Haus Ischai ben Obeds durchzufragen. Das Tor steht offen. Er wartet, andere rufen für ihn hinein: «*Ischai ben Obed! Ein Bote des Königs steht vor deiner Tür.*»

Der Mann wird begrüßt, mit allem Respekt, der einem Fremden zusteht. Dann wird er eingeladen, in den Innenhof einzutreten, um welchen die drei Räume für Familie und Vieh gelagert sind. Wasser wird gebracht, den Staub der hitzezerrissenen Hügel abzuwaschen; Erfrischung für schweißbedeckte Arme und Nacken. Natürlich warten alle gespannt auf die Nachricht, die auszurichten der Bote gekommen ist, doch die Regeln der Gastfreundschaft aus den Zeiten des Nomadenlebens haben auch jetzt noch ihre Gültigkeit: Der Gast hat das Anrecht auf Ruhe und Erholung, ehe man ihn mit Fragen bestürmen darf.

Nach und nach füllt sich der Hof. Die einzelnen Familienmitglieder kommen von der Arbeit auf den Feldern und von den Herden zurück.

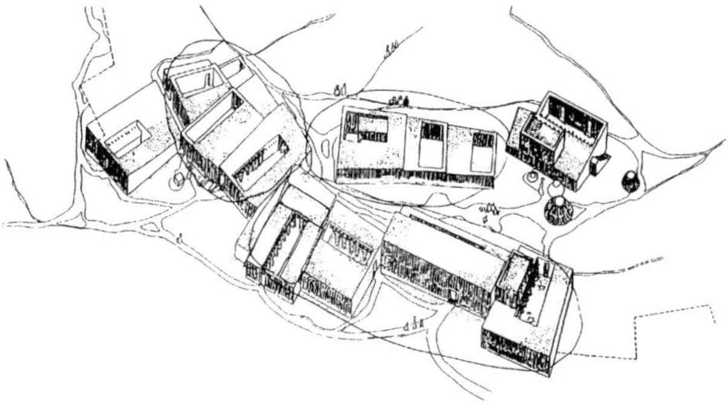

Ein Wohnhaus bestand zu Davids Zeit aus drei Räumen, an die sich im hinteren Teil des Hauses ein weiterer, quer über die ganze Breite anschließt. Vermutlich hatten die meisten Häuser ein zweites Stockwerk über den an den Außenmauern gelegenen Räumen. Der mittlere untere Raum besaß kein Dach und bildete einen Lichthof. Dieser dürfte als «Wirtschaftshof» gedient haben; dafür sprechen archäologische Funde wie Mörser, Vorratskrüge, Öfen und kleinere Zisternen. Die unteren Seitenräume wurden als Ställe für kleineres Vieh – wie Esel, Schafe und Ziegen – und teilweise auch als Vorratsräume benutzt. Im oberen Stockwerk waren Aufenthalts- und Schlafräume für die menschlichen Bewohner.

Vermutlich lebten in einem solchen Gebäude kaum mehr als acht bis zehn Personen. Allerdings standen die Häuser nicht isoliert. Es ist anzunehmen, daß es ganze Verbände von Häusern gegeben hat, die dann auch Quartier für ganze Familienverbände waren.

Man kann sich das so vorstellen: Eines der Häuser bewohnte der *pater familias* mit seinen Frauen und unverheirateten Kindern. Seine Eltern bewohnten das unmittelbare Nachbarhaus und ein verheirateter Sohn mit seiner Familie das angrenzende Gebäude. Diese Hausverbände kann man soziologisch interpretieren als Verbände von Lebens- und Betriebseinheiten. Der Schluß liegt nahe, daß sie eine Art landwirtschaftliche Familienkooperative darstellten: Die Familie bearbeitete das Land, mit dem sie ihren Lebensunterhalt verdiente, gemeinsam. Der Ertrag wurde geteilt. So entstand die soziale und ökonomische Einheit des Familienverbandes unter der Leitung des *pater familias*.

Bei allem, was wir noch an Familien- und Sippenstrukturen im weiteren Verlauf von Davids Karriere beobachten werden, ist diese Wohn- und Lebenssituation immer mit zu berücksichtigen.[42]

Jemand wird losgeschickt, ein Zicklein zu holen und zu schächten. Bald sitzt man beim Mahl: Frisches Brot, Ziegenkäse, Oliven, ein Stück gebratenes Fleisch mit Salz – im Tausch erworben von den Leuten, die am Salzmeer wohnen – sowie mit Wasser verdünnter Wein. Dann richten sich alle Augen auf den Mann, den der König schickt. Der macht endlich dem Raten ein Ende und gibt den Wunsch König Sauls weiter, David, den jüngsten Sohn Ischai ben Obeds an den Hof zu senden. Die Verblüffung ist kaum geringer als zuvor das Rätselraten. Man hat davon gewußt, daß der König waffenfähige Männer um sich sammelt auf seiner Festung im Norden; doch warum ausgerechnet den Jüngsten?

Am Abend zuvor hatten die Männer, die mit König Saul in dessen Festung Gibea lebten, einen Entschluß gefaßt *(1 Sam 16, 14–23)*. Der Gesundheitszustand des Königs trieb sie zum Handeln. Immer häufiger wurde Saul von jenen rätselhaften Anfällen heimgesucht, die ihn tagelang dumpf und entscheidungslos vor sich hin brüten ließen. Nach allem, was mit psychologischen Methoden aus dem überlieferten Material zu erheben ist, war der König manisch-depressiv. Phasen äußerst präzisen Vorgehens, korrekten, ja peinlich genauen Verhaltens folgten ganz plötzlich solche der Lethargie. Die Spannung zwischen den exakten, kultisch begründeten Regeln für das soziale und auch kriegsprägende Handeln einerseits und der spontanen, instinktsicheren Art des Königs, die ihm seine militärischen Erfolge eingebracht hatten andererseits, war nicht nur eine äußere für Saul. Der Konflikt zwischen der Tradition und den Herausforderungen der neuen politischen Situation im Überlebenskampf mit den umliegenden Völkern hatte ihn innerlich zerrissen.

In den letzten Lebensjahren dieses Mannes an der Schwelle zu einem neuen Zeitalter kam der depressive Grundzug seines Charakters immer stärker zum Tragen. Seine Lähmung in Bezug auf notwendige Entscheidungen aber war gleichzeitig eine Lähmung der politischen und militärischen Schlagkraft des jungen Staates. Manches wurde wettgemacht durch den Prinzen Jonathan, der in den Augen vieler die hellen Seiten seines Vaters verkörperte. Er geriet dadurch aber immer wieder mit den alten Verhaltensmustern und auch mit seinem Vater in Konflikt. Es mußte etwas geschehen. Der König dachte offensichtlich nicht daran abzudanken. Ein Staatsstreich schien undenkbar. Immerhin war Saul der durch Samuel, den legitimen Vertreter des Gottes gesalbte und eingesetzte Fürst.

Die Ursache für die rätselhafte Krankheit des Königs sah man in «bösen Geistern», in «Dämonen». Diese galt es zu vertreiben. Eine Heilmethode, die in der Antike weit verbreitet war, kam ins Spiel. Eine Methode, die wir heute als «Musiktherapie» bezeichnen würden. Auf einen entsprechenden Vorschlag der Männer um den König, der uns im typischen Hofstil überliefert wird, reagierte Saul endlich:

«Siehe, ein Geist Gottes, ein böser quält dich. Sprich doch, unser Herr, zu deinen Knechten vor dir. Wir sind bereit, nach einem Mann zu suchen, der auf der Kinnor zu spielen versteht. Wenn dann der böse Geist über dich kommt, soll er spielen – und es wird besser mit dir.»

Und Saul sprach zu seinen Knechten: *«Seht euch für mich um nach einem Mann, der sich gut versteht aufs Saitenspiel und bringt ihn zu mir.» (1 Sam 16, 15–17)*

Wie bei einem solchen Vorgehen in der höfischen Welt zu vermuten, hatte man sich bereits vorher auf einen Vorschlag geeinigt: Der Name David fällt zum ersten Mal in Sauls Gegenwart. Am nächsten Tag war der Bote unterwegs.

Von Davids Reaktion auf diesen Königswunsch wissen wir nichts. Der Familienvater hatte zu entscheiden. Niemand hätte Ischai in dieser frühen Zeit der Monarchie zu etwas zwingen können – außer mit Waffengewalt. Der Aufbau einer dafür nötigen Staatsgewalt blieb seinem Sohn David – und mehr noch seinem Enkel Salomo – vorbehalten. Doch Ischai beschloß, das Ansinnen des Königs gutzuheißen. Er rüstete David mit Gastgeschenken aus und schickte ihn mit dem Boten in die Festung Sauls. Diese Gastgeschenke sagen viel aus über die Verhältnisse am Hof des Königs. Nicht Geld oder Waffen oder Schmuck nahm David mit, sondern Lebensmittel: Brot, Wein und ein junges Tier aus der Herde.

Der Musiktherapeut Sauls

So tauchte der junge Mann am Hof des Königs auf und niemand ahnte wohl zu der Zeit, was aus ihm werden sollte. Bis dahin war er einer unter vielen, und als Saul beschloß, ihn längerfristig in seiner Nähe zu behalten, mußte der Vater in Bethlehem erst um Erlaubnis gefragt werden *(1 Sam 16, 22).*

Die Therapie schien erfolgreich gewesen zu sein. Jedenfalls schließt die alte Überlieferung mit dem Satz: *«Und es geschah, wenn der Geist Gottes, der böse, über Saul kam, nahm David seine Kinnor zur Hand und spielte und Saul wurde es besser.» (1 Sam 16, 23)*

Alle Texte, die vom Aufstieg Davids erzählen, leben von der Dramaturgie einer Spannung, die das purpurverfärbte Schicksal des jungen Hirten und Bauernsohnes aus Bethlehem schon als bekannt voraussetzt. Auch dieser Versuch einer Biographie macht da ja keine Ausnahme. Die spannende Frage lautete für alle Erzählenden und Hörenden: Wie wird einer König, dessen Herkunft und frühes Schicksal keinerlei direkten Hinweis darauf enthält; einer, der doch gar nicht in der legitimen Thronfolge stand? In der Festung Gibea aber hat man dem jungen Bethlehemiter wohl kaum wegen seiner Zukunft Interesse entgegengebracht. Die spannende Frage am Hof Sauls lautete eher: Wird es dem Mann gelingen, den König und damit den werdenden Staat wieder entscheidungs- und handlungsfähig zu machen? Es spricht alles dafür, daß David Erfolg hatte.

Manche Forscher sehen allerdings in der Nachricht, daß David Sauls Waffenträger geworden war, die einzig historisch verläßliche Notiz über sein Auftauchen am Hof Sauls *(1 Sam 16, 21).* Daß David Waffenträger

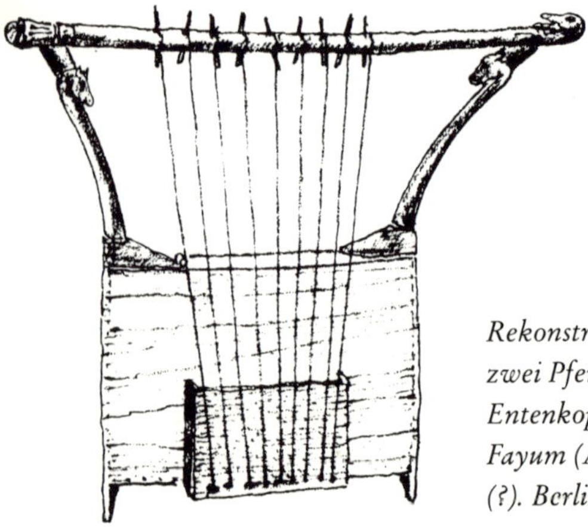

Rekonstruktion einer Harfe mit zwei Pferdeköpfen und einem Entenkopf aus einem Grab in Fayum (Ägypten) 14. Jh. v. Chr. (?). Berlin, Ägyptisches Museum

des Königs wurde ist in der Tat höchst wahrscheinlich. Warum deshalb aber die Nachricht von seinen musikalischen Fähigkeiten als Anlaß, ihn an den Hof zu holen, unglaubwürdig sein soll, ist nicht einzusehen.

Sicher wurde David im Lauf der Überlieferung der Erzählungen zum Urbild des Musikers schlechthin.[43] Die geschilderte Szene von der erfolgreichen Therapie eignet sich sehr gut, um den Kontrast zwischen der dumpfen Gestalt des alten Königs und der Lichtfigur des Newcomers darzustellen. Doch warum soll diese erzählerische Intention gegen die historische Zuverlässigkeit sprechen?

Um eine plausiblere Abfolge der Ereignisse zu erhalten, versuchten einige Forscher, die überlieferte Geschichte umzustellen. Sie erreichten aber lediglich eine Verschiebung des Problems. Durch die Eliminierung des therapeutischen Motivs haben sie sich um einen in der Überlieferung verankerten, plausiblen Grund für die Anwesenheit Davids an Sauls Hof gebracht und müssen nun eine neue Begründung finden.[44]

Ist die Rede vom Musiktherapeuten David wirklich so unwahrscheinlich?

Schon in den ersten nachchristlichen Jahrhunderten wurden Parallelen zwischen David und der aus der griechischen Mythologie bekannten Gestalt des Sängers Orpheus gezogen, und bezeichnenderweise wurden auch Verbindungen zu Asklepios, dem griechischen Gott der Heilkunst entdeckt. Die griechische Auffassung von der heilenden und friedensstiftenden Wirkung der Musik hat ihren Ausdruck gefunden in den Mythen vom Hirtensänger Orpheus, dem die Tiere lauschten, dessen Spiel sogar die Pforten des Schattenreiches überwand, um die an den Tod verlorene Geliebte Eurydike wiederzugewinnen. Es finden sich Darstellungen, welche die für Orpheus typische Ikonographie auf David übertragen.[45]

Zugegeben, diese Belege stammen alle aus einer Zeit, die tausend und mehr Jahre jünger ist als die uns interessierende. Auf einer Scherbe eines rot-schwarz bemalten Bierkruges im Rockefeller Museum in Jerusalem allerdings ist ein Harfenspieler abgebildet, der umgeben ist von verschiedenen Tieren, die er offensichtlich durch sein Spiel bezaubert: Vögel, Pferde, Antilopen und Fische.[46] Die Reste des bemalten Bierkrugs lassen sich ziemlich genau datieren: 2. Hälfte des 11. Jahrhunderts v. Chr. – die Zeit Sauls und des jungen David!

Stück eines rot/schwarz bemalten Bierkruges aus dem Philisterland, ca 1025 v. Chr. Jerusalem, Rockefeller Museum

Das Bildmaterial für die Darstellung der therapeutischen Wirkung von Musik liegt in den Tagen Davids also bereits vor. Somit kann man auch von einem Wissen um die heilende Kraft des Spiels auf der Kinnor ausgehen. Der Vorschlag der Höflinge, der dem depressiven König unterbreitet wurde, ist historisch gesehen wahrscheinlich. Auf diesem Hintergrund führt die unzweifelhaft mit David verknüpfte Überlieferung von dessen musikalischen Fähigkeiten zu der berechtigten Annahme, daß wir es in den alten Überlieferungen mit einer den biographischen Fakten sehr nahe kommenden Darstellung zu tun haben.

Sein Instrument hatte David wohl selbst an den Hof mitgebracht. Die Kinnor war ein kostbares Instrument, wie archäologische Funde aus der Zeit Davids zeigen: Der Klangkörper war aus dem Holz des Buchsbaumes gefertigt, der nur in Nordsyrien wuchs und von dort angeliefert wurde. Die Saiten waren aus Hanf gedreht, der aus dem Libanon importiert wurde.

Nicht mit einem Paukenschlag also erscheint der jüngste Sohn des Bethlehemiters Ischai auf der Bühne der israelitischen Geschichte, sondern mit einem Akkord, auf der viersaitigen Kinnor geschlagen, der Frieden stiften soll; Frieden in der zwischen manisch-euphorischen und depressiven Stimmungen bis zum Zerreißen angespannten Psyche des Soldatenkönigs Saul.

Ein Akkord, der Wirkung zeitigt. Ein Akkord freilich auch, der sich schon bald verlieren wird in ganz anderen, lauteren, gewaltsameren Tönen.

Gibea, die Festung Sauls

Gibea, die Festung Sauls war kein prachtvoller Königspalast, wie er in den beiden Großreichen der damaligen Zeit selbstverständlich Privileg der Herrschenden war, sondern ein schmuckloser, funktionaler Bau. Aufgrund von verschiedenen Ausgrabungen kann er recht genau rekonstruiert werden.

Sieben Kilometer nördlich der Altstadt Jerusalems liegt der Tell el-Ful. Heute hat sich die Stadt längst bis dorthin ausgedehnt. 1922/23 und 33 wurde am Tell el-Ful intensiv gegraben und man fand die guterhaltenen Ruinen eines Turmes aus der frühen Eisenzeit. In der ersten Hälfte des 11. Jahrhunderts v. Chr. erhob sich über der kleinen Siedlung zum ersten Mal eine Festung, die aber nach kurzer Zeit bereits zerstört wurde. Gleich darauf wurde sie mit dem selben Grundriß wieder errichtet. Die archäologischen Daten passen sehr gut zu den Nachrichten, die aus der Regierungszeit Sauls überliefert sind.[47] Saul konnte diese Festung, die an der Grenze des Gebietes seines Stammes Benjamin lag, erobern und als Zentrum der eigenen Macht wieder aufbauen.

Innerhalb eines zinnenbewehrten Mauervierecks von 60 x 58 m, das wahrscheinlich an allen vier Ecken von Türmen überragt wurde, fanden die Ausgräber Haushaltsgeräte, Waffen, eine Axt und eine Pflugschar, aber auch Geräte zum Spinnen. Es handelte sich also nicht bloß um eine Kaserne, sondern um eine auf Selbstversorgung ausgelegte burgähnliche Wohnanlage, in deren Schutz sich am Westhang außerhalb der Mauern auch ein Dorf befand. Reste dieser Siedlung wurden während einer weiteren Grabung 1964 gefunden.[48]

David wurde in die Festung Sauls gerufen. In ihr, wahrscheinlich in einem der Türme, spielte er vor dem alten König auf der Kinnor.

Davids Aufstieg

Mehrere Geschichten sind über den beinahe kometenhafte Aufstieg Davids in der Hierarchie am Hof im Umlauf gewesen, einige wahrscheinlich noch zu Lebzeiten Davids.

Die nachträgliche Salbung

Im 6. Jahrhundert v. Chr. suchte man theologische Erklärungen für den raschen Erfolg des jungen Mannes, der zum Prototyp des idealen Königs wurde. Als Israel nach der Zerstörung Jerusalems (586) seine Eigenstaatlichkeit verloren hatte, erschien er als Urbild des strahlenden Retters am Ende der Zeiten; als der Ahnherr des ersehnten Gesalbten Gottes, dessen hebräischer Titel *Messiach*, dessen griechische Übersetzung *Christos* war. So entstand, in enger Korrespondenz mit dem Anfang der Überlieferung über Sauls Königtum, eine Erzählung von der heimlichen Salbung des Knaben David durch den einzigen dafür Legitimierten: Samuel, den Propheten Gottes, den letzten Repräsentanten der vorstaatlichen Ordnung. Die Geschichtsphilosophie der deuteronomistischen Schule schloß damit auch die theologische Lücke zu Beginn der Biographie. Die Erzählung, die auf diese Weise entstand, ist als Ergebnis eines langen Nachdenkens über Geschichte und die sie lenkenden Kräfte zu verstehen. Bezeichnenderweise handelt es sich nicht um eine theoretische Abhandlung, sondern um eine Geschichte, eine mit humorvollen Zügen ausgestaltete Anekdote, die auf eine Pointe zielt, die noch heute als Sprichwort die Runde macht. Sie ist im 16. Kapitel des 1. Buches Samuel überliefert:

Da wird ein Samuel vorgestellt, der selbst in tiefe Trauer versunken ist über die böse Entwicklung, welche die Dinge mit dem noch von ihm gesalbten Saul genommen haben. Kein Wort verliert der Erzähler darüber, daß Samuel selbst es war, der mit seiner Unfähigkeit, die Macht ganz aus den Händen zu geben, maßgeblich Anteil hatte am Scheitern des Fürsten. Vielmehr bekommt der Gottesmann einen neuen Auftrag:

«Füll dein Horn mit Öl und geh. Ich will dich zu Ischai, dem Bethlehemiter senden. Fürwahr, ich habe mir unter seinen Söhnen einen zum König auserkoren.»

Samuel hat Bedenken – nicht gegen den Vorschlag prinzipiell. Darauf geht er gar nicht ein. Weder freut es ihn, daß Gott die Sache selbst in die Hand nimmt, noch ärgert er sich darüber, daß da noch ein weiterer Versuch unternommen werden soll, dieses doch offensichtlich untaugliche Machtinstrument der Monarchie zu etablieren. Nichts von alledem. Er hat einfach Angst. *«Wenn Saul das hört, bringt er mich um»*, lautet seine wohl zutreffende Analyse der Konsequenzen des Auftrages. Zu Lebzeiten eines immer mehr in die Enge getriebenen Regenten einen Nachfolger zu legitimieren ist etwas anderes, als mit geschickten Formulierungen im höfischen Zeremoniell einen Therapeuten in die königliche Burg zu holen. Die Angst um Kopf und Kragen ist begründet. Doch es findet sich ein Ausweg. Ein Deckmanöver wird initiiert: *«Nimm ein Kalb und sag: ich komme, um zu opfern.»*

Das liegt im Rahmen des Erwarteten und wird keinen Verdacht erregen. Samuel führt den göttlichen Befehl aus. Er nähert sich dem Ort Bethlehem. Man sieht ihn kommen und geht ihm ängstlich entgegen: *«Bedeutet dein Kommen Frieden?»*[49]

Samuel beruhigt die Dorfbewohner. Er lädt alle zum Opfermahl ein, das wir uns nicht als eine sakrale, heilige Handlung analog zu heutigen Gottesdiensten vorstellen müssen, sondern als eine kultisch-rituelle Tötung eines Tieres mit anschließendem gemeinsamem Festmahl. Die Schächtung durch den Gottesmann zeigt das noch vorhandene Ahnen um das Vernichten von Leben zugunsten des eigenen Wohlbefindens. Schlachten war ein Vorgang, dessen Gefährlichkeit nach einer religiösen Begehung verlangt. Wie üblich wird es, nach erfolgter Kulthandlung, ein fröhliches Fest mit Lachen, Erzählen und Musik. Irgendwann, als alle schon mit Kulinarischem beschäftigt sind, ruft der Seher Ischai und dessen Söhne. Der eigentliche Auftrag steht ja noch aus!

Da steht auch schon der Älteste der Söhne vor ihm: Ein wahrhaft stattlicher Mann. In Erinnerung der Salbung Sauls denkt Samuel: Der ist es! Da hört er seinen Auftraggeber: *«Schau nicht auf sein Aussehen und auf die Größe seines Wuchses. Ich lehne ihn ab.»* Etwas verblüfft, aber gehorsam, läßt der Prophet den nächsten vortreten. Auch ein stattlicher Kerl. Wieder hat er dieselbe Stimme im Ohr – und so fort, insgesamt siebenmal.

«Sind das alle Söhne?»

Ischai verneint. Da wäre noch einer, der Kleinste, der hüte das Kleinvieh, Ziegen und Schafe.

«Dann laß ihn holen, ich gehe nicht, bevor ich ihn nicht gesehen habe.»

Schließlich kam der Jüngste. Ein schmucker Jüngling, erzählt uns die Geschichte – gesunde Farbe, schöne Augen, gute Figur. Da endlich hört der Prophet: *«Das ist er. Salbe ihn.»*

Spätere Bearbeiter fügen in diese Erzählung noch die theologische Begründung für die rätselhafte Änderung der Kriterien zum Auffinden eines zu Salbenden ein:

«Der Mensch sieht was vor Augen ist;
Gott aber sieht das Herz.» (1 Sam 16, 7b)

Samuel zieht ein Horn aus dem Gürtel, öffnet den Verschluß und gießt eine Mischung aus Olivenöl und gut riechenden ätherischen Ölen über das Haupt des Jungen, der wohl gar nicht richtig begreift, was da vorgeht.

Dann macht sich der Prophet auf den Heimweg – so schnell wie möglich. *(1 Sam 16, 1–13)*

Diese Erzählung wurde, als die endgültige Sammlung der Überlieferungen durch die deuteronomistische Schule erfolgte, an den Anfang aller Berichte über David gestellt. Damit bekam der ganze entstandene Textkomplex ein eindeutiges Vorzeichen. Alles, was in der Folge von David und seinem Weg auf den Thron erzählt wird, ist unter der Prämisse zu verstehen: Gott handelt an David, für ihn und durch ihn – auch dort, wo nicht ausdrücklich die Rede davon ist. Damit haben wir aber um ungefähr 500 Jahre vorausgegriffen und eine lange Phase des Nachdenkens über Geschichte, Geschichten und ihren verborgenen Sinn übersprungen.

Der Waffenträger des Königs

Der ungefähr zwanzigjährige David hatte sich erfolgreich eingeführt durch sein beruhigendes Spiel auf der Kinnor. Die nächste sichere Information, die vorliegt, ist sein erster militärischer Rang: Waffenträger des Königs. Damit gehörte er einer unter Saul zum ersten Mal installierten Eliteeinheit an.

Einer der Gründe für Sauls militärische Erfolge war eine völlige Neuordnung des Heeres. Bis zu seiner Königswahl kannte man unter den Stämmen des nachmaligen Israel nur den sogenannten «Heerbann». Das war eine nur im Bedarfsfall einberufene Miliz-Armee. Die waffenfähigen Männer zogen unter dem Befehl ihrer jeweiligen Offiziere, die zugleich Stammesführer oder bewährte Kämpfer aus den Großfamilien waren, in den notwendig gewordenen Krieg. Es ist leicht vorstellbar, daß es sich dabei in der Regel um Verteidigungsaufgaben gehandelt haben muß. Einigendes Band unter den einzelnen Stammeskontingenten war die ideale Mitte des Stämmebundes: die Lade.[50] Nur wenn sie mit in den Krieg getragen wurde, konnte man auch von einem Oberkommando sprechen, dem sich alle Beteiligten unterstellten. Dieses Oberkommando hatte der jeweilige oberste Priester, Seher oder Richter. Die letzte Schlacht, in der die Lade vorangetragen wurde, hatte mit einer vernichtenden Niederlage durch die Philister geendet. Das Heiligtum Schilo, in dem die Lade aufbewahrt worden war, das geistige Zentrum des losen Stämmebundes also, wurde zerstört, die Lade selbst von den Philistern erbeutet. Oberbefehlshaber war damals Samuel.

Unter Sauls Regentschaft ging das Recht zur Einberufung des stämmeübergreifenden Heerbannes auf den König über, mußte aber in Einzelfällen jeweils energisch eingefordert werden. Drastisch wird das in der Erzählung von der Aufstellung eines Entsatzheeres für die belagerte Stadt Jabesch im Ostjordanland vor Augen geführt. Saul zerstückelte ein Joch Rinder, mit denen er gerade von der Feldarbeit heimkam,[51] sandte die einzelnen Stücke mittels Boten über Land und ließ verkünden: *«Wer nicht mit Saul und Samuel ins Feld zieht, dessen Rindern wird es ebenso gehen.» (1 Sam 11, 7)*

Die Drohung wirkte: Ein Heer kam zusammen und der Belagerungsring um die Stadt wurde gesprengt.

Jeder der am Heerbann beteiligten Männer war selbst für Waffen, Kleidung und Nahrung verantwortlich. Während der Hauptarbeitszeit auf den Feldern (Oktober bis März) war für die israelitischen Stämme kaum an Kriegführung zu denken.

Unter diesen Voraussetzungen ein Staatsgebiet militärisch gegen einen wesentlich besser ausgerüsteten Gegner zu schützen, der zudem mit einstudierten taktischen Varianten beweglicher war, schien aussichtslos. Der sorgfältige Aufbau eines kleinen Berufsheeres war unabdingbar. Saul machte sich daran – und schon bald hören wir von einer kleinen Kerntruppe ausgebildeter Kämpfer. Mit ihrer Hilfe war Saul das ganze Jahr über militärisch beweglich geworden. Er nutzte diese neue Möglichkeit auch zu einem permanenten Kleinkrieg vor allem gegen die Philister, die versuchten, sich auf dem Gebirge mit Militärstationen festzusetzen, um das ganze Gebiet zu kontrollieren. Im einzelnen wissen wir von der Ausbildung zu Bogenschützen und von den gefürchteten linkshändigen Steinschleuderern aus dem Stamm Benjamin.[52] Die Ausbildung von Belagerungstruppen dagegen, die Entwicklung der verschiedenen Techniken, eine Stadtmauer zu brechen oder zu stürmen, dauerte Jahre und ist erst für die Spätzeit Davids belegt.

Den Innenhof der Festung Sauls darf man als einen der Plätze vermuten, auf dem das tägliche Training der Berufskrieger, die Saul aus dem ganzen Land zusammenholte, stattfand. Mit großer Wahrscheinlichkeit waren auch bereits Fremde unter seinem Kommando. Zumindest einer ist namentlich bekannt, ein gewisser Doëg aus dem südlichen Nachbarstaat Edom.

David wurde in diese Eliteeinheit gerufen. Waffenträger des Königs zu sein bedeutete, dem König im Kampf nicht von der Seite zu weichen, die von ihm gerade nicht benötigten Waffen mit- und nachzutragen. Der Träger selbst war nur mit einem Schwert bewaffnet – bei dem Gewicht der königlichen Rüstung verständlich.

Die Ernennung zum Waffenträger war ein gewaltiger Karrieresprung für den jungen Mann. Später wurde dieser scheinbar in den Schoß gefallene Erfolg mit der Wirkung der Salbung und der dadurch erfolgten Verleihung des Geistes Gottes erklärt. In älteren Überlieferungen aber scheint noch mehr durch von Davids faszinierenden, seine Umgebung für ihn einnehmenden Ausstrahlung:

«Ein starker Held, ein Mann des Kampfes, gewandt im Wort und ein Mann von Gestalt!» (1 Sam 16, 18)[53]

Die Kombination von Kampfkraft, rhetorischer Begabung und äußerer Schönheit beschreibt das Idealbild eines Mannes, das die Israeliten mit anderen Völkern des Alten Orients, vor allem aber auch mit der homerischen Welt teilten. Die alten Überlieferungen von Davids Aufstieg zur Macht enthalten deutliche Hinweise auf ein Weltbild, das sich in den homerischen Epen ebenfalls findet. Die Protagonisten dieser Dichtungen sind Heroen; Männer, deren überragende Qualitäten sie dazu befähigen Völker zu befreien, Männer anzuführen, die personifizierten Gegenmächte einer geordneten, befriedeten Gesellschaft zu besiegen; Qualitäten, die sie dazu berechtigten zu herrschen; Qualitäten, deren Ursache man sich nicht anders zu erklären wußte als durch die Gegenwart besonderer göttlicher Mächte in der Person des jeweiligen Heroen oder «Gibor», wie der entsprechende hebräische Terminus lautet.

In der Untersuchung der Erzählung von Davids Sieg über einen philistäischen Zweikämpfer wurde deutlich: Das Heroenkonzept erlaubte es David, Herrschaft zu beanspruchen; es barg freilich auch Konfliktmaterial in sich, sobald diese Herrschaft über Menschen ausgedehnt werden sollte, die göttliche Attribute prinzipiell *allen* Menschen absprachen – absprechen mußten, denn niemand war Gott für sie als nur der eine: JHWH, der Gott der Befreiung.

Noch aber flogen dem Helden die Herzen zu und er hatte Erfolg.

Erste Erfolge

Unter Davids ersten Kampferfolgen darf man sich keine größeren Schlachten vorstellen. Eher wird es sich um Überraschungsangriffe auf Philisterstellungen im Guerilla-Stil gehandelt haben: Duellähnliche Kämpfe zwischen Gruppen von wenigen Männern oder Überfälle aus überlegenen Terrainstellungen auf Einzelposten und Nachschubkolonnen. Davids Ruf breitete sich aus und anläßlich seiner Rückkehr von einem erfolgreichen Unternehmen entstand, ursprünglich wohl spontan, ein Zweizeiler, der Geschichte machen sollte:[54]

«Erschlagen hat Saul seine Tausend
«Und David seine Zehntausend.» (1 Sam 18, 7)

Der Gassenhauer kam Saul zu Ohren. Die erste Zeile – gerade in ihrer Übertreibung – hörte er sicher gern. Dann aber die zweite Zeile: *«Und David seine Zehntausend.»* – da war sie, die Herausforderung, der Vergleich zwischen dem alten König und der neuen Lichtgestalt. Saul begriff, als erster wohl, was das bedeutete – noch vor David selbst: Es war ein Angriff auf seine Macht. Der Erzähler berichtet lakonisch: *«Und es geschah, daß Saul David mißtraute von diesem Tag an.» (1 Sam 18, 9)*

Zum ersten Mal zeigt sich jemand immun gegen die gewinnende Ausstrahlung des jungen Helden. In dieser Situation, während all den gefeierten Siegen, die in den Augen der Philister sicher nicht mehr als unangenehme Mückenstiche darstellten, war der König der einzige, der Weitblick bewahrte. Es paßt gut zum Charakter Davids, daß er selbst die Gefahr, die für ihn von solchem Jubelgesang ausging, nicht wahrnahm.

Details der ersten militärischen Erfolge Davids sind nicht überliefert. Später hat man an dieser Stelle der Biographie die Lücke zu schließen versucht mit der Erzählung des Duells zwischen dem jungen Waffenträger des Königs und dem riesenhaften Zweikämpfer der Philister.

Es begann eine Zeit, die gekennzeichnet ist durch weitere Erfolge Davids einerseits und den wachsenden Zorn des Königs andererseits.

Die Eifersucht des Königs

Wahrscheinlich versuchte Saul mit einem altbewährten Mittel, den lästigen Konkurrenten um die Gunst des Volkes loszuwerden: David wurde befördert. Die Texte sprechen von einer Anführerschaft über Tausend *(1 Sam 18, 13)*. Das ist sicher zu hoch gegriffen, doch wurde ihm eine eigene Truppe unterstellt, wohl in der Hoffnung, daß er bei einem der befohlenen Himmelfahrtkommandos auf der Strecke bliebe. Der Plan schlug fehl. David mehrte Erfolg und Ansehen.

Immer noch aber hatte er auch jene Funktion inne, die ihn an den Hof gebracht hatte. Bei depressiven Anfällen des Regenten versuchte er, ihn durch seine Musik aus seinem Wahnsinn zu lösen. Bei einer dieser therapeutischen Sitzungen brach mit einem Schlag die geballte Aggressivität des Patienten auf. Er packte seinen Wurfspieß und schleuderte ihn gegen den Therapeuten. Berichtet wird von einem Wutschrei: *«Ich nagle dich an die Wand!» (1 Sam 18, 11)*. Mit dem ihm eigenen Instinkt wich David zweimal aus, bis der Anfall vorüber war.

Danach entfernte der König seinen Therapeuten und Offizier aus seiner Umgebung. David einfach beseitigen zu lassen, wie es absoluten

Machthabern anderer, umliegender Staatssysteme selbstverständlich gewesen wäre, und wie es ab der Regierungszeit Salomos auch in Israel üblich wurde, kam für den König offenbar nicht in Frage.[55] War er dafür noch zu fest den alten Werten verhaftet? Oder war David bereits zu beliebt, um ihn ungestraft mit Gewalt loswerden zu können? Wahrscheinlich spielten beide Motive eine Rolle.

Die Auseinandersetzung zwischen Saul und David trieb auf eine Eskalation zu, als auch die nächste Umgebung des Königs dem Charme des Helden erlag. Die erste Frau tritt auf: Michal, die jüngere Tochter Sauls.

Michal, die Prinzessin

Saul kam eine Nachricht zu Ohren, die ihn erschüttern mußte. Michal, seine Tochter, so wurde ihm berichtet, hatte sich in den ungeliebten Emporkömmling verliebt.[56] Sie entdeckte ihre Leidenschaft nicht direkt – weder dem Objekt der Begierde, David, noch dem König. Vielmehr benutzte sie die Informationskanäle des Hofes und gab so ihrem Vater diplomatisch Gelegenheit, selbst die Initiative zu ergreifen. Das war umso wichtiger, als alles vermieden werden mußte, was den König vermuten ließ, die Macht zu handeln entgleite ihm. Das Vorgehen zeitigte Erfolg. Saul beschloß, daß die Liebe seiner Tochter in sein Konzept paßte. Möglicherweise plante er anfangs, den jungen Mann in die Zwänge der Familienloyalität zu binden. Jedenfalls unterbreitete er seinem Offizier das Angebot, sein Schwiegersohn zu werden. Wieder geschah das aber nicht direkt. Wieder wurden Boten eingesetzt. Das alles bei doch sehr begrenzten Entfernungen – die Festung war nur halb so groß wie ein Fußballplatz! Entweder beschreibt die Überlieferung die Gepflogenheiten an späteren, größeren und einem strengen Zeremoniell verpflichteten Höfen, oder es scheint das starke Interesse des ganzen Gefolges von König Saul an einer Versöhnung der beiden Kontrahenten durch, deren Konflikt den Staat gefährden konnte.

David erfuhr, wie auch immer und in welches rhetorische Gewand auch immer gekleidet, von dem Antrag. Er reagierte befremdet: *«Ist es eurer Meinung nach so leicht, Schwiegersohn des Königs zu werden? Ich bin doch ein armer und unbedeutender Mann!» (1 Sam 18, 23)*

Mit der Selbstbezeichnung «unbedeutend» untertrieb er gewaltig; mit dem Hinweis auf sein mangelndes Vermögen traf er wahrscheinlich den Kern des Problems.

Der Brautpreis

David war der jüngste Sohn eines nicht übermäßig reichen Vaters, kein größeres Erbe stand in Aussicht – er war ein besitzloser Mann. Wie sollte er den Brautpreis aufbringen?

Der Brautpreis darf nicht als «Bezahlung» für die Braut verstanden werden. Eine Eheschließung war für damalige Menschen ein die beteiligten Familienverbände betreffendes Ereignis. Bei einer Heirat wurde die Frau aus ihrem Familienverband herausgelöst und gehörte fortan zur Sippe des Mannes. Das veränderte das soziale Gefüge in der Brautfamilie, in der jeder und jede einen für das Ganze wichtigen Platz einnahm. Dieser Verlust mußte ausgeglichen werden – gerade in einem Rechtssystem, das vor allem der Erhaltung des sozialen Gleichgewichts diente. Deshalb ist der Brautpreis als Ersatzleistung zur Kompensation des Verlustes zu verstehen.

Wenn der Hinweis auf seine Unfähigkeit, den Brautpreis aufzubringen, nicht eine sehr geschickte, ausweichende Antwort Davids war, dann sagt diese Reaktion viel über seine Selbsteinschätzung aus. Er war sich seiner bereits erarbeiteten Position und der Bedeutung, die er für die junge Monarchie als erfolgreicher Offizier hatte, gar nicht bewußt.

Die Botendiplomatie wurde fortgesetzt, und Saul schlug eine Lösung des Problems vor: Statt Geld möge der zukünftige Schwiegersohn doch einhundert Philistervorhäute auf den Tisch des Hauses legen!

Zu dieser archaisch anmutenden Bedingung sind einige Anmerkungen nötig: Es war ein durchaus gebräuchlicher Rechtsvorgang, die Sippe der Braut statt mit Geld durch Vernichtung der Feinde zu stärken. Die Frage war lediglich, wie der Beweis für die Schwächung der Feinde anzutreten sei. Hier fällt die Bedingung sicher aus dem Rahmen. Normalerweise galten abgeschlagene Hände oder Köpfe als Siegestrophäen. In diesem konkreten Fall war allerdings zu gewährleisten, daß die Trophäen tatsächlich von den Erbfeinden stammten und der zukünftige Schwiegersohn nicht irgendwelche Hände oder Köpfe auf den Tisch des Hauses legte. Eindeutiges körperliches Merkmal der nicht-semitischen Philister männlichen Geschlechtes ist ein kleiner Hautlappen, dessen die Israeliten schon im Säuglingsalter verlustig gehen. Deshalb also: Vorhäute.

Der alte Erzähler arbeitete im 18. Kapitel des 1. Samuelbuches mit feiner Ironie. Um Michal zu bekommen, die Frau, die ihn begehrt, muß der Held ein Himmelfahrtkommando wagen. (Wer der Geschichte Davids kundig ist, weiß, daß ein anderer ein solches normalerweise mit dem Tod endendes Unternehmen antreten mußte, damit David die Frau, die er in späteren Tagen begehren wird, bekommen konnte. Es war eine Frau, die leider schon verheiratet war. Ihr Name war Bathseba. Ihr erster Mann hieß Uria. Er überlebte nicht. Wir kommen noch dazu.)

David ging auf den Vorschlag ein. Er entledigte sich allerdings des Auftrags in einer Weise, die für ihn typisch zu sein scheint und die in dieser von heroischen Taten geprägten Männerwelt auch außerhalb jeden Verdachts bloßer Angeberei lag: Er zog mit seinen Männern los und legte kurze Zeit später dem zukünftigen Schwiegervater *zwei*hundert Trophäen vor die Füße!

Michal war am Ziel. Der Musiktherapeut des Königs wurde dessen Schwiegersohn!

Vom Offizier des Königs zum Verfolgten

«Ein paar Tage später sehe ich ihn wieder. Verändert, strahlend. Er lacht, nimmt mich vor allen Leuten in die Arme und küßt mich auf den Mund. ‹Bist du betrunken?› ‹Nein. Ja. Doch nicht vom Wein.› ‹Also verliebt?› Es ist bitter, das zu fragen. Jonathan nickt: ‹Bis jetzt habe ich nie geahnt, wie herrlich das ist.› Den Tränen nah frage ich: ‹Wer?› Er legt seinen Mund dicht an mein Ohr und flüstert: ‹David›.»

Von Sauls Sohn Jonathan ist die Rede – und von David. Grete Weil legt diese Worte Michal, Davids zukünftiger Frau in den Mund.[57] Wenige Seiten später:

«Ich kleide mich um, tropfe mir Myrrhenöl zwischen die Brüste, die mir plötzlich zu klein erscheinen, hänge mir dreifache Muschelketten um den Hals und stecke mir eine Granatapfelblüte ins Haar.

Wir verlassen die Stadt, reiten abwärts, erreichen Jonathans Zelt. Leise klatschend wie Segel schlagen die Planen gegeneinander. Jonathan steigt ab, hebt mich vom Pferd und pflockt Eran an. Drinnen brennt eine Fackel. Auf dem Lager aus bunten Teppichen liegt David in seinem weißen Hemd mit den blauen Fransen. Er springt auf, umarmt Jonathan. Sie küssen sich lang, ich stehe daneben, hilflos, zornig. Hat der Bruder mich mitgenommen, um mir seine fremde Liebe vorzuführen? Überflüssig bin ich, unbeachtet, ein Zuschauer, der hier nichts zu suchen hat, fort möchte ich, weit fort. Da lassen sich die beiden los, David kommt auf mich zu, ich sehe nur seine Augen, den großen Glanz, irisierend im unruhigen Licht. Er nimmt meine Hände und drückt sie an seinen Mund. Als er mich losläßt, ist Jonathan gegangen. Wir sind allein. Sitzen auf dem Lager, Hand in Hand, und sagen: du bist sch*ön, bist lieb, bist gut, sagen David und Michal, Michal und David, nennen uns Abendstern, Rosenkelch, Sommerwind, Schmetterlingsflügelfrau. Er holt eine Flöte hervor, sagt: Die hab ich mir in Bethlehem bei meinen Schafen geschnitten. Und* *fängt an zu spielen. Sehnsucht, Zärtlichkeit, Werbung, Begierde. Die Musik hüllt mich ein, trägt mich fort, wieder fliege ich. Wir fallen aufs Lager, ich spüre mich, spüre ihn, Leben und Tod so nah zusammen, Raserei und schließlich Erschöpfung und Schlaf.»*[58]

Michal war nicht die einzige aus der Königsfamilie, die dem Charme des Helden erlag. Die wenigen Notizen in den biblischen Texten, in denen die Männerfreundschaft zwischen dem ältesten Königssohn und David um jene Facette bereichert wird, die Grete Weil zu ihrer Version angeregt hat, werden in der Forschung in der Regel mit Diskretion behandelt.

Einem Helden, der noch ganz dem Weltbild und Selbstverständnis verhaftet ist, das uns auch in den homerischen Epen begegnet, stände es gut an, selbstverständlich im sinnenreichen Ausleben seiner Ausstrahlung und deren Wirkung zu leben. In Israel aber geht das nicht an, wie Interpretatoren zu betonen nicht müde werden. Der Verweis auf eine Moralvorschrift des Alten Testamentes ersetzt dabei in der Regel die Argumentation:

«Wenn einer bei einem Manne liegt, wie man bei einem Weibe liegt, so haben beide ein Greuel verübt. Sie sollen getötet werden; ihr Blut komme über sie!» (3. Buch Mose 20,13)

Nur an zwei weiteren Stellen im Alten Testament wird von homosexuellen Praktiken berichtet. Das eine Mal begehren die Einwohner von Sodom die beiden Besucher eines gewissen Lot. Die Ortsangabe ist bezeichnend – dazu kommt, daß es sich bei den Besuchern um Boten Gottes handelt! *(1. Buch Mose 19, 5–8)*

Die andere Geschichte wird aus eben jenem Gibea berichtet, in dem Saul später seine Residenz installierte. Sie ist in der staatenlosen Frühzeit Israels angesiedelt: Ein Durchreisender findet Übernachtungsmöglichkeit im Haus eines selbst Fremden in Gibea. Nachts wird an die Tür geklopft. Der Mob steht draußen und fordert: *«Gib den Mann heraus, daß wir ihm beiwohnen!»* Es kommt zu einem Wortwechsel, einer Verhandlung, und schließlich ziehen die Gierigen wieder ab. Vor sich her treiben sie die Nebenfrau des Gastes, die zum «Bauernopfer» wird. Am Morgen liegt sie zurückgegeben auf der Schwelle – tot.

Homosexualität, gepaart mit tödlicher Aggression. Die Botschaft ist deutlich. So etwas tut man nicht in Israel!

Bezeichnend ist denn auch ein Satz aus einem Kommentar unsrer Zeit: «Natürlich darf der Text nicht im Sinne von Homosexualität verstanden werden; desgleichen war zwar in Griechenland üblich, in Israel aber verpönt. Es geht um die Zuneigung von Freunden, die das erste Mannesalter miteinander erlebt haben und deren Beziehung alle Wechselgefühle des Schicksals überdauerte.»[59]

Lassen wir vorläufig einmal dahingestellt, ob hier etwas nicht sein kann, weil's nicht sein darf: Wer war dieser königliche Prinz, der, ungeachtet der aufkeimenden Rivalität zwischen König und Therapeut, oberstem Kriegsherrn und Offizier, eine solch enge Freundschaft mit David schloß?

Jonathan und Saul

Jonathan war der älteste Sohn Sauls. In den erhaltenen Texten tritt er als ein kühner, auch vor Alleingängen nicht zurückschreckender Kämpfer auf. Möglicherweise war es ihm zu verdanken, daß die ehemalige Philisterfestung Gibea zur Residenz seines Vaters werden konnte. Eine Notiz berichtet davon, daß er in einer Einzelaktion den dortigen Vogt der Philister erschlug. Die anschließende Strafaktion der Philister konnte durch einen zaudernden und mit Samuel in Konflikt geratenden Saul nur mit Mühe abgewehrt werden.

Wenig später war es wieder Jonathan, der, nur von seinem Waffenträger begleitet, einen Vorposten der Philister bei Michmas stürmte.[60] Die anschließende Verwirrung auf Seiten der Erzfeinde wurde zur Verfolgung genutzt. Dabei kam es zu einer lebensgefährlichen Situation für Jonathan. König Saul, ganz in der Attitüde eines an kultische Traditionen gebundenen Feldherrn, der sich mit Hilfe von Ritualen die Launen des Kriegsglücks gewogen machen will, donnerte eine Fluchandrohung über die Köpfe seines Heeres hinweg: *«Verflucht sei der Mann, der Speise ißt bis zum Abend, bis ich mich gerächt habe an meinen Feinden.»* (1 Sam 14, 24)

Man hielt sich an diesen schicksalsschweren Befehl, obwohl es bei den wilden Bienenvölkern des Hochlandes massenhaft Honig gegeben haben muß. Das Ergebnis war vorauszusehen: Trotz des martialischen Anspruchs ermattete das Heer allmählich bei der Verfolgung der panikgejagten Philister. Nur einer hatte den Befehl nicht gehört oder überhört, tauchte die Spitze seines Speeres in Honig, und seine Augen begannen, wie es heißt, wieder zu strahlen. Der Genießer war Jonathan, der Prinz. Es fand sich natürlich einer, der ihn auf den väterlichen Befehl aufmerksam machte – nach der Tat. Jonathan antwortete: *«Mein Vater hat das Land ins Unglück gebracht. Seht doch, wie strahlend meine Augen sind, wo ich nun dieses bißchen Honig zu mir genommen habe! Wieviel mehr, wenn das Volk heute tüchtig von der Beute seiner Feinde gegessen hätte... Jetzt ist der Schlag gegen die Philister nicht übermäßig ausgefallen.» (1 Sam 14, 29–30)*

Jonathans Antwort ist bezeichnend und widerspiegelt, worum es dem Erzähler ging, unabhängig davon, ob sich die Episode wirklich exakt so zugetragen hat. Der Konflikt zwischen Vater und Sohn war angelegt. Es war eben der Konflikt, der im König selbst immer stärker zum Ausbruch kam: Hier die der alten Ordnung verhaftete Art, in allen Lebenssituationen sich mittels kultischer Rituale den Beistand Gottes zu sichern; dort das einem neuen Konzept der Weltdeutung verbundene Handeln. Es sah in dem, was geschah, nicht weniger göttliches Wirken, aber es meinte die Spuren des Unsichtbaren zu erkennen im intuitiven und spontanen Zugreifen, Losschlagen – jenseits überkommener Normen, ja diese des öfteren sprengend.

Der Konflikt gegen die Philister spitzte sich zu. Scheinbar bekam der Vater und König recht. Um das weitere Vorgehen zu planen, wurde am Abend der Priester, der das Ephod trug, bestellt. Gott sollte befragt werden mit Hilfe des einfachen Losorakels, das nur Fragen zuließ, die mit ja oder nein, mit den Losen «Licht» oder «Recht», beantwortet werden konnten. Doch das Orakel schwieg. Der Verdacht war schnell zur Stelle, daß im Laufe des Tages etwas nicht mit rechten Dingen zugegangen war. Der König, die letzte Auseinandersetzung mit dem Gottesrepräsentanten Samuel noch allzu genau in Erinnerung, ließ sich nicht beirren. Es galt, den Täter zu finden: Er mußte sterben.

Man wußte, was kommen würde, aber man ließ den König in die Falle tappen. *«Tu, was dir gut dünkt.»* Das Losorakel funktionierte wieder. Das wirft ein bezeichnendes Licht auf den entsprechenden Priester. Mit

Hilfe des «Ja-Nein»-Spiels war der Schuldige schnell gefunden: Der Prinz, der sich, gegen den Willen des Vater verstoßend, um den Sieg verdient gemacht hatte. Das Urteil war rasch gefällt. *«Gott tue mir dies und jenes [Böse] an, ja, Jonathan, du mußt sterben.»* Doch das Heer stellte sich auf seiten des Prinzen und stimmte den König um. Die neue Sicht auf die Welt setzte sich durch: *«Sollte Jonathan sterben, der dieses große Heil in Israel vollbracht hat? Das sei ferne, denn Gott hat heute durch ihn geholfen.» (1 Sam 14, 45)*

Nicht an der Gesinnung also, sondern an den Folgen einer Tat erkannte man die göttliche Sanktionierung.

Jonathan und David

Ein Mann wie der Prinz mußte in dem Aufsteiger David eine verwandte Seele entdecken. Achthundert Jahre später entwarf man für diese Beziehung einen Anfang, der nur mit «Liebe auf den ersten Blick» zu umschreiben ist. Eine der Szenen, die im alten griechischen und hebräischen Text noch fehlen, beschreibt diesen Augenblick. Sie steht heute nach dem heroischen Kampf Davids gegen den Riesen:

«Das Leben Jonathans wurde gefesselt im Leben Davids. Und Jonathan gewann ihn lieb wie sein eigenes Leben. [...] Und Jonathan ging mit David einen Bund ein, er hatte ihn lieb wie sein eigenes Leben. Und Jonathan zog das Obergewand aus, das er anhatte und gab es David; auch seine Rüstung, auch sein Schwert, sein Bogen, und seinen Gürtel.» (1 Sam 18, 1–4)

Diese Szene ist nachträglich konstruiert. Man wußte – auch in späterer Zeit – von der Freundschaft der beiden Männer, die mit beiden Beinen in der neu anbrechenden Zeit mit all ihren Herausforderungen standen, und plazierte diese Besiegelung der Beziehung als Höhepunkt der ersten Begegnung. Wahrscheinlich aber hat sich diese Freundschaft im Laufe jener Zeit langsam entwickelt, in der David seine ersten militärischen Erfolge erstritt und in der immer deutlicher wurde, daß beide Krieger vom selben Holz geschnitzt waren. Immerhin gewann der Prinz hier einen Verbündeten im schwelenden Vater-Sohn-Konflikt.

Was genau vorgefallen ist, damals, was die Ereignisse schließlich in dramatischer Weise beschleunigen sollte, läßt sich nicht mehr feststellen. Deutlich ist allerdings: In einer bedrohlichen außenpolitischen Situation geriet der König zwischen alle Fronten:

- Die konservative Macht, repräsentiert durch den Propheten Samuel und teilweise auch durch die Priesterschaft, hatte ihn fallengelassen. Das Verdikt war schon ausgesprochen: *«Gott hat dich verworfen!» (1 Sam 15, 26)*
- Die an seinem Hof, durch seine Förderung entstandene neue Klasse der Berufskrieger ging mittlerweile in der Loslösung von überkommenen Traditionen weiter, als es der König mittragen konnte.
- Das Volk stand wenigstens einmal schon auf der Seite der neuen Hoffnungsträger.
- In seiner eigenen Familie wurden die Sympathien für den Aufsteiger David, der vielen schon als eine lichtvolle Retterfigur erscheinen mußte, unübersehbar.
- Kreise am Hof, die sich noch von der Hochzeit des Helden mit einer Tochter des Königs innenpolitische Konfliktentschärfung versprochen hatten, konnten nun auf eine Koalition des Prinzen mit David setzen, die wesentlich vielversprechender erscheinen mußte.
- Dazu kam der sich immer mehr verschlechternde Gesundheitszustand Sauls und sein Zerwürfnis mit dem Einzigen, dessen Therapie Linderung gebracht hatte.

In den Augen des Königs mußten alle Spuren zu einem Schuldigen führen: David. Es gibt keinerlei Nachrichten über einen geplanten Staatsstreich (mit Ausnahme eines rätselhaften und nicht mehr exakt zu übersetzenden Satzes[61]), und dieser Gedanke paßt auch gar nicht zur Persönlichkeitsstruktur Davids, soweit sie heute noch zu ermitteln ist – und doch: Es mußte etwas geschehen sein in jenen Tagen des Jahres 1010.

Saul oder David: Jonathans Loyalitätskonflikt

Eine groß angelegte Szene im 20. Kapitel des 1. Samuelbuches widerspiegelt die am Horizont sich aufbauende und rasch näher kommende Katastrophe. Ihre Bedeutung wird auch durch die intensive Bearbeitung während der verschiedenen Stufen ihrer Überlieferung unterstrichen. Im 19. Kapitel findet sich zudem eine Dublette der selben Geschichte mit positivem Ausgang, die der Verfasser des heute vorliegenden ganzen Erzählbogens geschickt als retardierendes Moment eingebaut hat.

David suchte Jonathan auf und überraschte ihn mit einer dramatischen Eröffnung: «*Es ist gerade ein Schritt zwischen mir und dem Tode. Was habe ich getan, was ist meine Schuld und meine Verfehlung deinem Vater gegenüber, der mir nach dem Leben trachtet?*»

David war sich offensichtlich keiner Schuld bewußt und auch der Prinz schien ahnungslos. Mit dem Hinweis darauf, daß sein Vater keine Geheimnisse vor ihm habe, wollte Jonathan seinen Freund beruhigen. Der aber schwor, daß er seines Lebens nicht mehr sicher sei. Der Ort des berichteten Gespräches unterstreicht die Gefährlichkeit der Situation. Nicht in der Festung stellte der Held den Prinzen zur Rede, sondern auf dem freien Feld – möglicherweise auf dem Exerzierfeld der Bogenschützen.

Des Prinzen Arglosigkeit begann zu wanken, und er erklärte sich bereit, den Vater auf die Probe zu stellen. David hatte sich schon eine Taktik zurechtgelegt, und er rückte mit einem durchdachten Plan heraus: Am nächsten Tag war Neumond, Anlaß für ein kultisches Festmahl, zu dem selbstverständlich die nähere Umgebung des Königs geladen war. David würde nicht erscheinen. Die zurechtgelegte Entschuldigung war einleuchtend. Er habe eine Nachricht seines ältesten Bruders bekommen, dass das jährliche Opferfest der Familie anstehe, er sei darum nach Bethlehem abgereist. Die Sippe und ihre kultischen Verpflichtungen hatten hohen Stellenwert in jener Gesellschaft, für deren Werte der alte König stand. Saul mußte die Entschuldigung also akzeptieren, wenn nichts in der Luft lag.

Jonathan stimmte dem Plan zu. Es kam zu einer gegenseitigen Verpflichtung beider mittels eines feierlichen Schwures. Der Prinz schwor, in Zukunft ganz auf der Seite seines Freundes zu stehen, falls an dem ungeheuren Verdacht der Mordabsichten des Vaters Wahres sein sollte. Im Gegenzug nahm er David den Eid ab, ihn und sein Haus zu schonen in einem möglichen militärisch ausgetragenen Streit.

Im jetzigen Text wird hier sehr deutlich auf die zukünftige Macht Davids als König angespielt. Ob die beiden zu diesem frühen Zeitpunkt bereits so weit in die Zukunft dachten und das Reich und die Macht verteilten, die sie noch gar nicht besaßen, ist sehr fraglich.

Die Brisanz dieses Bündnisses aber, das ja mindestens im nachhinein den Verdacht Sauls als nicht unbegründet auswies, schien ihnen bewußt. Im Fall der Eskalation war es nicht ratsam, sich noch einmal zu sehen. Der Prinz mußte alles unternehmen, um nicht verdächtig zu erscheinen. Wie aber konnte er dann David benachrichtigen? Jonathan wußte Rat: *«Morgen ist Neumondfest. Da wird man dich vermissen, wenn dein Platz leer bleibt. Übermorgen abend komme und verstecke dich hier auf dem Feld, hinter dem bewußten Stein, an der Stelle, an der du dich am Tage der Tat* [62] *versteckt hieltest.»*

Dann schlug Jonathan seinem Freund eine verdeckte Komunikation vor. Der Dialog mit seinem Waffenträger beim Bogenschießen sollte in Wirklichkeit für David bestimmt sein: *«Wenn ich zum Knaben sage: Da, die Pfeile sind von dir aus näher herwärts, nimm sie – so komm, dann steht es gut um dich und es liegt nichts vor beim Leben JHWHs. Wenn ich aber so zu ihm rede: Da, die Pfeile sind von dir aus noch weiter weg! – dann geh.» (1 Sam 20, 18–23)*

Das Neumondfest kam. Der König setzte sich an die Tafel, der Prinz ihm gegenüber. Abner, der Generalstabschef, nahm seinen Platz an der Seite des Königs ein. Davids Platz blieb leer. Gespannte Stille. Wie würde der König reagieren? Er überging die Situation. Der Erzähler läßt ihn lediglich denken, David wäre kultisch nicht rein und könne so am Mahle nicht teilnehmen.[63]

War damit alles in Ordnung? Das Neumondfest hatte zwei Feiertage. Als am folgenden Tag der Platz Davids ebenfalls leer blieb, fragte Saul seinen Sohn, ob er etwas wisse über dieses unentschuldigte Fernbleiben. Der Prinz antwortete wie vereinbart. Und Saul? Dramatisch wird seine Reaktion geschildert. Voller Zorn schrie er seinen Erstgeborenen an: *«Du Sohn einer widerspenstigen Hure. Habe ich es nicht gewußt. Fürwahr, du hast dir den Sohn Ischais erwählt. Dir zur Schande und zur Schande der Scham deiner Mutter!» (1 Sam 20, 30)*

Da war es auf dem Tisch!

Es ging nicht um Jonathans Mutter und deren eventuelle politische oder sexuelle Verfehlungen. «Sohn einer Hure» ist eine geläufige Beleidigung, nicht nur im Alten Orient. Aber die mehrfachen Anspielungen auf die Sexualsphäre, die in ihrer Vehemenz einzigartig im ganzen Alten

Testament sind, verdienen es, genauer untersucht zu werden. Was warf der König seinem Sohn vor? Er habe den Sohn Ischais sich «erwählt»: ein Terminus, der oft dafür steht, daß ein Mann ein Auge für eine Frau riskiert hat, und in der Regel noch mehr! Es ist von «Schande» die Rede, und hier eindeutig auch von Schande für die Mutter und deren den Prinzen gebärenden Schoß. Und schließlich die erste Anrede: ein Spiel mit einem doppeldeutigen Begriff, der mit «Hure» wiedergegeben ist. Er kann sowohl mit «zuchtlos» als auch mit «widerspenstig» übersetzt werden. Handelt es sich um den Vorwurf des Angriffs gegen die politische Gewalt des Königs, die ihm aus den Händen zu gleiten droht, oder um die Bestätigung des Verdachts eines in Israel verpönten Umgangs mit dem gleichen Geschlecht? Wahrscheinlich ist beides nicht voneinander zu trennen. Folgerichtig fällte der König das Todesurteil über seinen Offizier: *«Schick hin, laß ihn holen, er ist ein Kind des Todes.»*

Die Angst um den Verlust der Macht projizierte der alte König auf den Sohn: *«Solange der Sohn Ischais lebt, wirst weder du noch deine Herrschaft Bestand haben.» (1 Sam 20, 31)*

Der Augenblick war gekommen, in dem sich entscheiden mußte, wem die Loyalität des Prinzen galt: der Sippe – und damit der alten Ordnung – oder dem Freund, dem er durch einen Eid verbunden war und der, wie er selbst, Repräsentant eines neuen Konzeptes von Herrschaft war. Die Zukunft des noch jungen Staates stand auf dem Spiel. Der Prinz versuchte zu vermitteln: *«Was hat er getan? Warum soll er getötet werden?»*

Der Vater hatte den Augenblick der Entscheidung offensichtlich klarer erkannt. Er mußte aber aus dieser Antwort auch erkannt haben, daß er auf seinen Sohn nicht mehr zählen konnte. Er griff zum königlichen Speer, dem Insignium seiner Macht, schleuderte ihn in hilflosem Zorn gegen den eigenen Sohn und – verfehlte.

Jonathan stand auf vom Tisch und ging. Der Bruch war vollzogen.

Die Benachrichtigung des auf dem Exerzierplatz Versteckten wurde nötig. Wie verabredet, schoß Jonathan seine Pfeile ab. «Lauf, such die Pfeile», rief er dem Waffenträger zu und schoß sie über ihn hinweg. Das war nicht ungefährlich, aber wohin sollte er seine eigene Aggression leiten? Dann schrie er dem Burschen hinterher: *«Ist der Pfeil nicht von dir aus noch weiter weg?»* David, hinter seinem Stein, sah sich bestätigt. Die

Zeit am Königshof Sauls war unwiderruflich zu Ende. Vom Schwiegersohn und Offizier des Königs war er zum Verfolgten geworden.

Der Prinz aber rief seinem Waffenträger nach: *«Mach schnell. Eile. Bleib nicht stehen.» (1 Sam 20, 36–38)*

Im Trauerlied, das David Jahre später, nach dem Tod des Prinzen schreiben sollte,[64] kommt klar zum Ausdruck, welche Freundschaft hier auf der Probe stand, an der Schwelle zwischen zwei Weltsichten, in der Zerreißprobe zweier geforderter Loyalitäten. Als David die Nachricht vom Tod Jonathans erreichte, sang er eine Totenklage:

«Schmerz empfinde ich um deinetwillen, mein Bruder Jonathan,
du warst mir gar lieb.
Wunderbarer war deine Liebe für mich
als Liebe von Frauen.» (2 Sam 1, 23)

Der zukünftige König bekannte sich zu seinen Gefühlen für den Geliebten. Delikat!

Es gab keinen Grund mehr für David, noch länger in Gibea zu bleiben. Er floh. Für den jungen Mann, der seine Sippe verlassen und alles auf die neue Karte gesetzt hatte, war das eine Katastrophe. Seine Zukunfschancen innerhalb der eigenen Gesellschaft waren praktisch gleich null. Ein einfaches Zurück ins Privatleben, nach Bethlehem und in den väterlichen Haushalt, kam nicht mehr in Frage. Im Gegenteil, die Vermutung lag nahe und wurde durch spätere Ereignisse auch voll bestätigt, daß er durch die eingehandelte Feindschaft mit dem König die ganze Sippe in Gefahr gebracht hatte. Sich außerhalb aller sozialen Bindungen wiederzufinden aber, heimatlos zu werden, kam in den Denkstrukturen damaliger Weltsicht der Aufgabe seiner Existenz gleich.

Dieser Augenblick in der Biographie Davids nimmt in den alten Überlieferungen breiten Raum ein. Eine Reihe von Anekdoten unterbricht den Handlungsablauf in der Komposition der Aufstiegsgeschichte Davids zur Herrschaft. Dramaturgisch gesehen erweist sich dieser Einschub als eine glänzende Gelegenheit, die Spannung der ganzen Erzählung, die ja das letztlich erreichte Ziel immer schon als bekannt voraussetzt, weiter aufzubauen. So sind die alten Überlieferungen im ersten Samuelbuch bis heute in einer Form verfasst, welche die Strenge theologischen Nachdenkens über Geschichte aufsprengt. Späteren Bearbeitern der lebensnahen, poinierten, oft aber ethischen Normen scheinbar frech ins Gesicht lachenden Anekdoten fiel es nicht immer leicht, diesen eine theologische Aussage abzuringen. Und doch hielten es die Verantwortlichen für den heute vorliegenden biblischen Text offenbar durchaus für möglich, Gottes Geschichte mit den Menschen humorvoll zu beschreiben. Der offenkundige Spaß, mit dem von Jonathans doppelt adressiertem Ruf an den Waffenträger erzählt wird, ist ein erster Hinweis darauf. Stärker noch kommt dieser Zug in vier weiteren anekdotenhaften Überlieferungen zum Tragen, die alle von der raschen Flucht Davids aus der Saulsfestung erzählen:

Fluchtanekdoten

Diese Anekdoten erheben keinen Anspruch auf historisch exakte Berichterstattung. Sie lassen sich auch nicht so miteinander kombinieren, daß eine chronologische Abfolge sichtbar wird. Wohl aber haben sie je für sich einen wichtigen Machtfaktor und dessen Reaktion auf die eskalierenden Ereignisse im Blick: Die Königsfamilie, die Institutionen der Prophetie, die Priesterschaft sowie den entscheidenden außenpolitischen Gegner, die Philister. Sie alle werden poinitiert im Blick auf ihre Stellungnahme im innenpolitischen Machtkampf skizziert.

Michal – oder die verhinderte Hochzeitsnacht

Die Tür hatte sich geschlossen hinter David und Michal. Die Hochzeitsnacht! Draußen standen Wachen. Sie standen dort aber nicht, um die erste Nacht des jungen Paares vor unliebsamen Störungen zu schützen. Diese erste sollte zugleich die letzte Nacht werden. Wenigstens für den jungen Ehemann. Michal wußte davon. Woher? Die Erzählung schweigt darüber.

«Wenn du dich nicht in dieser Nacht in Sicherheit bringst, bist du morgen ein toter Mann», warnte sie David.

Das Schlafzimmer der beiden lag wahrscheinlich in einem der Ecktürme der Festung. Jedenfalls gab es ein Fenster nach draußen. Michal ließ ihren Mann durch diese Öffnung die Mauer hinab und aus der Festung. Jetzt galt es, dem Geliebten einen Zeitvorspung zu garantieren. Die Handlung folgt einem Muster, das aus ähnlichen Geschichten hinreichend bekannt ist: Das Bild einer Schutzgottheit mußte herhalten und den Ersatz-David im Brautbett mimen, ein Ziegenhaargeflecht spielte die Haarpracht des Helden. Als die Wachen Einlaß begehrten, lag da ein «kranker David» im jungehelichen Bett. Die Männer waren überzeugt. Saul aber war das egal. Er befahl, den Kranken mitsamt dem Bett herbeizuschaffen. Zum Töten würde er schon nicht zu krank sein. Da kam der Schwindel natürlich auf.

Auf Sauls Vorwürfe, Michal hätte seinen ärgsten Feind entkommen lassen, schaute die Tochter ihrem Vater ins Gesicht und sagte: *«Er hat zu mir gesagt: Laß mich laufen, sonst bringe ich dich um!»*

Die Familie Sauls stand also klar auf der Seite des jungen, gewinnenden Helden: Tochter und Sohn erkannten, wo die Zukunft lag. Für spätere Erzähler, die ihr ganzes Geschick aufwandten, um den Heroen, der aus eigener Kraft zum König aufgestiegen war, auch den zweifelnden Nordstämmen als legitimen König zu präsentieren, erwies sich diese Szene als eine willkommene Gelegenheit, die Unterstützung Davids durch das saulidische Königshaus herauszustellen. *(1 Sam 19, 8–17)*

Samuels Hilfe

Die nächste Anekdote reizt die Grenzen des Humors nun völlig aus. Der Erzählzusammenhang grenzt in der uns vorliegenden Form beinahe schon an Perfidie. Zugleich liefert uns dieser Text einen weiteren Beleg dafür, wie geschichtliches Material verarbeitet wurde, um die an der eigenen Gegenwart interessierte Intention zuzuspitzen. Er ist ebenfalls im 19. Kapitel des 1. Samuelbuches überliefert.

David mußte fliehen. Er war in Lebensgefahr am Hof des Schwiegervaters. Aus dem zur tödlichen Falle gewordenen Hochzeitsbett war er entronnen. Wohin aber nun – unvorbereitet, allein, ohne Ausrüstung? Rama lag nur wenige Wegstunden entfernt. Dies war der Ort, an dem der alte Samuel noch immer seinen Wohnsitz hatte.

David, der heimlich Gesalbte, machte sich auf, erreichte Samuels Haus, traf den Alten auch an und erzählte ihm von den Nachstellungen des Königs, des offiziellen Gesalbten. Eine pikante Situation: Ein Gesalbter sucht Zuflucht vor einem zweiten, mit unzweifelbar älterem Recht bei dem, der diese Situation heraufbeschworen hatte. Samuels Entscheidung war nach der Anekdote eindeutig. Er stellte sich uneingeschränkt auf die Seite der politischen Zukunft. Und doch – die alte Angst war wieder da. Wie würde der König reagieren? Der Seher hielt es für ratsam, dies nicht in seinem Haus abzuwarten, allein mit seinem Schützling. Er nahm David mit nach Nawyot. Ein Ort, dessen Name zwar überliefert wird, dessen Bedeutung allerdings nicht mehr rekonstruiert werden kann. Aus dem Zusammenhang wird klar, daß es sich um eine Lebensgemeinschaft von Propheten, eine Art Prophetenschule, gehandelt haben muß.

Die Bedenken des Alten bewahrheiteten sich. Es fand sich jemand, der Saul Nachricht gab, wo der Verfolgte sich aufhielt. Der König schickte Boten aus, die kamen nach Rama, folgten der Spur nach Nawyot, gerieten mitten in eine Versammlung der dort Ansässigen und – der Funke sprang über: «*Da ergriff ein Gottesgeist auch die Boten Sauls, daß sie sich wie Propheten gebärdeten.*» Das Ergebnis: Sie kamen nicht zurück. Saul wurde dies gemeldet. Erneut schickte er Boten. Das Ergebnis: «*Auch sie gebärdeten sich wie Propheten.*» Saul wurde dies gemeldet. Er schickte zum dritten Mal. Das Ergebnis, natürlich: «*Auch sie gebärdeten sich wie Propheten.*» Da machte er sich selbst auf den Weg, zog unterwegs Erkundigungen ein, kam nach Rama, und noch ehe er die Prophetensiedlung erreicht hatte «*überfiel auch ihn ein Gottesgeist*». Das Ergebnis – und das wirft ein bezeichnendes Licht darauf, wie sich Propheten in dieser frühen Zeit gebärdeten: Er riß sich die Kleider ab, warf sich vor Samuel zu Boden und blieb dort liegen, einen Tag und eine Nacht lang – nackt.

Die Verfolgung war fehlgeschlagen. Die rasende Wut des Königs verpuffte. Die Erzählung schließt mit dem Hinweis darauf, daß sich damit das geflügelte Wort erkläre: «*Ist auch Saul unter den Propheten?*»[65]

Dies war ein letzter Triumph des Alten über den fallengelassenen König, der sich ihm zu Füßen warf, überwunden von eben dem Geist, der ihn einst zu den Großtaten seiner Erfolgszeit getrieben hatte. Die Lacher hatte Samuel auf seiner Seite, und mit ihm der Newcomer David. *(1 Sam 19, 18–24)*

Soweit die Anekdote. Die Absicht des Erzählers ist deutlich: ein weiterer Baustein für die Legitimation des Gründers der davidischen Dynastie. Nicht nur die Familie des alten Königs, nicht nur der Repräsentant der vorstaatlichen Ordnung, auch der Geist Gottes hatte klar Partei ergriffen.

Eine Anekdote, die jeder historischen Faktizität entbehrt? Sehr wahrscheinlich. Trotzdem ist sie ein kunstvoll geschnittenes Puzzle-Teil für das Gesamtbild der Auseinandersetzung um die Macht. Eine wesentliche und im Verlauf der Geschichte des Staates immer einflußreicher werdende Institution sprach sich für David aus: die Prophetie. Eine Institution, deren Beziehung zum Königtum in Israel immer spannungsgeladen war.

Königtum und Prophetie

Propheten hatten, vor allem wenn sie als Einzelgestalten auftraten, offensichtlich von Anfang an eine eigenständige Position im Staat, wie er sich in Israel entwickelte. Die in der Theorie nie aufgegebene Prämisse, daß der eigentliche, wahre König die Gottheit JHWH selbst war, hatte zur Folge, daß alle weiteren Positionen in der Machtstruktur sich von dieser Spitze der Hierarchiepyramide her definieren mußten. Der gesalbte Fürst – der weltliche König – war sozusagen Statthalter des wahren Königs. Später wurde dies, wie manche Psalmtexte vermuten lassen, in einer Art Adoptionsverfahren rituell festgeschrieben. Damit unterschied man sich mehr oder weniger deutlich von den umliegenden Monarchien, in denen die Grenzlinie zwischen König und Gottheit bis zur Unkenntlichkeit verschwamm.

Ein König hatte seinen Hofstaat. Der himmlische König natürlich auch. Den Vorsitz in diesem Hofstaat führte, beispielsweise in Ägypten, der Wezir. Er hatte dort den bezeichnenden Titel «Mund des Pharao», denn er war es, der den Willen des «Göttlichen» kundtat, an Beamte und Volk weitergab. Propheten führten in der Blütezeit ihrer Institution den Titel *pi JHWH*, übersetzt: «Mund JHWHs». Aus ihrem Mund erfuhren die Beamten und das Volk JHWHs dessen Willen. Viele Propheten begründeten ihren Anspruch, wahre Propheten zu sein, denn auch mit einer Berufungsvision in ihr Amt, in der sie in den Hofstaat Gottes aufgenommen wurden.[66] Die Legitimation ihrer Kritik an Volk und König liegt hier begründet. Das war eine frühe Form der Gewaltenteilung und Machtkontrolle, welche die frühere Entscheidungsgewalt des Rates der Ältesten ablöste.[67]

Man kann sich leicht vorstellen, daß es immer wieder in dieser spannungsreichen Beziehung Situationen gab, in denen eine Seite versuchte, das mühsame Gleichgewicht zu ihren Gunsten zu beeinflussen. Eine Folge davon war die Entstehung der Institution der Hofpropheten und der dem Tempelbereich angegliederten Kultpropheten: Die kritische Institution sollte unter Kontrolle gebracht werden. Im Gegenzug griffen vor allem im 9. Jahrhundert im Nordreich Israel die Propheten Elia und Elisa vehement in die Politik ein – bis hin zur Salbung eines Gegenkönigs. Von diesen beiden Propheten weiß man im übrigen auch, daß sich in ihrer Umgebung eine Art Schule ausbildete. Damit ist der Hintergrund der in unserer Anekdote vorausgesetzten Machtstrukturen skizziert. Die Szene spielt in einer Prophetenschule mit einer Art Vorsteher. In ihr widerspiegelt sich die Situation des 9. Jahrhunderts.[68]

Wir sind heute, in beinahe wörtlicher Übersetzung des griechischen Begriffes «Prophet» geneigt, an eine Person zu denken, welche die Gabe des «Vorhersehens», des «In-die-Zukunft-Sehens» besitzt. Im Hebräischen hat das Wort erst sehr spät diese Bedeutung gewonnen. Zur Aufgabe eines Propheten wurde im Zuge seiner zunehmenden politischen Bedeutung mehr und mehr die Zeitdiagnose. Kriterium der Diagnose war die Thora, die «Weisung Gottes» für den Schalom, für ein gelingendes Zusammenleben aller gesellschaftlichen Kräfte. Diese Diagnose wurde dann zur Grundlage einer Prognose. Der Prophet beschrieb die Folgen von Handlungen und Entscheiden für den Fall, daß Menschen nicht umkehrten, sich nicht auf das eigentlich Richtige und Wesentliche besinnten, nicht neu anfingen.

Da in der Regel nicht umgekehrt wurde, erkannte man später die Prognose als eingetroffen. In der Sicht der Nachkommen wurde der Diagnostiker so zum Propheten, zum Vorhersehenden.

Angefangen hatte die Institution der Prophetie als eine Art Ekstatikertum. Besessenheit wurde als Ausdruck für eine besondere Nähe zur Gottheit verstanden. Im ganzen alten Orient gibt es Belege dafür. Konkret konnte sich dies in einer Art rasender Musik äußern, die mit Handpauken, Flöten und kleinen Saiteninstrumenten erzeugt wurde. Ähnliche Phänomene lassen sich auch heute noch im rasenden Tanz der Derwische, einer Art muslimischer mystischer Mönche beobachten.

Im 1. Buch Samuel gibt es dafür auch einen biblischen Beleg. Dieser Text im 9. und 10. Kapitel führt zu einer weiteren Geschichte, welche die Herkunft des Sprichwortes von «Saul unter den Propheten» erklären will: Damals, als Saul die Eselinnen suchte und dann zum König gesalbt wurde, war eben die ekstatische Verzückung, mit der in der Anekdote Sauls Niederlage besiegelt wurde, Ausdruck der göttlichen Legitimation der Salbung durch Samuel. Die Ambivalenz der Besessenheit durch einen Gottesgeist ist offensichtlich. Ein letztes Indiz bestätigt dies noch: In der Szene, in welcher der König seinen Therapeuten mit seinem Speer an die Wand nageln will, wird das aggressive Handeln Sauls so beschrieben: *«Er gebärdete sich wie ein Prophet». (1 Sam 18, 10)* All diesen Erzählungen liegt also in unterschiedlichster Weise das Wissen um die besondere Ergriffenheit des ersten Königs Israel durch die Sphäre der Gegenwart Gottes zugrunde. Eine Sphäre, die, so stellte man es sich vor, den Charakter eines Menschen in den schärfsten Konturen sichtbar werden ließ. Halbheiten waren da nicht mehr möglich.

Das Scheitern des alten Königs Saul wird mit Hilfe dieser zweiten Fluchtanekdote erklärt, und gleichzeitig wird der zukünftige König David in ein gutes Licht gerückt. Diese Geschichte baute der Erzähler des Aufstieg von David ben Ischai zum König der Doppelmonarchie Juda-Israel geschickt in die Anekdotensammlung zur Flucht des Helden vom Hofe Sauls ein. Er benutzte dazu die ab dem späten 8. Jahrhundert v. Chr. vorauszusetzende Integrität der Institution der Prophetie als eines kritischen, durch JHWH autorisierten Gegenübers zum König. Die ursprünglich psychologische Erklärung des Scheitern des alten Königs deutete er nun theologisch. Der Untergang Sauls war in dieser Perspektive nicht mehr das Resultat einer psychischen Instabilität, sondern göttliche Strafe für den Ungehorsam gegen Samuel, den Repräsentanten Gottes.

Wichtig – über die psychologische Skizze Sauls hinaus – bleibt dabei der Hinweis, daß es bei der Auseinandersetzung Saul–David um eine Ablösung eines unbrauchbar gewordenen Konzeptes von Führerschaft durch ein effektiveres Handeln geht. Das aber war nicht nur Sache zweier Einzelpersonen in einem individuellen Kampf. Auch andere gesellschaftliche Gruppierungen waren mit im Spiel und warfen ihr Gewicht in die Waagschale. In dieser Anekdote war es das Prophetentum. Die nächste Geschichte macht mit einer weiteren Institution bekannt, die in die gewalttätigen Umwälzungen gesellschaftlicher Ordnungen verwickelt wurde: das Priestertum.

Das Ende der Priesterschaft von Nob

Nob wird von den meisten Forschern südlich Gibeas, auf halbem Weg nach Jerusalem, noch außerhalb des Einflußbereiches der damals nicht israelitischen Stadt vermutet. Die Richtung ließe eine Flucht Davids nach Bethlehem, seiner Heimat, vermuten, aber das darf nicht dazu verleiten, die folgende Anekdote als historisch im Sinne eines Faktenberichtes zu verstehen.

Die Erzählung im 21. Kapitel des 1. Samuelbuches ist das notwendige Bindeglied zwischen einer weiteren Institution vorstaatlicher Zeit und der Aufstiegsgeschichte Davids. Nob muß so etwas wie die neue Heimat der Priesterschaft des vorstaatlichen Zentralheiligtums Schilo gewesen sein, das durch die Philister in der Mitte des 11. Jahrhunderts vollkommen zerstört worden war. Möglicherweise stand hier das Zelt JHWHs. Dieses muss ein bewegliches Heiligtum gewesen sein, ein Relikt aus der Zeit, als die Stämme und Sippen noch nicht sesshaft waren und auch Gott, ihnen gleich, noch nicht in einem festen Haus wohnte.[69]

Die Priester von Nob waren Nachkommen des Priesters Eli, bei dem einst Samuel aufwuchs und ausgebildet wurde. Mittlerweile war die vierte Nachfolge-Generation im Amt. Als oberster Priester wird ein Mann mit Namen Ahimelech erwähnt, der seinen Stammbaum direkt auf den große Eli zurückführen konnte.[70] Wie stellte sich diese Institution zu David? Sie war ihres kultischen Mittelpunkts, der Lade – und damit sicher auch ihrer hervorragenden Bedeutung – beraubt. Trotzdem war ihre Entscheidung aus theologischer Sicht in späterer Zeit von großer Bedeutung.

Wann das Berichtete stattgefunden hat, liegt im Dunkeln. Entweder ist die Anekdote noch in der Zeit angesiedelt, als David allein war, oder aber er hatte doch schon eine Reihe von Gefolgsleuten um sich geschart. Diese unklare Sachlage verdankt sich nicht zuletzt dem Protagonisten selbst, denn er wurde gezwungen, nicht bei der Wahrheit zu bleiben, wie gleich deutlich werden wird. Wieviel von dem, was er den Priestern erzählt, bewußte Täuschung ist, läßt sich kaum noch ermitteln.

Der Fliehende erreichte müde, hungrig und waffenlos die Priesterstadt Nob. Ratlosigkeit, ja angespannte Ängstlichkeit begegnete ihm. *«Warum bist du allein?»* David erfand ad hoc eine Erklärung, mit der er so nahe wie möglich an der Wahrheit blieb. Wer die Geschichte mit dem nötigen Vorwissen liest, kann, wie wohl auch der Erzähler selbst, seinen Spaß an dem nun folgenden Dialog haben *(1 Sam 21, 3–10):*

David: *«Der König hat mir da eine Sache anbefohlen. Er hat mir gesagt, niemand dürfe auch nur das geringste von der Angelegenheit erfahren, zu der ich gesandt.»* (Für einen Flüchtenden war die Geheimhaltung seiner Absicht selbstverständlich, und Anlaß zur Flucht hatte ja Saul selbst gegeben!) *«Aber jetzt, was hast du zur Hand? Fünf Brote vielleicht? Dann gib mir die, oder was du sonst hast.»*

Der Priester war in einer schwierigen Situation: *«Gewöhnliches Brot habe ich nicht zur Hand, nur heiliges Brot ist da.»* (Das hängt mit einer kultischen Zurschaustellung von Brot auf dem Altar zusammen, das für die Gottheit bestimmt war, bis es durch neues ersetzt wurde. Dann konnte es von der Priesterschaft verzehrt werden.)

Dieser Sachverhalt brachte Ahimelech auf eine Idee: Wenn es sich um einen heiligen Feldzug handelte, zu dem David unterwegs war, dann … Daran allerdings waren bestimmte Formen kultischer Reinheit geknüpft. So stellte der Priester in den Raum: *«Wenn sich deine Leute von Frauen enthalten haben…»*

David unterbrach ihn: *«Ganz bestimmt, Frauen waren uns schon seit einigen Tagen untersagt.»* (Von der so jäh unterbrochene Hochzeitsnacht wird ja nur wenig früher berichtet.)

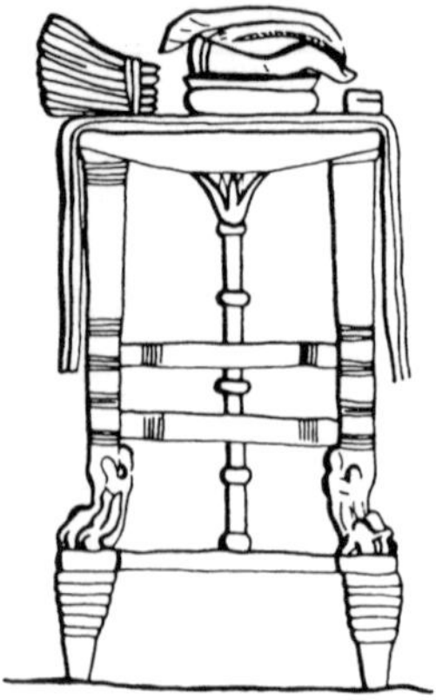

Assyrische Darstellung eines Kulttisches mit einem Schaubrot

Dem Trick war Erfolg beschieden. David wurden die Schaubrote vom Altar ausgehändigt. Wegzehrung hatte er, nun fehlte noch eine Waffe.

David: *«Hast du nicht einen Speer oder ein Schwert zur Verfügung? Weder mein Schwert noch meine anderen Waffen konnte ich mir holen, denn der Auftrag des Königs war so eilig.»* (In der Tat war David bei der Flucht keine Zeit geblieben, zu seinen eigenen Waffen zu kommen.)

Der Priester: *«Das Schwert des Philisters, den du im Terebinthental erschlagen hast, ist ja hier. Es ist eingewickelt in einen Mantel hinter dem Efod. Wenn du das haben willst, dann nimm es dir, denn andere Waffen haben wir hier nicht.»*

Darauf David: *«So wie dieses ist sonst keines, gib es mir.»*

Bei der Szene war ein Mann anwesend, der scheinbar funktionslos zur Hintergrundausstattung gehörte. Der Blick des Erzählers streift ihn in einer Gesprächspause: Ein Mann aus dem Gefolge Sauls, ein Edomiter, ein Ausländer also, der sich *«vor JHWH in Klausur befand»*, wohl um ein Gelübde zu erfüllen.[71]

Hatte der Priester Davids Manöver durchschaut oder war er von heiliger Ahnungslosigkeit? Der listenreiche David, gut versorgt mit Verpflegung und Waffen, verschwand von der Bildfläche. Zurück blieb ein wohl etwas ratloser Priester. Aber auch König Saul wird nun, bei einem Szenenwechsel, als ratlos geschildert: Er läßt seinen Unmut über die in seinen Augen bedrohliche Lage an seinem Gefolge aus und erinnert sie daran, daß sie ihm, dem König, ihren jetzigen Lebensstandard zu verdanken haben.

Saul: «*Hört her, ihr Benjaminiter, der Sohn des Ischais wird euch allen Äcker und Weinberge verleihen und euch alle als Oberste und Hauptleute einsetzen.*» Alle hörten den Sarkasmus in dieser unwahrscheinlichen Vermutung. «*Oder warum habt ihr euch alle gegen mich verschworen, daß nicht einer da wäre, der mich darauf aufmerksam gemacht hätte, daß mein eigener Sohn mit dem Sohn des Ischais paktiert. Nicht einer, den das aufgebracht hat. Nicht einer, der mir die Augen geöffnet hätte, daß der eigene Sohn meinen Gefolgsmann aufgehetzt hat gegen mich – so wie heute die Lage ist*».

Wieder deutete der alte Saul die Lage als einziger richtig. Was sich da abspielte, waren die Vorboten der Wachablösung. Es mußte ihn zur Verzweiflung gebracht haben, daß ihn nacheinander seine Familie, wichtige Institutionen des Staates und nun, wenn das Schweigen richtig gedeutet war, auch sein Hof aufgegeben hatten. Auf die Vorwürfe hin unterrichtete der Edomiter Doëg den König von Davids Auftauchen in Nob, schilderte die Verproviantierung und Waffenübergabe und spitzte die Lage weiter zu: «*Ahimelech ben Ahitub, der Priester, hat für David JHWH befragt.*»

Ob das nun der Wahrheit entsprach oder nicht, es war zuviel. Wieder war ausgesprochen, was tabu schien am Hof Sauls zu Gibea: JHWH war mit dem Emporkömmling. Saul handelte sofort. Er schickte Boten nach Nob und befahl Ahimelech und die ganze Priesterfamilie zu sich. Sie kamen – alle. Dachten sie sich sicher in ihrer priesterlichen Funktion, oder waren sie immer noch ahnungslos? Die Erzählung läßt es offen. Sie kamen. Das Gespräch war vom ersten Augenblick an ein Verhör:

Saul: «*Hör zu, Sohn des Ahitubs.*»

Priester: «*Ich bin zu Diensten, mein Herr.*»

Saul: «*Warum habt ihr euch gegen mich verschworen, du und der Sohn Ischais? Du hast ihm Brot gegeben und Waffen und du hast Gott befragt für ihn, so daß er sich gegen mich zu einem Komplott erheben konnte, wie die Lage heute ist.*»

Zum zweiten Mal ist nun von einer Verschwörung die Rede, die durch David angeführt sein soll. Der Vorwurf Sauls ist schwerwiegend. Die Priesterschaft, der Hof und sein eigener Sohn sollen in die Sache verwickelt sein. Der Erzähler stellt die Sache so dar, daß eigentlich kein Zweifel möglich ist: Die Verschwörung fand lediglich in den Augen des alten, an sich selbst scheiternden Königs statt.

Ist das glaubwürdig? Der Interessenlage der Aufstiegsgeschichte von David zum legitimen König Israels kommt diese psychologisierende Sicht natürlich sehr entgegen. Ein mißlungener Staatsstreich, auch wenn große Teile der staatstragenden Institutionen (Kronprinz und Priesterschaft, vielleicht auch das Prophetentum) ihn mittrugen, war nicht gerade gute Propaganda für den Aufsteiger. Sollte der Putschversuch tatsächlich stattgefunden haben, werden jedenfalls alle Beweise dafür sorgfältig getilgt oder in einen glaubwürdigen «harmlosen» Zusammenhang eingepaßt worden sein. Das ist aber noch kein stichhaltiger Beweis für seine Faktizität. Bis zum Auftauchen neuer Beweise muß man von der Unschuld des durch Saul Angeklagten ausgehen: Freispruch mangels Beweisen. Ein Rest Zweifel bleibt![72]

Die Anklage war jedenfalls ausgesprochen: Hochverrat. Der König deutete die von ihm verursachte Flucht als letzten Beweis für die gegen ihn gerichteten Pläne Davids. Und der Priester? Er warf seine Ahnungslosigkeit in die Waagschale und unternahm ein letztes Mal den Versuch, sich und die Seinen als bloßen Spielball der Mächtigen darzustellen:

«Wer ist denn an deinem Hof so bewährt wie David, dein Schwiegersohn, Befehlshaber deiner Leibwache, hochgeehrt in deinem Haus. Habe ich denn zum ersten Mal Gott für ihn befragt? Dein Vorwurf trifft auf mich nicht zu. Der König unterstelle doch nicht seinem Knecht, ja meiner ganzen Familie das alles.»

Und dann der entscheidende Satz in solchen Rechtfertigungen: *«Denn ich habe ja von der ganzen Sache nicht das Geringste gewußt.»*

Zu spät. Saul konnte nicht mehr zurück: *«Du mußt sterben, Ahimelech, du und deine ganze Sippschaft.»*

Er befahl seinem Gefolge, die Priester zu umzingeln und sie zu töten, *«denn sie haben gemeinsame Sache mit David gemacht, wußten, daß er flüchtig werden wollte und haben es mir nicht gemeldet!»*

Niemand rührte sich ob dieses ungeheuerlichen Befehls, die Priester JHWHs zu ermorden. Saul wandte sich an Doëg, den Edomiter: *«Dann mach du dich dran.»*

Und der erledigte das grausame Geschäft. Es ist von fünfundachzig Ermordeten die Rede und der Ausrottung alles Lebendigen in der Priesterstadt, inklusive aller Kinder und allem Vieh. Nur einer konnte sich retten: Abjathar, ein Sohn Ahimelechs. Der floh zu David und berichtete ihm von dem Gemetzel. David nahm alle Schuld auf sich. Er hätte es voraussehen müssen, klagte er sich selbst an. So schließt die Geschichte, die aus dem Anekdotenhaften ins Grausame kippte. *(1 Sam 21, 2–10 und 22, 6–23)*

Wo die Schuld für die furchtbaren Konsequenzen lag, darüber läßt die Tradition aber trotz, oder gerade angesichts des edlen Zuges der Selbstanklage des Helden, keinen Zweifel. Saul hatte sich selbst in die innenpolitische Isolation getrieben. Und hier liegt auch, eingekleidet in das Gewand dieser Geschichte, der historische Kern der Erzählung. Zugleich diente die Anekdote wohl als Warnung an zukünftige, dem Erzähler gegenwärtige Könige: Das Aufkündigen der Zusammenarbeit mit der Institution des Priestertums führt in das politische Scheitern.

Die Würfel waren gefallen. Es gab kein Zurück mehr. Weder für David noch für den alten König. Es mußte nun allen – auch einer eventuell bis dahin noch auf Ausgleich hoffenden Fraktion am Hof – klar sein, daß es keine friedliche Ablösung des Herrschers und der Herrschaftstrukturen geben konnte. Nur für einen von beiden war Platz im Staat. Die Macht aber, langsam abbröckelnd zwar, war immer noch auf Sauls Seite.

Kein Platz mehr für David in Israel! Kein Platz für den zukünftigen König im eigenen Land.

Der Kranz der Fluchtanekdoten schließt mit einer irrwitzigen letzten Erzählung, die in ihrer Übersteigerung die Ausweglosigkeit des Helden zum Ausdruck bringt. Er flieht zum Todfeind – zu den Philistern. Verrückt!

David in der Höhle des Löwen

Die vierte Anekdote wird ebenfalls im 21. Kapitel des 1. Buches Samuel erzählt: David floh aus dem Einflußbereich Sauls im inneren Palästinas in Richtung Küste. Sicher vor ihm war er nur dort, wo die wahren Herren des Landes, die Philister, saßen.

Er kam nach Gat, dem Ort, aus dem sein Gegner im Zweikampf stammte. Dort residierte ein gewisser Achisch. Als er in der Stadt auftauchte, staunte man: *«Ist das nicht David?»* Und dann – in Verkennung der wahren Verhältnisse: *«Ist das nicht der König des Landes? Ist das nicht der, von dem man zu den Reigentänzen singt:*

Saul hat seine Tausend erschlagen –
seine Zehntausend aber David?»

David wurde klar, daß sein versuchtes Inkognito gelüftet war, und er bekam verständlicherweise Angst, große Angst. Und aus der Angst gebar der Listenreiche einen Plan: Er führte sich auf wie verrückt, trommelte wie ein Wahnsinniger an die Torflügel und ließ Geifer in seinen Bart rinnen.

Achisch sagte zu seinem Gefolge: *«Da, ihr seht doch selbst, ein Verrückter. Warum bringt ihr den zu mir? Habe ich etwa Mangel an Wahnsinnigen, daß ihr den bei mir verrückt spielen laßt?»*

So entkam David.

Die Anekdote spielt mit dem Motiv von dem König, der von Sinnen ist – nur diesmal eben vorgegaukelt und Ausweg eröffnend aus einer lebensgefährlichen Situation.[73]

Im heute vorliegenden Text vom Aufstieg Davids zur Macht bilden die vier Anekdoten einen Unterbruch des chronologischen Ablaufes. Aus verschiedenen Perspektiven umkreisen sie alle ein und denselben Sachverhalt: die Flucht Davids vom Königshof in Gibea. Der Erzähler versucht mit dem Stilmittel des Retardierens und der ironischen Pointierung die Spannung zu steigern.

Bei der nun folgenden Rekonstruktion der Ereignisse wird sich zeigen, daß die Motive der Anekdoten und die in ihnen geschilderten Personenkreise und Institutionen eine wesentliche Rolle spielen. Allerdings mit einer Ausnahme: die Institution der Prophetie taucht nicht wieder auf. Das ist ein Hinweis darauf, daß es sich bei der entsprechenden Anekdote um den Versuch handelt, eine in der nachdavidischen Geschichte des Staates Israel-Juda wichtig werdende Größe bereits in der Entstehungsgeschichte der Monarchie zu verankern.[74]

Vom Flüchtling zum Schutzgelderpresser

Der Schauplatz: Karmel, ein flacher Hügel am östlichen Rand der Ebene Jutta, sechzehn Kilometer südlich der Stadt Hebron. Übersetzt man den Namen (Anpflanzung Gottes), wird seine Bedeutung klar. In einer kleinen Senke befand sich ein Teich, der durch mehrere starke Quellen gespeist wurde. Hier, an der Wasserscheide zwischen dem Mittelmeer und dem Toten Meer, fallen heute ca. 400 mm Niederschläge pro Jahr. Möglicherweise waren es früher sogar etwas mehr. Auf jeden Fall genügte die Niederschlagsmenge, um den Ort zu einem Zentrum der Weidewirtschaft zu machen.

Ein Festtag: Der reiche Herdenbesitzer Nabal aus der Sippe der Kalebiter, wohnhaft zwei Kilometer südlich, in Maon, feierte mit seinen Hirten und Tagelöhnern den Abschluß der Schafschur. Traut man den Zahlenangaben der Zeugen, so wurden zweitausend Schafe im Teich von Karmel geschwemmt. Nachdem so die Wolle gereinigt worden war, konnte die anstrengende Arbeit der Schur getan werden. Jetzt war der Ertrag gesichert und in Hütten eingelagert. Ein Fest begann.

Da tauchten plötzlich Männer auf dem Festplatz auf und verlangten, vor Nabal gebracht zu werden. Sie kamen aus der Steppe, die sich östlich von Karmel in die Wüste hinein verlor und über 1200 m abfiel bis in die Senke des Toten Meeres. Ihr ausgesucht höfliches Verhalten stand in einem bizarren Widerspruch zu ihrem Äußeren. Der Kleidung war ein langer Aufenthalt abseits von städtischem oder auch dörflichem Leben anzumerken. Einer der Männer ergriff das Wort:

«Schalom aleichem – Friede sei mit dir – richtet dir David aus.»

Langsam wurden die Feiernden auf die Boten aus der Steppe aufmerksam, kamen näher und hörten zu.

«David ben Ischai, unser Herr, läßt dir melden: Weiter wünsche ich dir soviel Angenehmes. Schalom werde dir zuteil. Schalom deiner Familie. Schalom allem, was dir gehört.»

Nabal wartete ab.

«Nun aber die Botschaft. Ich habe gehört, daß du Schafschur feierst. Darum folgendes: Deine Hirten sind mit uns zusammen in der Steppe gewesen. Wir haben ihnen nichts zuleide getan. Es ist ihnen nichts abhanden gekommen die ganze Zeit über, in der sie in der Steppe waren.»

Nabal blieb stumm.

«Frage nur deine Leute. Sie werden es dir bestätigen. Mögen darum meine Freunde deine geneigte Anerkennung finden. An einem Freudentag sind sie ja gekommen, darum gib – ohne kleinlich zu sein – was dir gerade zur Hand ist für deinen Sohn David.»

Jetzt war es heraus. Der Sprecher trat einen Schritt zurück und die Männer warteten ruhig auf die Reaktion des Herdenbesitzers, ihrer Sache und der Gewährung der Bitte sicher. Die Hirten und Taglöhner schienen das Ansinnen nicht als ungewöhnlich zu verstehen, sahen ihren Herrn an und harrten seiner Antwort. Nabal stand auf, sein Gesicht wurde noch um eine Spur röter als gewöhnlich. Er holte Luft und polterte los:

«Wer ist denn dieser David? Wer ist denn dieser Sohn des Ischais? Es gibt mehr als genug Knechte heutzutage, die ihrem Herrn weggelaufen sind. Soll ich etwa mein Brot, meinen Wein und das Fleisch, das ich für meine Scherer geschlachtet habe, nehmen und Leuten geben, von denen ich nicht einmal weiß, wo sie her sind?»

Damit drehte er sich um und ließ die Boten stehen. Seine Leute sahen die Männer aus der Steppe betreten an, tauschten Blicke. Die zehn aber verließen den Platz am Teich von Karmel und verschwanden wieder in der zu dieser Jahreszeit ausgetrockneten Steppe. *(1 Sam 25, 4–13)*

War das ein Verstoß gegen die elementaren Regeln der Gastfreundschaft? Verweigerte Nabal dem Flüchtenden ein Geschenk aus seinem Überfluß?

Die Boten kehrten zu David zurück und berichteten. David fackelte nicht lange.

«Ein jeder gürte sein Schwert. Ist das wirklich wahr? Für nichts und wieder nichts soll ich alles das, was dem Kerl da gehört, in der Steppe

behütet haben? Nichts ist weggekommen von seinem ganzen Besitz und jetzt vergilt er mir Gutes mit Bösem.»

Er zog sein eigenes Schwert aus dem Bündel, auf dem er gesessen hatte, band es sich um und schrie: *«Gott tue dem David dieses und jenes und noch mehr, wenn ich bis zum Morgen auch nur einen übrig lasse, der die Wand anpißt.» (1 Sam 25, 21–22)*

Die Männer zogen los. Wieder hinauf nach Karmel. Diesmal würde ihr Gruß nicht mit «Schalom aleichem» beginnen.

Wie kam es zu dieser wütenden Reaktion des David ben Ischai, der gerade noch als Flüchtender vor dem Zorn Sauls geschildert worden war? Und – war der Griff zum Schwert nicht eine gewaltige Überreaktion? Wer waren die Männer, die er um sich hatte? Wie kam er überhaupt so weit in den Süden?

Anführer einer Schar von Outlaws

Im 1. Samuelbuch findet sich eine Notiz, die weiterhelfen könnte:

«David wich aus und entkam zur Höhle Adullam. Als seine Brüder und seine ganze Sippe davon hörten, kamen sie hinunter dorthin zu ihm. Auch sammelte sich um ihn jedermann, der in Bedrängnis war, der Schulden hatte, oder der sonst verbittert und unzufrieden war. Deren Anführer wurde er.» (1 Sam 22, 1–2)

Adullam läßt sich lokalisieren. Es liegt in jenem südlichen Seitenarm des Terebinthentales, der direkt hinauf nach Hebron führt. Der Ort lag zur Zeit Sauls außerhalb des Einflußbereiches des israelitischen Königs. Adullam ist ein kanaanäischer Ortsname, den man mit «abgeschlossener Ort, Schlupfwinkel» übersetzen kann. Der Hügel war ehemals Mittelpunkt eines kanaanäischen Stadtstaates.[75] Zur Zeit Davids war er unbewohnt und lag im Niemandsland, das zu Waffenstillstandszeiten einen guten Puffer abgab zwischen Philistern und Israeliten. Die Ruinen waren ein vorzüglicher Fluchtort für David. Es gab eine Quelle am Fuß des Hügels und mindestens zwei Höhlen, in die man sich notfalls zurückziehen konnte.

David floh also nicht zu seiner Familie nach Bethlehem. Der Ort war ja in einem halben Tagesmarsch von Sauls Festung Gibea aus zu erreichen, und David konnte so nicht sicher sein, ob der Schutz seiner Familie ausreichen würde. Zu weit war der Konflikt eskaliert. Ein einfacher Rückzug ins Privatleben war nicht mehr möglich.

Zu welchem Zeitpunkt seiner Flucht David in Adullam war, läßt sich nicht exakt ermitteln. Der Ort allerdings und die mit ihm verbundene Nachricht von den Menschen, die sich hier um David sammelten, läßt es wahrscheinlich werden, daß es in den ersten Jahren seiner Flucht war. Darüber hinaus ermöglicht uns die Notiz einen guten Einblick in die soziologischen Strukturen am Rand der Gesellschaft dieser Zeit, der auch durch archäologische Funde gestützt wird.

Auf der archäologischen Zeittafel steht der uns interessierende Zeitabschnitt zwischen der Eisen IB und IIA-Zeit, wenn auch in Israel Bronze noch das hauptsächlich verarbeitete Metall war. Nach der vorausgehenden Phase der bronzezeitlichen Stadtkultur ist diese Epoche vor allem durch die rasche Entwicklung dörflicher Strukturen charakterisiert. Es bildete sich offensichtlich so etwas wie ein Lokalpotentatentum heraus.[76] In den Hügelgebieten Judas, Samariens und Transjordaniens entstanden Wirtschaftsbetriebe, deren Stabilität auf zwei Säulen ruhte:

- Acker- und Gartenbau: Getreide, Trauben, Feigen; davon ist auch in der Erzählung von Nabal die Rede: Der Name der Siedlung «Karm-el» (Anpflanzung Gottes, oder auch Weinberg Gottes) deutet auf landwirtschaftliche Nutzung hin.
- Schaf- und Ziegenzucht; Rinder können unter den extremen Bedingungen der je nach Jahreszeit wandernden Steppen- und Weidegrenzen schlecht gehalten werden.

Diese Betriebe wuchsen im Lauf der Zeit dermaßen, daß sie allein von der Großfamilie nicht mehr bewirtschaftet werden konnten. So wurden bei Bedarf Angehörige der am Steppenrand siedelnden Halbnomaden entweder als Hirten oder als Tagelöhner (beispielsweise zur Ernte oder zur Schafschur) angestellt. Der Zuwachs an Vieh und vor allem an Land geschah meistens auf Kosten kleinerer Betriebe, deren Besitzer Schulden nicht zurückzahlen konnten oder die ihre wenigen Produkte, die nicht für die eigene Großfamilie bestimmt waren, weit unter Preis und mit großen Transportkosten in den nächsten Städten losschlagen mußten. Der Prozeß, der schon bei der Entstehung Israels zu beobachten war, ist noch nicht abgeschlossen. Allerdings sind es mittlerweile auch Vertreter des immer noch losen Stämmebundes, die dafür sorgen, daß in den – soziologisch wie geographisch – noch leeren Zwischenräumen der Gesellschaft der Nachschub an Menschen nie nachläßt: Verbitterte, Bedrängte, Leute, die einen Gläubiger hatten *(1 Sam 22, 2)*. Sie zogen umher, lebten von sich bietenden Tagelöhnerarbeiten und bildeten dabei ein Destabilisierungspotential, das vor allem die Ortschaften am Südrand des jüdäischen Siedlungsgebietes bedrohte. Diese Gefährdung ging zu jener Zeit weniger von den Halbnomaden aus, die versuchten, sich mit der dörflich etablierten Gesellschaft zu arrangieren, als vielmehr von den wirklichen Nomaden des Südlandes (Negev). Öfter wird von blitzartigen Überfällen dieser mit Kamelen ausgerüsteten Stämme berichtet, die ebenso schnell wieder in der Wüste der Araba verschwanden, wie sie aufgetaucht waren.

Für die florierende Wirtschaft des judäischen Gebietes wurde noch eine weitere Ausdifferenzierung der Gesellschaft entscheidend: die Philisterstädte. Das mag angesichts des Existenzkampfes des Saulstaates mit den Philistern im Zentrum und im Norden Kanaans verwundern. Aber soziologische Daten, Spuren in den Überlieferungen und archäologisches Material weisen übereinstimmend darauf hin, daß die Verbindungen zwischen den Südstämmen und den Philistern nicht in erster Linie kriegerische waren. Geographisch-strategisch gesehen war der Süden auch weit weniger geschützt und abgeschlossen gegen die philistäische Küstenebene als der Norden. Handel bestimmte den Kontakt: Austausch von Luxusgütern gegen Grundnahrungsmittel, Öl, Wein und Salz. Gemeinsamer Feind der Städte und der Dörfer waren die Nomaden; gemeinsames Problem die *apiru*, die ins geographische und gesellschaftliche Niemandsland einsickerten. Verschiedenste Koalitionen sind denkbar und wurden im Laufe der Zeit auch alle durchgespielt.

Ein Beispiel solcher möglicher Koalitionen ist im 11. Kapitel des Buches der Richter aufgezeichnet. Ein gewisser Jephta, Sohn «zur Linken» eines Mannes mit Namen Gilead und einer Hure, den seine legitimen Brüder aus der Familie drängten, sammelte eine größere Gruppe von solchen Männern aus dem Niemandsland um sich und bildete aus ihnen eine schlagkräftige Truppe, die weder an Ernten, und damit an Jahreszeiten, noch an Familieninteressen gebunden waren. Im Konfliktfall ließ er sich per Vertrag von einer Stadt anstellen und erledigte dann deren kriegerische Auseinandersetzungen – Condottieri sind also keine Neuerscheinung der Renaissance. (Sein künstlerisches Denkmal erhielt Jephta übrigens durch ein Oratorium von Händel, in welchem seine Geschichte vertont wurde. Jephta hatte sich auf einen Handel mit der Gottheit eingelassen: Bei einem erbetenen Sieg sollte das erste Lebewesen geopfert werden, das dem Heimkehrer entgegenkommt. Prekärerweise handelte es sich um die vielgeliebte einzige Tochter.)

Zurück zu David. Auch er, selbst aus der Gesellschaft gedrängt, wurde, wie die Notiz *(1 Sam 22, 1–2)* erschließen läßt, zum Mittelpunkt einer solchen Gruppe von Entwurzelten. Ein Unterschied zu Jephta ist allerdings feststellbar: Die Sippe stand nach wie vor auf seiner Seite. Vor allem mit den Söhnen seiner Tante väterlicherseits, Joab und Abischai, hatte er zwei kongeniale Männer an seiner Seite, auf deren Loyalität er sich verlassen konnte.

Es gibt auch eine Liste der wichtigsten Männer seiner Truppe, oder besser gesagt: der ärgsten Haudegen. Im 23. Kapitel des 2. Samuelbuches werden die Namen von drei Männern genannt, die unter der Bezeichnung «die Drei» bekannt wurden. Darüber hinaus gab es eine Gruppe der «Dreißig». Die meisten dieser «Helden» kamen aus der unmittelbaren Nachbarschaft, einige allerdings auch aus dem Norden, der von Saul kontrolliert wurde. Andere waren Nichtisraeliten – so zum Beispiel Uria, der Hethiter, der noch eine tragische Rolle spielen sollte im weiteren Verlauf der Ereignisse.

Zunächst dürfte es noch eine relativ kleine Gruppe gewesen sein, die sich um den prominenten Flüchtling geschart hatte, welcher der einzig namhafte Gegenspieler des alten Königs war. Bei der unsteten Lebensweise, zu der die Gruppe genötigt war, wurden die Familien sehr rasch zum Problem. Es existiert ein schwer einzuordnender Hinweis darauf, daß David seine Eltern ins Ausland über das Tote Meer nach Moab in Sicherheit brachte. Auf der Höhe von Massada gab es in alten Zeiten die Möglichkeit, über eine Furt das transjordanische Ufer zu erreichen. Möglicherweise hatte David über seine Urgroßmutter Rut auch verwandtschaftliche Beziehungen mit Moabitern, von denen nur Andeutungen bekannt sind.[77]

Später aber begann eine Zeit, in der David mit seinen Leuten im Niemandsland am Rande der Zivilisation ständig rochierend lebte. Von was lebten die Männer? Sicher von der Jagd. Aber eben auch, wie uns das Beispiel Jephtas zeigt, von mehr oder weniger ausdrücklich abgeschlossenen Verträgen, die den Schutz der Frontdörfer sichern sollten. Schutz vor Nomaden, Schutz vor Übergriffen einzelner Philistervorposten oder auch vor zu stark zulangenden Steuereintreibern – Schutz aber auch vor der Schutztruppe selbst.

Damit stehen wir mitten in der Erzählung, die den Anfang dieses Kapitels machte: David wollte am Tag des Festes der Schafschur, an dem Tag, an dem der von ihm garantierte Gewinn abgeschöpft wurde, seinen Anteil der sicher nicht schriftlich fixierten, aber durch Gewohnheitsrecht garantierten Abmachung einkassieren. Doch Nabal, der Lokalpotentat, dessen Reichtum seine Mitschuld an den gesellschaftlichen Problemen erahnen läßt, gab sich stur. David konnte nicht einfach darüber hinwegsehen. Seine Lebensgrundlage und die seiner Männer stand auf dem Spiel. Wenn erst einmal einer nicht zahlte und sich das herumsprach...

Offensichtlich handelte David auch hier ganz aus der Situation heraus; er verschwendete keinen Gedanken an die weitreichenden Konsequenzen, die ein zwar verständlicher, aber nichtsdestotrotz brutaler Racheakt für seine politische Zukunft haben mußte. Der Leser des biblischen Berichtes mußte hier den Atem anhalten. Hätte David sein Vorhaben ausgeführt, so wäre er endgültig disqualifiziert gewesen für einen späteren Anspruch auf den Thron Israels. Wo waren da Ratgeber, die auch bereit waren, die ethischen und theologischen Konsequenzen in die Waagschale zu werfen? Wo waren da Propheten, wo die Priesterschaft? Niemand aus diesen Kreisen ist im Umfeld Davids zu identifizieren. Rennt er naiv und ungebrochen, aber gleichzeitig hilflos, in ein offenes Messer? An dieser Stelle kommt eine Frau ins Spiel: Abigail.

Der Erzähler weiß: Sie war ebenso klug wie schön. Und – sie war die Frau des Kalebiters Nabal, den er als groben Klotz bezeichnete.

Sie repräsentiert einen Frauentyp, der am Rand der Wüste eine starke Position im Familienverband innehatte. Die Männer hatten häufig über längere Zeit getrennt von ihren Familien ihren Geschäften nachzugehen. Die Frauen waren auf sich selbst angewiesen.[78] Auch heute noch kann man in diesen Gegenden beobachten, wie selbstverständlich Frauen die Geschicke eines Hofes oder einer Wirtschaftseinheit leiten, und wie selbstverständlich das von den Männern der Gesellschaft, beispielsweise Bediensteten oder auch Händlern, akzeptiert wird. Abigail leitete zusammen mit ihrem Mann den großen Wirtschaftsbetrieb. In der Erzählung im 25. Kapitel des 1. Buches Samuel wird sie zur Adressatin der entsetzten Dienerschaft, welche die selbstmörderische Antwort des Nabal miterleben mußte.

«Denkt nur», berichtete einer der Diener, *«David hat aus der Steppe Boten geschickt, um unserem Herrn seinen Gruß zu entbieten, und er ist gleich auf sie losgegangen.»* Und dann wird sein Bericht zur Bestätigung dessen, was aus den allgemeinen soziologischen Strukturen und dem Befund von Archäologie und Textauslegung schon als wahrscheinlich erschlossen wurde:

«Die Männer haben sich uns gegenüber sehr gut benommen. Wir sind nicht behelligt worden. Wir haben nichts vermißt die ganze Zeit über, als wir weit draußen auf dem Feld mit ihnen herumzogen. Richtig eine Mauer sind sie um uns gewesen bei Nacht und bei Tag, die ganze Zeit über, als wir in ihrer Nähe die Herden weideten.»

Bleibt nur noch die Frage offen, vor wem denn der Besitz Nabals überhaupt zu schützen war. Die Bedrohung war offenbar real gewesen. Am Ende der Weidezeit fehlte kein Tier. Der Schutz war also ebenso real gewesen. Ob David die Herden vor sich und seinen Männern oder vor anderen Gefahren schützte, war unerheblich. Er hatte den sich selbst erteilten Auftrag erfüllt.

Der Diener drängte Abigail zu raschem Handeln. Er machte deutlich, daß es an ihr alleine lag, die Katastrophe noch aufzuhalten, die der für die Realität blinde Nabal da auf sein Schafschurfest eingeladen hatte. Abigail reagierte sofort. Sie ließ 200 Brote, zwei Schläuche Wein, fünf schon fertig zubereitete Schafe, ca. 300 Liter Röstkorn, 100 Stück Rosinenkuchen und 200 Feigenkuchen auf Esel packen. Dann machte sie sich mitsamt der Ladung auf den Weg. Inzwischen war es Nacht geworden. Eile war geboten, denn wenn, wie sie richtig vermutete, David noch in der Festnacht zuschlagen wollte, konnte er nicht mehr weit sein.

Es scheint, als wären den Beteiligten die möglichen Wege bekannt gewesen. Vielleicht hat David auch den mit Fackeln ausgerüsteten Zug entdeckt. Jedenfalls kames zu einem Zusammentreffen der beiden Gruppen, kurz vor dem Losschlagen des Wütenden. Noch ehe dieser Zeit fand zu reagieren, stieg Abigail rasch vom Esel und warf sich David zu Füßen. Würde es ihr gelingen, den «Schutzherrn» ihrer Herden vom Zuschlagen abzuhalten?

Der Fluch, mit dem David seine Männer zum Aufbruch angespornt hatte, lag noch in der Luft. Keiner der Männer Nabals sollte überleben und alles andere, auch Kinder und Frauen, in seinen Besitz übergehen. Würde er sich mit dem angebotenen Tribut zufriedengeben?

Es läßt sich nicht mehr rekonstruieren, was die kluge Frau da an Argumenten vorbrachte, denn dieser Teil der Erzählung ist stark theologisch überarbeitet. Das Hauptaugenmerk dieser Überarbeitung ist darauf gelegt worden, die Gefahr herauszustellen, in der sich der zukünftige Herrscher Israels befand. Die Gefährdung von Nabals und Abigails Besitz und Leben interessierte dagegen nur am Rande. Durch blindes Losschlagen wäre David als zukünftiger König untragbar geworden. In der jetzigen Fassung der rhetorisch brillanten Rede Abigails spielt denn auch die Zukunft des Helden die Hauptrolle. Im Mund einer Frau wurde David das zukünftige Königreich verheißen, und das überwältigte ihn.

Was steckte tatsächlich dahinter? Was ließ David seine Pläne ändern bei dieser Begegnung im Fackelschein? War es das Angebot der auf den Eseln wartenden Tributgaben oder war es die Frau selbst? Zwei Kommentare, die schon beinahe 2000 Jahre alt sind, stellen hierüber Mutmaßungen an:

Die Rabbiner, die im Talmudtraktat Megila *(14ab, 15a)* zu Wort kommen, äußern im Rückgriff auf mündliche Überlieferungen eine Vermutung, die bei der Menge an theologischem Material, das der Text ihnen selbst anbietet, für einen gesunden Realismus dieser Theologen spricht. In der Liste der vier schönsten Frauen der Welt, so schreiben sie, steht Abigail an dritter Stelle. Von ihr steht da geschrieben: *«Als sie auf dem Esel ritt und den Berg hinabzog im Dunkel, entblößte sie ihre Brüste und David wurde von dem Schimmer drei Meilen weit angelockt.»*

War ihre Schönheit Argument in dieser Nacht? Dann hätte David nur seinen Plan zu Ende verfolgen müssen und die Frau wäre in seiner Hand gewesen. Es war wohl doch das Auftreten dieser ebenso schönen wie klugen Frau selbst, das den Sinneswandel auslöste. Die naive Selbstsicherheit, die ja auch in seiner unreflektierten spontanen Reaktion auf die Ablehnung Nabals zum Ausdruck kommt, machte David auch empfänglich für das Auftreten der klugen und starken Frau, bei der die Grenzen zwischen Mutter und möglicher Geliebter verschwammen. Die Kombination von Schönheit und Rhetorik der Frau lassen David antworten, wie es die Überlieferung bezeugt. Die in der Antwort noch mitschwingende Kraftmeierei, die seinen Rückzug bemäntelt, stützt die psychologische Deutung der Szene:

«Beim Leben JHWHs, des Gottes Israels, der mich daran gehindert hat, dir ein Leid anzutun, wärst du mir nicht so unverzüglich entgegengekommen, bis zum Morgengrauen wäre dem Nabal auch nicht einer übriggeblieben, der an die Wand pißt.» (1 Sam 25, 34)

Die zweifellos die nächtliche Szene prägende Ausstrahlung der Frau, die den Helden bezwang, wird sublimiert in der Annahme eines göttlichen Eingreifens, das den Umschwung herbeirief. So sein Gesicht wahrend, konnte er großzügig das Geschenk annehmen und auf die gefährliche Frau verzichten: *«Zieh' getrost hinauf in dein Haus. Denn siehe, ich habe auf dich gehört und dein Angesicht voll Huld erhoben.»*

Die großmütige Attitüde stand dem Helden auch oder gerade im Angesicht seiner Männer gut zu Gesicht. Ende der Episode!

Ende der Episode? Wir sind in der Rekonstruktion der Lebensgeschichte Davids an einer jener Stellen angelangt, die von einer verblüffenden Wendung wissen. Es war eine Schicksalswendung, die die Griechen mit *fortune* umschrieben im Glauben, die Glücksgöttin wäre dem

Helden gewogen. Die alten hebräischen Texte veranlaßte eine solche Wende zur Aussage: *«Siehe, JHWH war mit ihm».* Das ist der Beginn einer Geschichtstheologie, die den Ausweis der göttlichen Legitimation von zufälligen Geschichtswahrheiten im «Geglückten» sahen.

Abigail kehrte nach Maon zurück. Ihr Mann Nabal (der Name bedeutet übrigens «der Tor») hatte das Fest zu einem Gelage vorangetrieben und vom Teich in Karmel nach Hause verlagert. Es heißt, er sei unmäßig betrunken gewesen. Die kluge Frau erzählte ihm bei solch labiler Konstitution nichts von ihrem nächtlichen Manöver.

«Als dann am Morgen der Weindunst von ihm gewichen war, berichtete seine Frau ihm, was sich ereignet hatte. Darüber erstarb ihm das Herz im Leib und er versteinte.» (1 Sam 25, 37)

Berücksichtigt man Charakter und körperliche Konstitution Nabals, läßt sich das medizinisch als Schlaganfall mit anschließender Lähmung verstehen. Zehn Tage später starb der Potentat. Von Kindern ist keine Rede. David aber schickte Boten und hielt um die Hand der Dame an. Sie willigte ein.

David hatte mit einem Schlag Kapital für seine neue Existenz und eine kluge Ratgeberin im Haus. Aus der Verbindung gingen ein Sohn – der allerdings später keine Rolle mehr spielen sollte – und wichtige Kontakte zu den politischen Entscheidungsträgern der Sippe der Kalebiter hervor.

Seßhaft allerdings wurde er nicht in Maon. Eine andere Episode aus dieser Zeit macht deutlich, warum das aus taktischen Erwägungen heraus nicht ratsam war:

Die «Dankbarkeit» der Beschützten

Einige Kilometer südlich von Adullam, im selben Seitenarm des Terebinthentales hinauf nach Hebron, liegt die alte Stadt Kegila. Schon in der Amarnakorrespondenz aus dem 14. Jahrhundert v. Chr. taucht sie auf. Gemäß einer Liste der zum Stamm Juda gehörenden Ortschaften *(Josua 15,44)* war sie später judäisch.

David wurde irgendwann in der Zeit seiner Existenz als Condottiere zugetragen, daß die Stadt in Bedrängnis geraten sei. Es scheint sich um keine regelrechte Belagerung gehandelt zu haben, eher um eine Plünderungsaktion. Die Tennen waren in Gefahr. Diese waren große, möglichst windausgesetzte Flächen, in denen das Getreide von Hand oder mit Dreschschlitten, die durch Ochsen gezogen wurden, gedroschen wurde. Danach wurde es mit einer Gabel in den Wind hochgeworfen, geworfelt: Die schweren Körner fielen senkrecht herunter, die Spreu wurde vom Wind fortgetragen.

Der vorliegende Text sucht den Eindruck zu erwecken, es seien Philister gewesen, die da eine judäische Grenzstadt überfielen. Der Verdacht liegt aber nahe, daß dies eine spätere Eintragung ist. Eher war ein Konkurrent Davids mit seiner Streifschar am Werk. Wie auch immer, David sah eine Gelegenheit für den Einsatz seiner Truppe. Diesmal allerdings verließ er sich nicht allein auf seinen Instinkt, sondern holte Weisung ein. Bei JHWH holte er sich Rat. Dieser Umstand weist darauf hin, daß das Ereignis nach der Nabal-Abigail-Episode zu datierende ist.

Nach dem Blutbad von Nob war es Abjathar, einem Mitglied der Priesterschaft gelungen, zu fliehen und mit der Orakeltasche bei David Schutz zu finden. Jetzt tauchte er zum ersten Mal in einer die Handlung mitbestimmenden Weise auf. Er war es, der mit Hilfe des Losorakels die Weisungen einholte. Eine präzise Frage war nötig. Der Priester schüttelte die Tasche, bis eines der beiden Lose heraussprang: Ja oder Nein.

Davids Frage: *«Soll ich hinaufziehen und diese Plünderer schlagen?»*

Antwort: *«Ziehe hin und schlage sie. Rette Kegila.»*

Aber Widerstand von unerwarteter Seite tauchte auf. Seine Männer hielten ihm vor, daß sie sich bereits im judäischen Land schwer genug behaupten konnten, wieviel schwieriger mußte das in der Randsituation der Grenzstadt ohne eigenes Hinterland, ohne ausreichenden Operationsspielraum werden! David wandte sich noch einmal an das Orakel (beziehungsweise an den Priester), und jetzt kam mehr als ein bloßes «Ja»: Die feierliche Versicherung des Beistandes Gottes wurde den Männern mit auf den Weg gegeben. Die Koalition zwischen Priester und Anführer führte zum gewünschten Motivationserfolg.

Sie brachen auf, siegten, kassierten die gegnerischen, offensichtlich gestohlenen Herden und ersetzten als Befreier die Plünderer: Sie zogen sich nicht wieder in die Steppe zurück, sondern besetzten die Stadt. Möglicherweise befand David die Gelegenheit für günstig, sich im Niemandsland zwischen den Einflußbereichen der Mächte eine eigene Basis zu schaffen. Da kam ihm zu Ohren, daß Saul mobil machte. Galt das der bereits erledigten Bedrohung der Stadt oder galt das ihm? David mußte nach wie vor über gute Nachrichtenverbindungen an den Hof Sauls verfügen. Nur so hatte seine Bewegungstaktik überhaupt Aussicht auf Erfolg. Wieder wandte er sich an den Priester. Das Drängende der Situation wird noch an der Doppelfrage deutlich, die das Orakel vor technische Probleme stellte. David wollte erstens wissen, ob Saul, von dem er zuverlässig gehört hatte, daß er nach Kegila käme, seinetwegen anrückte und zweitens, wenn ja, ob die Stadtaristokratie ihn ausliefern würde.

Ob Abjathar seine Informationen durch kluge Analyse der Lage, durch ein eigenes Informationsnetz oder aus der Orakeltasche bezog, ist nicht mehr zu eruieren. Seine Antwort aber ist überliefert: *«Ja. Saul wird kommen.»* Die zweite Frage mußte erneut gestellt werden. Auch hier die Antwort: *«Ja.»* David zögerte nicht lange und verließ die Stadt. Saul hörte davon und blies die ganze Aktion ab.

Wahrscheinlich waren für die guten Informationen Sauls die Herren von Kegila verantwortlich, die den unbequemen Befreier los werden wollten. Ihre Taktik ging auf. Ohne Rückhalt in der Bevölkerung war eine befestigte Stadt von Davids Truppen nicht zu halten. Zudem hätte er auch noch auf den taktischen Vorteil der Bewegungsfreiheit und der besseren Geländekenntnis verzichten müssen. Ähnliche Gründe dürften für seinen Verzicht auf Maon ausschlaggebend gewesen sein.

Die tollkühnen Streiche der Drei

David zog sich mit seinen Leuten erneut in unwegsames Gelände zurück. Die drei berühmtesten seiner Helden waren Jischbaal aus Hachmon, Eleasar ben Dodos aus Ahoa und Sama ben Age aus Harar. Das Fehlen des Vaternamens des ersten könnte auf eine illegitime Geburt hindeuten – ähnlich wie bei Jephta.[79] Von diesen Drei werden sehr summarisch große Einzelkämpferleistungen erzählt. Andeutungsweise erfahren wir beispielsweise vom Kampf um ein Linsenfeld. Für die Philister war das sicher eine Nebenfront – für die Truppe Davids bedeutete es aber für längere Zeit einen gedeckten Tisch.

Eine Anekdote, für deren historischen Wert man sich kaum verbürgen kann, kennzeichnet den Geist sehr deutlich, der an den Feuern in der Steppe herrschte:

David hielt sich in der Ruinenstadt Adullam auf. Die Philister waren unterwegs hinauf ins Bergland, durch das weiter nördlich gelegene Tal Rephaïm. Zur Absicherung ihrer südlichen Flanke hatten sie in Bethlehem eine Wachmannschaft stationiert. David war durch seine herumstreifenden Männer bestens über die Bewegungen des Feindes unterrichtet. Ihm drohte in seinem Schlupwinkel keine Gefahr. Alle Nachrichten liefen bei ihm zusammen.

Die Drei kamen von einem Streifzug zurück und berichteten. Man saß am Feuer. Die Nacht brach an. Da überkam es David. Man könnte auch sagen, es ritt ihn der Teufel. Er wischte sich das Fett von den Lippen.

«Wißt ihr, worauf ich jetzt Lust hätte?»

Fragende Blicke.

«Auf einen Trunk Wasser.»

Einer reichte ihm einen Krug mit frischem Quellwasser vom Fuß des Hügels.

«Nein, nicht dieses Wasser. Wasser aus der Zisterne von Bethlehem.»

Lachen. Dann die Drei wie aus einem Mund:

«Du sollst Wasser aus deiner Heimatstadt haben.»

Und weg waren sie. Fünfzehn Kilometer liefen sie das Wadi hinauf durch die feindlichen Linien, vorbei an der Philisterwache in Bethlehem, schöpften Wasser aus der Zisterne. Dann ging es wieder zurück. Wieder Fünfzehn Kilometer, diesmal bergab. Der Streich war gelungen. Beim Morgengrauen weckten sie ihren Anführer mit einem frischen Trunk.

Und David? Lachend goß er das Wasser aus. *(2 Sam 23, 14–16a)*

Diese Anekdote schildert die Lebensumstände der Männergesellschaft unter Dauerstreß und manchmal langer Untätigkeit. Sie war offensichtlich populär – so populär, daß sie, obwohl sie Anstoß erregte, nicht einfach übergangen werden konnte bei der Sammlung der Überlieferungen aus Davids Frühzeit. Der nachmalige König hatte für nichts und wieder nichts das Leben dreier Männer aufs Spiel gesetzt! Spätere Bearbeiter griffen dankbar das Ende der Geschichte auf. Er hatte doch das Wasser ausgegossen? War das nicht eine Art Opfer, ein Trankopfer für JHWH? Und wenn es ein Opfer war, warum opferte David? Hatte er nicht doch Gewissensbisse bekommen? So mußte es sein und so steht es heute in unseren Bibeln:

«David wollte es nicht trinken, sondern goß es als Trankopfer für JHWH aus. Und er sagte: ‹Bewahre, bei JHWH, das tue ich nicht – es ist doch das Blut der Männer, die unter Einsatz ihres Lebens hingegangen sind!› Deshalb also wollte er es nicht trinken.» (2 Sam 23, 16b–17)

Ein anderer, der zur «Gruppe der Dreißig» gehörte, war Benaja ben Jehojada aus Kabzeel. Sein Vater, so wird notiert, war ein vermögender Mann. Das Motiv für seine Flucht zu David war demnach kaum wirtschaftliche Not. War er ein Aussteiger? Die Texte schweigen. Später wird er unter David, dem König, Anführer der Leibgarde werden und unter dessen Nachfolger noch weitere Karrieresprünge machen.

In der Frühzeit wurde er mit einer Löwenjagd berühmt. Während eines Schneetreibens, einer seltenen, aber möglichen meteorologischen Sensation, fiel ein Löwe in eine ausgetrocknete Zisterne der verlassenen Ruinenstadt Adullam. Er konnte nicht mehr entkommen. Mit einem Speer vom oberen Rand der Zisterne wäre seine Erledigung ein kaum erwähnenswertes Kinderspiel gewesen. Benaja aber sprang hinunter und forderte die Raubkatze zum Duell.

Man kann sich die Situation leicht vorstellen. Es war eine Abwechslung für die Männer. Benaja verließ die Arena als Sieger.[80]

In Maon konnte David nicht bleiben. Die Leute von Kegila wollten sich nicht auf Dauer von ihm beschützen lassen. Die Gegend um Adullam gab nichts mehr her, um ihn und seine Männer zu ernähren. Eine neue Weidezeit begann. Es lag nahe, wieder in die Steppe östlich der Ebene Jutta auszuweichen um dort Hirten und ihre Herden zu beschützen. Diesmal allerdings wollte David etwas weiter nördlich arbeiten, auf der Höhe der Stadt Sif. Sein Ruf eilte ihm voraus, aber auch die Nachricht von der Methode der Herren von Kegila. Die Einwohner von Sif wollten sich nicht beschützen lassen. Man schickte Boten zu Saul nach Gibea. Und der König triumphierte. Endlich kannte er den Aufenthaltsort des Verräters. Noch jemand am Hof hörte die Nachricht: Jonathan.

Von der letzten Begegnung der beiden Freunde berichtet nur eine kurze Notiz, die an der Nahtstelle zweier Überlieferungen vor den Bericht vom Verrat der Sifiter eingefügt wurde:

«David hielt sich zu der Zeit in der Steppe von Sif in Horescha auf. Da machte sich Jonathan ben Saul auf den Weg und suchte David in Horescha auf. Er munterte ihn unter Anrufung Gottes auf und sagte zu ihm: ‹Fürchte dich nicht, die Hand meines Vaters Saul wird nicht bis zu dir reichen. Du wirst König werden über Israel und ich werde als zweiter nach dir stehen. Auch mein Vater weiß das.› Und die beiden schlossen einen Bund vor JHWH. Danach blieb David in Horescha, Jonathan aber kehrte nach Haus zurück.» (1 Sam 23, 15b–18)[81]

Hat dieses Treffen wirklich stattgefunden?

Die Interpretatoren sind sich nicht einig.[82] Wer es für möglich hält, hat zumindest Zweifel an der Lokalisation. Der Name Horescha ist im arabischen Ortsnamen *Chirbeth Khureisa* noch erhalten. Es handelt sich um eine kleine Ruinenstätte, deren Trümmer aus byzantinischer Zeit stammen. Gegraben wurde dort bisher noch nicht. Wir haben also keine in die Eisenzeit zurückreichenden archäologischen Daten. Die Übersetzung des Namens mit «Dickicht, Buschwald, Maccia» deckt sich immerhin mit der Nachricht, daß hier bis ins letzte Jahrhundert hinein ein Wald aus Krüppeleichen gestanden habe.

Der Ort liegt mitten im Anbaugebiet der Juttaebene, drei Kilometer südlich von Sif. Für manche ein Indiz dafür, daß sich der Flüchtling wohl kaum an einem Ort aufgehalten habe, an dem alle seine Bewegungen ohne Schwierigkeiten ausgespäht werden konnten. Als Fluchtort scheint der Platz tatsächlich denkbar ungeeignet. Als Ort einer geheimzuhaltenden Begegnung aber ist er schon eher wahrscheinlich. Wenn David Jonathan treffen wollte, dann wäre es sinnvoll gewesen, dies nicht am tatsächlichen Aufenthaltsort in der unwegsamen Steppe östlich der Ebene zu tun. Die Gefahr, daß jemand dem Prinzen folgte, war nicht zu unterschätzen. Auch konnte jener mit gutem Gewissen die Frage nach dem Versteck Davids nicht beantworten, wenn er es selbst nicht kannte.

Ein Dickicht, weit genug von Sif und dem Lager Davids entfernt, war ein geeigneter Ort für ein wahrscheinlich nächtliches Rendezvous. Der

Ort ist also durchaus plausibel zu machen. Das spricht für die gute Ortskenntnis des Erzählers, nicht aber für eine Beweisbarkeit des Treffens. Doch es ist immerhin als möglich zu bezeichnen und paßt als ein wichtiges Detail in den großen dramaturgischen Spannungsbogen der Aufstiegsgeschichte. Es ist die bisher eindeutigste Zukunftsaussage über das purpurne Schicksal des sich auf dem Tiefpunkt seiner Laufbahn befindlichen Sohn des Ischai. Theologisch gesehen ist es ein Hinweis, daß auch jene Zeit, in der David am Rand ethisch vertretbarer Handlungsweisen um sein Überleben kämpft, mit der Gegenwart Gottes ausgezeichnet war: JHWH war mit ihm. Das ist die These des Erzählers, und hier hat er ein weiteres Indiz dafür. Historisches Fakt oder nicht – dramaturgisch und theologisch notwendig an dieser Stelle ist der Bericht.

Nach dem – zumindest literarischen – Treffen mit Jonathan wich David nach Süden aus. War es Wassermangel? War es die Nachricht vom Kontakt der Leute von Sif mit Saul,[83] bekannt geworden durch die Nachrichtenquelle am Hof in Gibea, über die David nach allen Indizien verfügte? Hatte der Prinz damit zu tun oder eine Fraktion, die noch immer auf den ehemaligen Hoffnungsträger setzte? Nachrichten darüber gibt es keine – oder keine mehr. Überliefert aber ist der mit geographischen Angaben reich bestückte Satz:

«Als Saul und seine Männer sich [nach den Informationen aus Sif] auf die Suche machten, waren David und seine Männer in der Steppe [östlich von] Maon, in der Wüstenniederung südlich der großen Öde. Als man David [den Suchtrupp] meldete, zog er sich weiter herunter [in Richtung Totes Meer] zu den Felsen.» (1 Sam 23, 24b–25)

Das ist die taktische Exposition zu einer Serie von drei Erzählungen, die die Beziehung (respektive Nichtbeziehung) zwischen Saul und David näher beleuchten. Die Erinnerung daran, daß die beiden einander tatsächlich begegneten in dieser Phase von Flucht und Verfolgung und das Wissen darum, daß es dabei zu einem Patt kam, bilden den Hintergrund der Erzählungen.

Alle drei Berichte zeugen von großer Ortskenntnis. Die Bewegungen der beiden feindlichen Gruppen sind auch heute noch exakt nachvollziehbar, wenn im Augenblick auch nur auf der Karte und nicht vor Ort, da die Landschaft militärisches Sperrgebiet ist und Beduinenführer

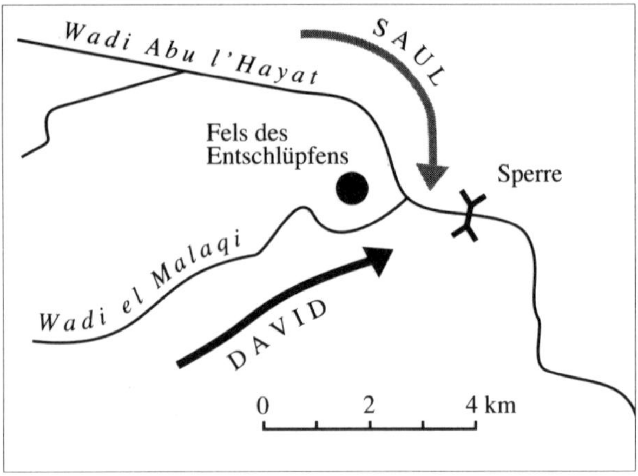

Der ‹Fels des Entschlüpfens› – Ort der verhinderten Begegnung Davids mit Saul

sich weigern, weit in die Wadis östlich der Wasserscheide hineinzuführen.

Die erste Erzählung führt ins Wadi el Malaqi, südlich des Bereiches Dahret el Kola. David versuchte, durch dieses Trockental das Wadi Cheber zu erreichen, das ihn direkt hinunter ans Tote Meer führen würde.

Nördlich des Bergrückens, im Wadi Abu l'Hayat, rückte Saul vor. Er hatte eine Falle aufgebaut. Die Fluchtrichtung Davids vorhersehend, hatte er das Wadi nach dem Zusammentreffen beider Täler – wahrscheinlich an einer Engstelle, 1200 Meter weiter unten – abgeriegelt. David erreichte vor dem Haupttrupp Sauls die Vereinigung der Wadis. Damit saß er in der Falle: Vor ihm das abgesperrte Tal, hinter ihm Saul. Der Erzähler steigert die Spannung bis ins schier Unerträgliche. Die Szene erinnert in ihrer Ausweglosigkeit an antikes Theater. Und wie dort so auch hier die Auflösung: Der *deus ex machina* erschien in Gestalt eines Boten, der Saul von einem plötzlichen Philistereinfall berichtet. Der König blies die Aktion ab, David und seine Männer waren gerettet.

Die Überlieferung nennt einen Fels, im Winkel der beiden Wadis, bei dem dies geschehen sein soll: Sela ham-Mahlekot, «Fels der Glätte». In der Erzählung ist dieser Name umgedeutet zu «Fels des Entschlüpfens» oder «Fels der Scheidung». Das würde bedeuten, daß die Lokalüberlieferung von einer knapp geglückten Flucht Davids erzählt hatte, bevor es zur theatralischen Auflösung mit dem vom Himmel geschickten Boten kam.[84]

Der Gesalbte wird verschont

Die beiden anderen Überlieferungen haben in ihrer heute vorliegenden Gestalt eine andere Intention. Diese ist so deutlich, daß man den Versuch einer Identifizierung der Überlieferungsträger wagen kann. Doch zuerst das Textmaterial. Es wird genügen, eine der beiden Erzählungen genauer zu untersuchen.

David war hinunter ans Tote Meer ausgewichen. Das klingt nur beim ersten Hinhören unverständlich. Am Ufer des Toten Meeres, etwa elf Kilometer nördlich der natürlichen Festung Massada liegt ein kleines Paradies.[85] Die Oase En-Gedi liegt zwischen zwei Wadis: im Norden der Davidsbach, im Süden der Arogot. Mehrere starke Quellen bewässern

En Gedi. Holzschnitt nach Skizzen von C. R. Conder und H. H. Kitchener, 1883

die Oase. Sie liegen hoch über den Wadi und stürzen als Wasserfälle mitten in der Wüste über die Felsen herab.

In der Kombination von Wärme und Wasserreichtum gedeihen seltene subtropische Pflanzen. Die Oase ist auch reich an Tieren: Steinböcke, Gazellen und Klippdachse, die wie große Murmeltiere aussehen, aber kleine Verwandte der Elefanten sind. In den hinteren Teilen des Wadi, die steilen Hänge hinauf zur Wasserscheide, sollen sogar heute noch Raubkatzen vorkommen. Ihr scharfer Geruch ist an den nur tagsüber zur Besichtigung freigegebenen Wasserfällen deutlich zu bemerken.

En-Gedi hat eine lange Geschichte. Die archäologisch auswertbaren Spuren reichen zurück bis in die Kupfersteinzeit, etwa ins Jahr 3150 vor der Zeitwende. Man fand einen ummauerten Platz von ca. 500 qm mit zwei Toren, zwei Gebäuden und einem runden Altar: ein vorkanaanäisches Heiligtum, dessen Reste auch noch über 2000 Jahre später, zur Zeit Davids, zu sehen waren.

Etwa im Jahr 3000 v.Chr. wurde En-Gedi von seinen Bewohnern fluchtartig verlassen. Vor der Flucht wurde der Tempelschatz in Sicherheit gebracht. In den sechziger Jahren dieses Jahrhunderts fand man ihn in einer der vielen Höhlen,[86] die die Felsen dort durchziehen, bei Ausgrabungen wieder: Es handelte sich um 429 Gegenstände aus Kupfer und Halbedelsteinen. Darunter war auch ein kupfernes Szepter mit stilisierten Steinbockköpfen[87] – ein Hinweis auf die auch damals in En-Gedi vorkommenden Steinböcke, die Namengeber für einen Felsen wurden, dessen Bezeichnung damit auch als sehr alt wahrscheinlich zu machen ist: Der Steinbockfelsen, ein markantes, backenzahnähnliches Felsmassiv zwischen den beiden Mündungswadi.

Dies ist das topographische Setting für die Überlieferung im 1. Buch Samuel, Kapitel 24. Saul kam auf der Suche nach David, wohl durch Späher geführt, nach En-Gedi. Er zog am Steinbockfelsen vorbei und wandte sich in Richtung Nordosten. Dort lagen dem Bericht zufolge direkt am Weg Pferche für das Kleinvieh. Das war eine etwas profane Benutzung des ehemaligen Tempelgeländes, das aber in der Tat an solche, auch heute noch zu findende Schafhürden erinnert.

Dort befand sich – immer noch laut dem Bericht – eine Höhle. In sie ging Saul hinein, um seine Notdurft zu verrichten.

«David aber und seine Männer hockten ganz hinten in der Höhle. Da

sagten die Männer Davids zu ihm: ‹Siehe, dies ist der Tag, von dem JHWH zu dir gesagt hat: Siehe, ich gebe deinen Feind in deine Hand. Mach mit ihm, wie es dir gutdünkt.›»

Der Augenblick der Abrechnung war da. Völlig überraschend kehrten sich für einen Augenblick die Machtverhältnisse um: Der Verfolger war allein und in einer Situation, die ihm keine Gegenwehr erlaubte.

Schafhürde in der Wüste Juda

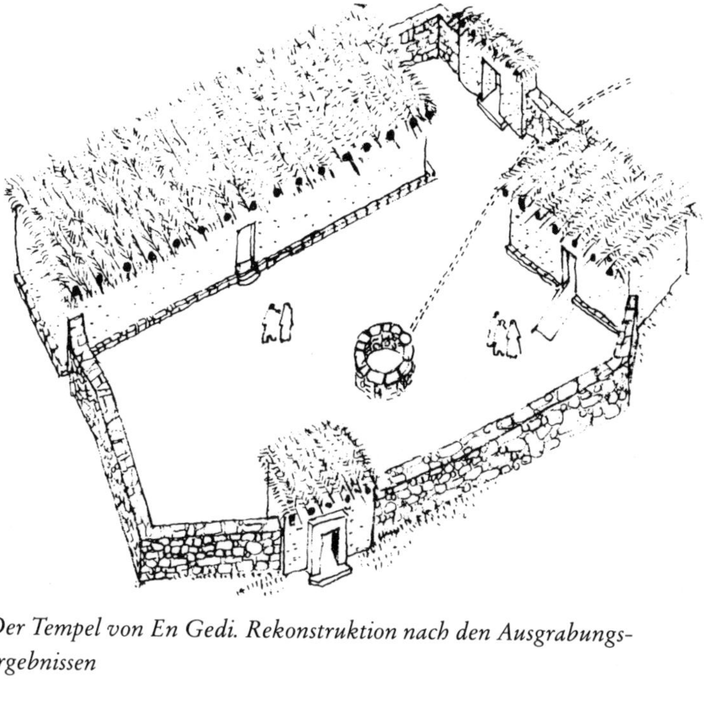

Der Tempel von En Gedi. Rekonstruktion nach den Ausgrabungsergebnissen

«David stand auf und schnitt unbemerkt den Zipfel von Sauls Mantel ab.»

Das sollte alles sein? Tatsächlich weiß der Bericht von keiner Gewalttat mit Ausnahme der Amputation eines Zipfels vom königlichen Mantel.

«David bekam Herzklopfen... Und er sagte zu seinen Männern: ‹Nie und nimmer, bei JHWH, täte ich das meinem Herrn, dem Gesalbten JHWHs an, daß ich Hand an ihn legte. Er ist doch der Gesalbte JHWHs.› Und mit scharfen Worten hielt David seine Männer zurück und ließ es nicht zu, daß sie sich gegen Saul erhoben. Saul machte sich auf aus der Höhle und setzte seinen Weg fort.» (1 Sam 24, 3b–8)

Die Gelegenheit für David, in den Lauf der Ereignisse zu seinen Gunsten einzugreifen, war vorüber. Draußen warteten die Begleiter Sauls auf ihren Herrn. Hielt David die Angst vor ihnen von der Tat ab? Oder war ihm, dem Zweikämpfer, der Gedanke an den unfairen Kampf mit einem Gegner, der im Augenblick wehrlos war, unvorstellbar? Im Text stellt sich die Motivlage für die edle Handlungsweise anders dar: Die scheue Ehrfurcht vor dem Gesalbten, dem Fürsten von Gottes Gnaden, ließ David schon bei der Verletzung des Mantels das «Herz klopfen».

Bezeichnenderweise war David selbst später einmal in einer ähnlichen Situation: Sein Sohn Abschalom zettelte einen Aufstand an, ließ sich zum König salben und machte sich an die Verfolgung des schon alternden Vaters und König. Die Theorie von der Unantastbarkeit des Gesalbten mußte da zu einem guten Argument werden. Eine Erzählung, in der David selbst sie respektierte, gegen allen militärischen Verstand Geduld zeigte und damit politische Vernunft bewies, war propagandistisch gut einsetzbar in der Auseinandersetzung mit dem putschenden Sohn Abschalom.[88]

David wäre allerdings nicht David gewesen, wenn die Geschichte damit zu Ende sein sollte. Er stellte den König, kaum daß dieser die Höhle verlassen hatte und damit die alten Machtverhältnisse wieder etabliert waren, zum Rededuell. Dieser Dialog gewinnt, vor dem Hintergrund einer Vater-Sohn-Auseinandersetzung gelesen, eine deutliche Mahnung an die Adresse des putschenden Prinzen:

David: *«Mein königlicher Herr!»*

Saul sah sich um und David verneigte sich tief zur Erde und erwies ihm untertänige Verehrung.

David: «*Warum schenkst du dem Gerede von Leuten Gehör, die sagen, sieh zu, David will ja nur dein Verderben?*» Das ist ein Deuteangebot der prekären Situation, das es ermöglichen würde, die Schuld für die Krise bei den falschen Beratern zu suchen und selbst das Gesicht zu wahren. «*Siehe. Heute haben deine eigenen Augen gesehen, wie JHWH dich in meine Hand gegeben hat und man hat mir zugesetzt, dich zu töten.*»

So war denn auch die Lage nach der kampflosen Einnahme Jerusalems durch Abschalom. In diesem Fall war Abschalom jener, der die Gelegenheit zur Tötung des Gesalbten hatte. «*Und doch habe ich dich geschont. Denn ich sagte, ich strecke meine Hand nicht aus gegen meinen Herrn, denn er ist ja der Gesalbte JHWHs.*»

David zeigte dem anderen den Beleg seiner Möglichkeiten, das abgeschnittene Stück Stoff. Die Anrede wechselt und der Dialog wird endgültig durchsichtig auf die Auseinandersetzung zwischen David und Abschalom: «*Mein Vater, sieh' her...*»

Saul fragte: «*Das ist doch die Stimme meines Sohnes...?*»

Und Saul fing an, laut zu weinen und sagte: «*Du bist mehr im Recht als ich, denn du hast Gutes an mir getan, wo ich doch nur Böses an dir getan habe.*»

Die Szene entbehrt, würde man sie als Stenogramm der faktischen Begegnung beider Kontrahenten verstehen, weitgehend an Logik. Vor dem skizzierten Hintergrund im späteren Lebens Davids und der postulierten Intention aber wird sie plausibel. Das wiederum könnte bedeuten, daß bereits zu Lebzeiten Davids die Geschichte von der Verschonung Sauls im Umlauf gewesen war. Das ist kein direkter Beweis für ihre Historizität, aber doch aufgrund der Nähe zu den möglichen Ereignissen ein starkes Indiz für ihre Wahrscheinlichkeit. Diese These findet auch noch Unterstützung durch die zweite Überlieferung mit nahezu identischem Charakter. *(1 Sam 26)*

Die Ereignisse dieser Epoche in Davids Leben lassen keine andere Interpretation zu: David wurde der Boden im Einflußbereich Sauls endgültig zu heiß. Es blieben nur zwei Möglichkeiten: Ausweichen in die südliche Wüste und damit in den Einflußbereich der Kamelnomaden, die von jeher erbitterte Feinde der seßhaften und halbseßhaften Stämme Israels waren, oder Asyl finden in einem anderen Kulturbereich. Letzteres würde auch die Versorgung und die Sicherheit von Familien und Herden gewährleisten, die sich im Laufe der Condottierezeit angesammelt hatten.

«Nun sagte David zu sich selbst: ‹Ich werde ja doch eines Tages durch die Hand Sauls vernichtet werden. Es gibt keine bessere Möglichkeit, als daß ich mich ins Land der Philister rette. Dann läßt Saul davon ab, mich noch weiter zu verfolgen im ganzen Gebiet Israel und ich bin vor seinem Zugriff gerettet.›» (1 Sam 27, 1)

David läuft zu den Philistern über.

Vom Hochverräter zum Stammeskönig von Juda

Auf der falschen Seite?

Pharao Ramses III. siedelte die Philister nach ihrer Niederlage in der Seeschlacht von 1177 v. Chr. in der damaligen ägyptischen Provinz Gaza an. Im Gegenzug zum Verlust der ägyptischen Vormachtstellung wurden die Philister selbst die Herren der ihnen zugewiesenen Städte. Für Gat, eine Stadt, die am Ausgang des Terebinthentales auf einem Hügel lag, läßt sich diese Entwicklung archäologisch nachweisen. Der Tell es Safi, 13 km nördlich der heutigen israelitischen Stadt Gath, bietet reichlich Anschauungsmaterial.

Zur Zeit Davids regierte ein gewisser Achisch ben Maoch.[89] In den israelitischen Texten wird er «König» genannt. Die Selbstbezeichnung lautete: *seranim*, ein Begriff wahrscheinlich hethitischer Herkunft, verwandt mit dem griechischen *tyranos.*[90] Das ist ein Hinweis auf ein Herrschaftssystem, das auch aus achäischen und mykenischen Texten bekannt ist. Es handelt sich nicht um eine tyrannische Herrschaft nach heutigem Verständnis, denn neben dem Tyrannen gab es noch eine Versammlung von «Herren», deren Einfluß von der Stärke des jeweiligen Königs abhing. Achisch kann in jener Zeit noch nicht sehr alt gewesen sein. Beim Amtsantritt von Davids Nachfolger Salomo, also wenigstens 30 bis 40 Jahre später, regierte er immer noch.

«So brach David auf und trat zusammen mit den 600 Mann, die er bei sich hatte, zu Achisch ben Maoch, dem König von Gat, über.» (1 Sam 27, 2)

Unterstellten die meisten Interpretatoren bis vor kurzem David ein «gewagtes Spiel, das zum guten Glück für ihn zur rechten Zeit sein Ende fand»,[91] so ist heute die Scheu gewichen, vom «Tatbestand des Hochverrats»[92] zu reden. Auch in den biblischen Texten finden sich deutliche Anstrengungen, das Handeln des Flüchtlings zu rechtfertigen. Immerhin waren die Philister die schärfsten Gegner einer Souveränität Israels.

Der Tatbestand ist eindeutig: David wurde Lehnsmann des Herrschers von Gat. Er trat in die Dienste der Philister mit allen rechtlichen Konsequenzen. Auf israelitischem Boden konnte er sich nicht länger halten. Sein Auftreten als selbsternannter Schutzherr führte auf Dauer zu Koalitionen der judäischen Lokalpotentaten mit dem in diesem Gebiet zwar nicht regierenden, aber doch präsenten Saul. Die Heirat mit der reichen Witwe Abigail von Maon hatte daran nichts geändert. Ein weiteres Problem mag für David ebenfalls eine Rolle gespielt haben: Es galt, für die Familien seiner Männer eine sichere Bleibe zu finden – auch um sich nicht erpreßbar zu machen.

Für die Philister eröffnete sich mit diesem Lehnsvertrag die Möglichkeit, eine potentiell gefährliche Einsatztruppe[93] im schwierig zu kontrollierenden Südland unter Kontrolle zu bekommen. Dazu bot sich ihnen nach der Devise «teilen und herrschen» die Chance, die israelitische Südflanke entscheidend zu schwächen. Achisch, der Herr von Gat, der ja schon in einer der Fluchtanekdoten als ein kluger und realistisch denkender Staatsmann gezeichnet wurde, griff auch sofort zu, als David – wahrscheinlich über Mittelsmänner – mit ihm Kontakt aufnahm.

«Dann blieb David bei Achisch in Gat. Er und seine Männer, jeder mit seiner Familie; David mit seinen zwei Frauen.» (1 Sam 27, 3)

Hier ist von zwei Frauen die Rede. Die eine war Abigail, die Witwe Nabals. Die andere konnte nicht Michal, die Tochter Sauls sein. David hatte sie in der Königsfestung Gibea zurückgelassen und sie war längst erneut verheiratet worden. Saul hatte sie einem gewissen Paltïel ben Laïsch zur Frau gegeben. Bei der zweiten Frau handelt es sich um eine gewisse Ahinoam aus Jesreel. Mehr Information als eine kurze Notiz gibt es zu diesem Zeitpunkt noch nicht *(1 Sam 25, 43)*. Es wird keine beeindruckende Erzählung überliefert, wie jene von der klugen und schönen Frau des Nabal, auch keine nähere Erläuterung der Motive für eine Heirat und keine Nachricht über die Familie der Frau. Einzig der

Herkunftsort Jesreel ist bekannt. Dieser weist nicht auf die fruchtbare Ebene im Norden, an der Grenze zu Galiläa hin, sondern auf einen kleinen Ort im judäischen Bergland, der in einer Liste in Josua 15, 56 auftaucht.[94] Die Vermutung liegt nahe, daß es sich auch bei dieser Verbindung um eine vertragsbesiegelnde Eheschließung mit der Tochter eines Lokalpotentaten gehandelt hat. Mehr läßt sich nicht ermitteln. Selbst als Ahinoam später in Hebron Mutter von Davids Sohn Amnon wird, taucht sie nicht in der Lebensgeschichte des Helden auf. Nicht einmal in den die Handlung später sehr stark bestimmenden Wirren um die Nachfolge auf dem Thron wird sie erwähnt.[95] Trotz dieser schwierigen Quellenlage ist davon auszugehen, daß die Ehe Davids mit Ahinoam von Jesreel in seiner Frühzeit eine wichtige Funktion hatte: Davids Position im judäischen Bergland wurde durch die Verbindung mit der Tochter eines Lokalpotentaten gestärkt. Das war angesichts seiner heiklen Situation in der Auseinandersetzung mit Saul ebenso wichtig wie später bei der Frage, wer König des Stammes Juda werden sollte.

Gratwanderung?

Die Mischung aus privaten und politischen Gründen kann durchaus einen plausiblen Motivhintergrund für den Frontwechsel abgeben. Daß David zu diesem Zeitpunkt überhaupt mit einer möglichen späteren Rückkehr nach Israel gerechnet hat, ist eher unwahrscheinlich. Sein Vorgehen in den nächsten sechzehn Monaten spricht nicht dafür. Umso mehr gerieten spätere Erzähler angesichts des nicht zu verheimlichenden Aufenthaltes in Zugzwang. Das Interesse an diesem dunklen Fleck in der Vergangenheit des nachmaligen Königs mußte ziemlich groß gewesen sein. David schloß mit Achisch einen Vertrag, der nach kurzer Zeit noch eine Erweiterung erfuhr:

«Wenn ich doch hoffentlich Gunst erlangt habe in deinen Augen, so weise mir einen Aufenthalt zu in einer der Landstädte, daß ich mich da niederlassen kann! Warum sollte dein Knecht bei dir in der Königsstadt bleiben?» So lautet die entsprechende Bitte Davids um Vertragsmodifizierung *(1 Sam 27, 5)*. Ein Grund für die Bitte wird nicht angegeben, aber aus dem Zusammenhang scheint klar, daß David sich davon etwas mehr

Bewegungsspielraum in seiner heiklen Situation erhoffte. In der unmittelbaren Nähe von Achisch konnte er kaum einer direkten Konfrontation mit den israelitischen Stämmen und Sippen ausweichen, wenn es zu einem der zahlreichen Scharmützel im momentanen «Kalten Krieg» kam. Achisch paßte Davids Gesuch anscheinend ins Konzept. Er belehnte David mit der 38 Kilometer entfernten Stadt Ziklag. Er hatte damit das große ausländische Kontingent aus der Stadt entfernt und gleichzeitig eine geeignete Garnisonsmannschaft für das weit im Südwesten liegende Ziklag im Grenzgebiet zum judäischen Siedlungsbereich des früher selbständigen Stammes Simeon gewonnen. Er konnte davon ausgehen, daß David die Sicherung seines Einflußbereiches nach Süden, in die offene Wüste hin gegen die Kamelnomaden, wesentlich ernsthafter betrieb als gegen seine eigenen Stammesgenossen.

So war es denn auch. Von Davids Unternehmungen wird nur summarisch berichtet. Die Namen der von ihm geschlagenen Städte und Landstriche zeigen seine bevorzugte Angriffsrichtung, wobei der Text keinen Zweifel über die Vorwärtsverteidigung zuläßt: *«Sie überfielen die Gesuriter, die Girsiter und die Amalekiter... in Richtung auf Schur und bis nach Ägypten hin.» (1 Sam 27, 8).* Bei «Schur» (Mauer) handelt es sich um eine auch aus ägyptischen Texten[96] bekannte Grenzbefestigungsanlage. Die Stoßrichtung ist also klar: Sie zielt nach Süden und Südwesten und nicht nach Osten in Richtung der judäischen Steppen.

Die Vorgehensweise allerdings setzt in Erstaunen: *«Er ließ weder Mann noch Weib am Leben, nahm nur Schafe und Rinder, Esel und Kamele und Gerätschaften mit.»*

David bewegte sich damit völlig im Rahmen der Vorstellungen seiner Zeit. Die Amalekiter hatten in Israel dasselbe Image wie die Nomaden insgesamt bei den Großmächten des alten Orients.

Ein späteres Relief aus dem Palast Asurbanipals (668–26 v.Chr.) in Ninive zeigt die Brutalität assyrischer Soldaten gegen Nomaden, deren Frauen – ganz im Gegensatz zu dem bei Seßhaften üblichen Vorgehen – schonungslos massakriert werden.[97] Das brutale Handeln wurde später mit einer kultischen Interpretation überdeckt. David habe, so suggeriert der Text, nur das zu Ende gebracht, was Saul im Heiligen Krieg gegen die Amalekiter, die Erzfeinde der vorstaatlichen Zeit schlechthin, versäumte: Das habe ja auch, so die Bearbeiter, zum Bruch mit Samuel ge-

Nomadenfrauen werden von assyrischen Soldaten massakriert. Relief aus dem Palast Assurbanipals (668–626 v. Chr.) in Ninive

führt und das Scheitern des Königs eingeleitet.[98] Damit ist aber die Vorgehensweise Davids nicht wirklich erklärt.

Hebt man die kultische Legitimation für das Morden vom Text ab, wird eine andere Erklärung sichtbar: Es gab keine Zeugen, wenn David in riskantem Doppelspiel seinem Lehnsherrn gegenüber mehrdeutige Aussagen über die Zielrichtung seiner Angriffe machte. In den Augen damaliger Bearbeiter der historischen Fakten mochte diese Interpretation den späteren König entlasten. Für heutige Leser und Leserinnen wirft es ein bezeichnendes Licht auf eine Theologie, die es – auch noch in diesem Jahrhundert – zuließ, daß die alte Formel «Gott mit euch» auf Koppelschlösser geprägt wurde.

Achisch unterstellten die Bearbeiter, daß er David nicht durchschaute: *«Und Achisch faßte Vertrauen zu David, denn er dachte: ‹Der hat sich gründlich stinkend gemacht bei seinem Volk Israel, so daß er für immer mein Knecht bleiben wird›.» (1 Sam 27, 12).* Die Nagelprobe für die Vasallentreue Davids stand allerdings noch aus. Nach Lage der Dinge ließ sie sich früher oder später nicht umgehen. Das war sicher allen Beteiligten bewußt. Und so kam es denn auch: Der schwelende Krieg zwischen der philistäischen Pentapolis und Israel unter Saul geriet in eine heiße Phase.

«Da sagte Achisch zu David: ‹Du bist dir doch klar darüber, daß du mit mir in der Truppe ins Feld ziehen mußt, du und deine Männer.›

Und David sagte zu Achisch: ‹Jawohl. Du wirst selbst sehen, was dein Knecht leisten wird.›

Und Achisch sagte zu David: ‹Gut, dann mache ich dich zu meinem Leibwächter›.» (1 Sam 28, 1–2)

Sauls Ende – erster Teil

Mit dem Mut der Verzweiflung hatte Saul alles auf eine Karte gesetzt. Noch immer kontrollierten die Philister die entscheidenden Verbindungslinien zwischen den einzelnen Teilen seines Herrschaftsbereiches. Die Stämme, die im Norden, in Galiläa siedelten, waren durch die fruchtbare Ebene Jesreel von den Mittelgebirgen Zentralpalästinas getrennt. Die Ebene stand unter der Kontrolle nicht eroberter kanaanäischer Stadtstaaten, die mit den Philistern eine Koalition eingegangen waren. In Beth Schean, der am weitesten östlichen Stadt, schon jenseits der Wasserscheide hinunter zum Jordan, war eine philistäische Garnison stationiert. Nur wenn es gelang, den gesamten Heerbann Israels zu sammeln, konnte eine offene Feldschlacht gewagt werden. Der von Alters her prädestinierte Ort dafür war die Ebene von Jesreel, durch welche die *via maris*, die wichtigste Straße damaliger Zeit, landeinwärts am See Genezareth vorbei in Richtung Damaskus führte. Jesreel hatte einen guten Ruf in Israel, war es doch der Richterin Deborah Jahrhunderte vor Saul gelungen, dort einen großen Teil des Heerbannes zu sammeln und gemeinsam mit ihrem General Barak die kanaanäische Koalition unter Sisera zu schlagen.[99] Dieses Ereignis ist in einem der ältesten Texte der hebräischen Bibel überliefert, dem sogenannten «Deborahlied». Der Text war sicher zu Sauls und Davids Zeit bereits allgemein bekannt.

Sauls Plan schlug schon im Ansatz fehl. Der Heerbann sammelte sich nicht. Ob es an der raschen Reaktion der Philister und ihrer Verbündeten lag oder an der schlechten Propaganda, die der glücklose König entfaltete oder daran, daß ihn die Priesterschaft wie auch das Prophetentum nicht mehr unterstützten,[100] ist nicht deutlich auszumachen.

In seiner Verzweiflung, das sichere Fehlschlagen seiner Pläne schon vor Augen, wagte Saul auf der Suche nach der ausbleibenden Bestätigung seines Selbstwertgefühles einen letzten Schritt. Er suchte eine weise Frau in En-Dor auf, die im Ruf eines Mediums stand. Der durch das Medium aus seiner Totenruhe heraufbeschworene Seher Samuel schleuderte dem gottverlassenen König das Urteil entgegen: *«Morgen seid ihr, du und deine Söhne, bei mir» (1 Sam 28, 19b).*

Auf der falschen Seite!

Im philistäischen Heer, dessen Sieg Samuel angekündigt hatte, befand sich das Kontingent aus Gat unter dem Oberbefehl des Achisch. Mit ihm waren David und seine Männer.

Die Ortschaft Aphek, nördlich der Pentapolis an der *via maris* gelegen, wurde Sammelplatz des philistäischen Heeres – wie schon einmal in diesem hundertjährigen Krieg, vor der Schlacht von Eben-Eser. Die fünf Fürsten befahlen einen Vorbeimarsch zur Sichtung der tatsächlichen Stärke *(1 Sam 29, 1–11).* Die militärischen Befehlshaber[101] hatten wache Augen. Als das Kontingent aus Gat vorbeimarschierte, war die Verwunderung groß: *«Was wollen die Hebräer hier?»*

Achisch erklärte: *«Das ist doch David, früher in Diensten des Königs von Israel, jetzt aber seit Jahr und Tag in meinem Dienst. Ich hatte an ihm nichts auszusetzen, vom Tag seines Überlaufens bis heute.»*

Es kam zu einer heftigen Diskussion. Schließlich setzten die Militärs sich mit dem Argument durch: *«An die Front darf er nicht mit uns. Er könnte sich mitten in der Schlacht gegen uns stellen. Wie könnte er sich besser empfehlen als mit den Köpfen unserer Männer?»*

Achisch war gezwungen, David zu sich zu bestellen und ihm den Beschluß zu eröffnen. Der Text atmet die Verlegenheit des Herrschers von Gat, der offenbar keinen Grund sah, an der Loyalität Davids zu zweifeln:

«So wahr JHWH lebt. Du bist natürlich vertrauenswürdig, du bist vertrauenswürdig. Es wäre in meinen Augen sehr recht, wenn du mit mir ins Heerlager ausziehen und wieder einrücken könntest… ich habe nichts Unrechtes gefunden an dir vom Tag an, an dem du zu mir gekommen bist, bis heute. Aber… du bist in den Augen der Fürsten nicht in Ord-

nung. Darum kehre zurück, gehe in Frieden, so tust du nichts, was in den Augen der Fürsten, der Philister, unrecht wäre.» (1 Sam 29, 6–7)[102]

Die Rettung? Ein unvermuteter und nicht zu erhoffender Ausweg aus der heiklen Situation? Wie wird David auf einen solchen Vorschlag reagieren? Hat er vielleicht doch den von den Militärs befürchteten erneuten Frontwechsel im entscheidenden Augenblick der Schlacht im Sinn? Im überlieferte Text wird der beleidigten Entrüstung über die Unterstellung der Illoyalität in deutlicher Form Ausdruck gegeben, und es ist den Lesenden überlassen zu entscheiden, ob David ein doppeltes Spiel trieb:

«Also! Was habe ich denn getan? Was hast du an deinem Knecht auszusetzen von dem Tag an, an dem ich in deinen Dienst trat bis heute, daß ich jetzt nicht mitziehen darf und gegen die Feinde meines Herrn, des Königs, kämpfen darf?»

Achisch zu David: *«Ich weiß es doch. Aber die Militärbefehlshaber der Philister haben nun eben gesagt: Er darf nicht mit uns an die Front gehen. Also – macht euch morgen früh fertig und rückt ab, wenn ihr Licht habt.» (1 Sam 29, 8–10)*

Der Bericht endet mit dem Vollzug des Beschlusses: David verließ das Aufmarschlager mit seinen Leuten Richtung Süden, das Heer der Philister rückte auf der *via maris* über das Wadi Hon und die Paßhöhe an Megiddo vorbei in die Jesreelebene.

Atmete David auf? Spätere Bearbeiter der Überlieferung – wahrscheinlich am Hof in Jerusalem – taten es jedenfalls. Die heikle Zeit Davids in Diensten des Erzfeindes, die zwangsläufig in eine derart zugespitzte Situation führen mußte, konnte zur allgemeinen Zufriedenheit so dargestellt werden, daß der Held aus der Zwickmühle entkam. Nicht einmal der Makel einer verweigerten Vasallentreue war ihm anzulasten. Der Feind selbst hatte dafür gesorgt, daß der zukünftige König diese dunkle Zeit so glänzend überstand. Was bedurfte es noch weiterer Beweise seiner *fortune*?

Alle Fragen nach der wahren Motivlage dieser Gratwanderung waren damit müßig. Weitere Textspuren dazu gibt es nicht, die Vermutungen liegen auf dem Tisch – der Fall muß mangels Beweisen abgeschlossen werden.

Beim Propheten Amos ist eine Erfahrungsweisheit überliefert:

«Einer kann vor einem Löwen gerade noch entkommen,
da begegnet ihm ein Bär.
Doch er kann auch vor dem Bären fliehen in ein Haus.
Erleichtert lehnt er sich an die Wand –
da fährt eine Schlange aus einem Loch und sticht ihn» (Amos 5, 19).

David erreichte nach drei Tagen Ziklag. Es war verwüstet und niedergebrannt.

Alles verloren!

Nach hundert Kilometern Marsch stand David mit seinen Männern vor der zerstörten Stadt. Das Vieh war fortgetrieben, Frauen und Kinder waren gefangen und mitgenommen worden: lebendige Ware für einen Sklavenmarkt in Ägypten. Dies war ein üblicher Vorgang in den Auseinandersetzungen zwischen der seßhaften Bevölkerung und den Nomaden der südlichen Wüste.

Die Reaktion der Männer Davids zeigt: Viele von ihnen waren seßhaft geworden und hatten sich eine familiäre Existenz aufgebaut, die jetzt zerstört schien – und auch David hatte seine beiden Frauen verloren. *«Sie erhoben ihre Stimme und weinten, bis keine Kraft mehr in ihnen war.»*

Ein Stimmungsumschwung kündigte sich an. Die Spannungen zwischen den überlebenden Einwohnern von Ziklag und der in ihrer Stadt einquartierten Garnison wurden deutlich. Es bestand die Gefahr eines Aufstandes. Rasches Handeln wurde notwendig, wollte sich der Herr von Ziklag nicht das Heft aus der Hand nehmen lassen. Ein Priester war gesucht, der das Orakel befragen konnte. Durch dessen göttliche Legitimation unterstützt, befahl David die sofortige Verfolgung der Aggressoren.

Die Richtung war klar. Immerhin war es nicht die erste kriegerische Auseinandersetzung mit Nomaden. Am Bach Besor, etwa 22 Kilometer südlich Ziklags, trafen David und seine Männer auf einen zurückgelassenen, halbverhungerten ägyptischen Sklaven der Gegner. David erhielt detaillierte Informationen. Die Räuber seiner beiden Frauen und der Familien Ziklags waren Amalekiter. Der wieder zu Kräften gefütterte Ägypter, selbst Beute eines Amalekiterraubzuges, führte die Truppe zum Versteck der Nomaden. Ein Teil der Männer blieb zurück und errichtete ein Basislager. Mit den anderen erreichte David den Feind.

Sich sicher wähnend, hatten die Nomaden ihre Zelte in weitem Raum aufgeschlagen. Ein Fest war in vollem Gang. Es wurde gesungen, gegessen, getrunken und ausgelassen gefeiert. Im Morgengrauen schlug David zu. Nur die Kamelreiter, uneinholbar auf ihren Renntieren, entkamen. Die Familien wurden befreit. Die Heimkehr glich einem Triumphzug.

Soweit die nach übereinstimmender Meinung historischen Daten. Es läßt sich natürlich nicht mehr genau feststellen, ob dieser rasche, erfolgreiche Gegenzug tatsächlich im Anschluß an die Affäre von Aphek geschah – die Ausgräber des Tell el Huweilife, unter dem Ziklag vermutet wird, haben bis jetzt noch keine Brandschicht vom Ende der Eisen-IB-Zeit finden können. Doch der Bericht ist noch weit über diese Angaben hinaus interessant. In ihn eingearbeitet findet sich nämlich nicht nur der oben schon erwähnte Hinweis auf die innerstädtischen Spannungen zwischen Garnison und Stadtbevölkerung, sondern auch ein Teil des neuen Heerrechtes, das aus dem alten Sippenrecht entwickelt wurde:

«Wie des Mannes Teil, der zu Kampfe zog,
so des Mannes Teil, der beim Trosse blieb.» (1 Sam 30, 24)

Dieser Grundsatz diente zur Schlichtung der Auseinandersetzungen zwischen den Kämpfern und den am Bach Besor Zurückgebliebenen. Er wird hier auf David zurückgeführt und zeigt deutlich, wie zu dieser Zeit alte, im Sippen- und Stammesrecht verwurzelte Grundsätze, die Gerechtigkeit gewährleisten sollten, umgeschrieben wurden. Angesichts der neuen Herausforderungen und der neuen sozialen Größen, die Familienverband und Sippe abzulösen begannen, wurden neue Rechtspositionen nötig. David scheint es gelungen zu sein, die Kontinuität des alten, von nichtseßhaftem Leben geprägten Rechtes zu gewährleisten und doch gleichzeitig der neuen Situation gerecht zu werden.

Das ist auch noch an einem weiteren Detail des Berichtes zu ersehen, in welchem die Neuformulierung auch theologisch abgesichert wird. Einzelne Begriffe, über den ganzen Text verteilt, stellen den raschen Gegenschlag als einen «heiligen Krieg» dar. In einem «heiligen Krieg» steht die Beute allein JHWH zu und ist und der direkten Verfügungsgewalt der siegreichen Kämpfer entzogen . Saul hatte in einem Amalekiterfeldzug großen Ärger mit Samuel bekommen, weil er diesen Grundsatz nicht beachtete. David verfährt im Grunde nicht anders, aber sein Handeln wird anders interpretiert: Alles Plünderungsgut wird ausdrücklich als die «Beute Davids» bezeichnet. Damit geht das Verfügungsrecht von Gott auf den Heerführer über, der in seinem Namen kämpft. Er hat damit das Recht, die Beute nach dem Prinzip des göttlichen Schalom unter alle Beteiligten aufzuteilen. Das alte Recht wird nicht einfach außer Kraft gesetzt, sondern neu interpretiert: David handelt stellvertretend für Gott; er ist der durch Gott legitimierte Verteidiger seines Volkes.

Der notwendige erste Schritt zum Aufbau einer staatseinenden Zentralmacht ist getan. Der Text *(1 Sam 27, 20. 26)* ist einer der ersten Zeugen dieser Entwicklung, welche die israelitische Gesellschaft stärker als alle militärischen Erfolge beeinflussendet hat – unabhängig davon, ob der Name des Helden im Zusammenhang damit eine historische Gegebenheit ist oder bloß legitimierende Funktion hat. Der beschriebene Vorgang an sich läßt sich lokalisieren in der Umbruchzeit von der segmentären Gesellschaft zu einer Staatsform, die auf ein Machtzentrum hin angelegt ist. Diese Entwicklung gewinnt Gestalt in der Person Davids.

Der Bericht gibt dem am Hof arbeitenden Erzähler aber auch noch die Möglichkeit, seinen Helden nach den heiklen vorangegangenen Episoden weiter positiv aufzubauen. Anklänge an eine anerkannt positive Heroengestalt der vorstaatlichen Zeit, den Charismatiker Gideon und seinen Zug gegen einen Nomadenstamm, sind nicht zu übersehen.[103] David hat *fortune* – und wer *fortune* hat, mit dem ist Gott.

Die Zuwendungen

Die Überlieferung schließt die Erzählung von Davids Befreiungszug mit einer Liste von Ortschaften ab, deren Ältesten David Teile der Beute zukommen ließ. Die Liste enthält ausschließlich Ortsnamen aus dem judäischen Bergland und den angrenzenden Südländern, die eine wichtige Funktion in Davids Frühzeit als Condottiere hatten.[104]

Durch den Sechstagekrieg 1967 kam das Gebiet, in dem die Orte der Liste lokalisiert worden sind, unter israelische Verwaltung. Die Ausgräber folgten der Armee auf den Fuß. Im Ort Eschtemoa (chirbet'attir), der auch in der Liste vorkommt, wurde die bereits 1934 entdeckte Synagoge aus dem zweiten Jahrhundert n. Chr. genauer untersucht.[105] Dabei stellte sich heraus, daß der Ort schon wenigstens 1000 Jahre früher als Heiliger Platz genutzt worden war. Einen halben Meter unter dem Niveau der Synagoge fanden die Ausgräber fünf Tongefäße, die nach der üblichen Datierungsmethode für Keramik der Eisen-IIA-Zeit zuzuordnen waren. Einige der Krüge trugen althebräische Schriftzeichen. Die Zahl «5» gab einen ersten Hinweis auf den Inhalt. Nach sorgfältiger Untersuchung wurden sie geöffnet. Die Überraschung war groß: In einem Krug befand sich Silberschmuck, vier weitere Krüge enthielten eingeschmolzenes Silber oder längliche Silberstücke, jedes etwa sieben Gramm schwer. Das Gewicht jedes Kruginhaltes betrug 5 «Große Minen», etwa fünf Kilogramm Silber.

War der Inhalt der Krüge der Anteil von Davids Beute für Eschtemoa? Professor Epstein vom Israelmuseum in Jerusalem ist überzeugt

Drei der Krüge des Silberschatzes von Eschtheomoa mit je 5 kg Silber. Jerusalem, Israelmuseum

davon. Die Frage, woher ein solcher Schatz aus dieser Zeit in einem kleinen, sonst nicht weiter erwähnenswerten Ort stammen sollte, ließe sich so befriedigend klären. Trifft die Vermutung zu, muß man aufgrund des großen Wertes davon ausgehen, daß David den Ertrag der ganzen philistäischen Zeit an die auf der Liste genannten Orte verschenkt hatte.

Was waren Davids Motive für so gewichtige Geschenke? Nimmt man die sich von diesem Zeitpunkt an überstürzenden Ereignisse mit in den Blick, dann ist es wahrschenlich, daß diese Beuteverteilung eine geschickte und zum Ziel führende politische Geste war: Nur zwei Tage nach Davids triumphaler Rückkehr nach Ziklag ergab sich die Notwendigkeit, einen König für den Stamm Juda zu wählen – Wahlmänner waren die Ältesten der judäischen Siedlungen.

Sauls Ende – zweiter Teil

Im ersten Kapitel des 2. Buches Samuel wird von einem Boten berichtet, der die Stadt kurz nach Davids Rückkehr erreichte. Der Mann hatte zerrissene Kleider und Erde auf dem Haupt. Mit diesen offenkundigen Zeichen öffentlicher Trauer hatte er sich vor dem Betreten der Stadt ausgerüstet.

David: *«Woher kommst du?»*

Bote: *«Aus dem Heer Israels bin ich entkommen.»*

David: *«Wie ist die Lage, berichte.»*

Bote: *«Das Volk ist aus der Schlacht geflohen, auch sind viele vom Volk gefallen und getötet worden. Auch Saul und sein Sohn Jonathan sind getötet worden.»*

Die Schlacht an den Hängen des Berges Gilboa war verloren, wie es Saul schon in der Nacht zuvor zur Gewißheit geworden war. Über das ganze Gebirge hin nach Süden war die Verfolgungsschlacht ausgetragen worden. David verlangte Einzelheiten. Der Bote zeigte als Unterpfand der Wahrheit seines Berichtes das königliche Diadem und einen Armreif des Saul. Ein Augenzeuge!

David: *«Wie bist du an dieses Wissen gekommen?»*

Der Bote hob zu einer umständlichen Erklärung an:

«Ich kam so von ungefähr rein zufällig auf das Gilboa-Gebirge und da war Saul. Er stützte sich auf seinen Spieß, während die Streitwagen

und Reiter ihm dicht auf den Versen waren. Als er sich umdrehte, sah er mich und rief mich zu sich. Ich sagte: ‹Siehe, hier bin ich.› Da sagte er zu mir: ‹Wer bist du?› und ich sagte: ‹Ein Amalekiter.› Da sagte er zu mir: ‹Stell dich über mich und töte mich, denn der Wundkrampf hat mich gepackt – aber ich habe noch Lebenskraft in mir.› Also stellte ich mich über ihn und tötete ihn. Ich wußte ja, daß er nicht überleben konnte nach seinem Fall. Ich nahm den Stirnreif und eine Armspange und brachte dies meinem Herrn hierher.» (2 Sam 1, 3–10)

David zerriß seine Kleider und hielt öffentliche Totenklage. Der Text des Trauerliedes ist überliefert und auch eine Quellenangabe: *«Es ist verzeichnet im Buch der Aufrichtigen.» (2 Sam 1,18b)*[106]

«Die Edelsten, Israel, sind erschlagen auf deinen Höhen!
Wie sind gefallen die Helden!
Verkündet es nicht in Gat,
macht keine Meldung in den Gassen Askalons,
daß sich nicht freuen die Philistertöchter,
nicht frohlocken die Töchter der Unbeschnittenen.

Gilboaberge!
Kein Tau noch Regen falle auf euch,
ihr seid ja ein Gefilde des Todes!
Denn dort wurde durchtränkt der Schild der Helden,
der Schild Sauls – aber nicht vom Öl aus dem Salbhorn.
Vom Blut der Erschlagenen, vom Fett der Helden!

Der Bogen Jonathans – er wich nicht zurück,
und das Schwert Sauls – es kam nicht leer zurück.
Saul und Jonathan – in ihrem Leben einander treu zugetan,
bleiben sie auch im Tode ungetrennt.
Schneller als Adler,
stärker als Löwen waren sie!

Töchter Israels, weint um Saul,
der euch lieblich mit roten Gewändern bekleidet,
der euch goldenen Schmuck auf eure Kleider getan!

Wie sind gefallen die Helden inmitten der Schlacht

Jonathan erschlagen auf deinen Höhen!
Schmerz empfinde ich um deinetwillen, mein Bruder Jonathan,
du warst mir gar lieb.
Wunderbarer war deine Liebe für mich
als Liebe von Frauen.

Wie sind gefallen die Helden, zugrundegegangen die Waffen
des Kampfes.»
(2 Sam 1, 19–27)

Dieses Lied entstand in einem Wachstumsprozeß um ein Kernstück: die Strophe, in der David um seinen Freund Jonathan trauert. Diese Verse sind wahrscheinlich David selbst zu verdanken und zeigen, daß sein Ruf als Sänger und Liedermacher zu Recht besteht.

Saul war tot – Jonathan, der Prinz, und zwei seiner drei Brüder ebenfalls. Abner allerdings, der Feldhauptmann Sauls, konnte mit einem Teil des in die Schlacht verwickelten Heerbannes und den Überlebenden der Eliteeinheit fliehen. Er holte den letzten Sauliden, einen gewissen Ischbaal, zusammen mit dem Harem des Königs aus der Festung Gibea und zog sich über den Jordan zurück in die dortige Residenz Mahanajim.

Die Karten waren neu gemischt. Es galt zu handeln. Rasch. Als erstes wurde der Bote des Unglücks einem erneuten Verhör unterzogen:

«Woher bist du?»

«Ich bin der Sohn eines amalekitischen Fremden, der sich hier niedergelassen hat.»

«Wie? Und du hast dich nicht gescheut, deine Hand zu erheben, um den Gesalbten JHWHs umzubringen?»

Noch einmal taucht das schon bekannte Motiv von der Unantastbarkeit des Gesalbten auf. Dann fällt das Urteil.

«Macht ihn nieder!»

Und der Bote wurde erschlagen. David schloß den Fall ab und verwahrte sich gegen mögliche Blutrache: *«Dein Blut über dein Haupt!*

Dein eigener Mund ist Zeuge gegen dich mit deiner Aussage: Ich selber habe den Gesalbten JHWHs getötet.» (2 Sam 1, 13–16)

Wahrscheinlich war der Mann gar nicht der Täter. Ein glaubwürdiger Bericht über die Schlacht auf dem Gebirge Gilboa schließt mit folgender Schilderung von Sauls Ende: Saul sah, daß er keine Chance mehr hatte, die Schlacht zu gewinnen und auch wenig Aussicht, nicht in die Hände der Gegner zu fallen. Da sagte er zu seinem Waffenträger: *«‹Zieh dein Schwert und durchbohre mich damit, damit nicht diese Unbeschnittenen kommen, mich durchbohren und ihren Spott mit mir treiben!› Sein Waffenträger wollte nicht, denn er scheute sich zu sehr. Da nahm Saul das Schwert und stürzte sich hinein. Wie nun sein Waffenträger sah, daß Saul tot war, stürzte auch er sich in sein Schwert und starb mit ihm.» (1 Sam 31, 4–5)*

Der Amalekiter hatte sich also mit seinem Versuch, die Gunst Davids zu gewinnen, sein eigenes Grab geschaufelt – durch ein erlogenen Geständnis der «aktiven Sterbehilfe».[107] So wie der Erzähler die Reaktion Davids darstellt, liest es sich als die überlegte Handlung eines designierten Herrschers: ein öffentliches Urteil, das Signalwirkung zeigen sollte. Allerdings scheint in diesem Bericht noch durch, daß es sich zunächst um eine spontane Reaktion Davids gehandelt haben muß, die im immer noch ungebrochenen Selbstverständnis des im positiven Sinne «naiven Helden» wurzelte: Klare Verhältnisse waren gefragt und wurden instinktiv geschaffen – nicht unbedingt politisch weitsichtig geplant, sondern der Situation des Augenblickes angemessen.

Am Ziel?

Rasches Handeln war notwendig. Der Priester und sein Orakel waren zur Stelle.

«Soll ich in die Städte Judas hinaufziehen?»

«Ja!»

«Wohin soll ich ziehen?»

«Nach Hebron!»

Hatte David wirklich nur die Gottheit befragt oder hatte er sich doch auch bei seinem Lehensherrn Achisch von Gat Rückendeckung für seine Initiative eingeholt? Wäre nicht zumindest eine stillschweigende Duldung der Philister vorauszusetzen, so müßten sich Indizien für eine Reaktion ihrerseits finden lassen. Dem ist nicht so. Obwohl wir keine Nachrichten darüber haben, ist es naheliegend, daß der kluge Philisterfürst seinen Plan unterstützte. Immerhin wäre ja damit für ihn eine indirekte Kontrolle des ganzen judäischen Gebietes möglich geworden, denn David kündigte das Vasallenverhältnis nicht auf. Die philistäische Politik nach der Schlacht am Gilboagebirge gibt einige Rätsel auf, die sich aber mit der Annahme einer Duldung der Pläne Davids auflösen ließen. Das Einvernehmen mit den Philistern mußte natürlich geheim bleiben, wenn David sich auch Chancen auf die Nachfolge Sauls ausrechnete.

David zog mit seiner Familie nach Hebron. Auch seine Männer nahm er mit. Die einzige einsatzfähige Truppe Judas war auf seiner Seite. Für die judäischen Lokalpotentaten war kein Koalitionspartner aus dem mit sich selbst beschäftigten Haus Sauls in Sicht.

«Da kamen die Männer von Juda und salbten David in Hebron zum König über das Haus Juda.» (2 Sam 2, 4a) Die Liste der Zuwendungen dürfte die sorgfältige Auswahl der Ortschaften dokumentieren, die diese Königswahl unterstützten! Spröde und ohne jedes weitere Detail steht dieser Satz in der Überlieferung:

«Da kamen die Männer Judas und salbten David in Hebron zum König über das Haus Juda.»

Was waren die politischen und soziologischen Hintergründe für die Verleihung der Königswürde über das Haus Juda an David?

Eine notwendige Voraussetzung dafür war sicher das Nichteingreifen der Philister, in deren Interesse die Entwicklung ja lag. Auf judäischer Seite schien klar, daß es keine sinnvolle Möglichkeit gab, die vorsaulidischen Verhältnisse wieder herzustellen. Ohne einen starken mittelpalästinensischen Staat, der die philistäische Pentapolis einigermaßen neutralisiert hatte, wäre man dieser schutzlos ausgeliefert gewesen. Wenn schon für die Stämme des Südens unter Judas Führung die Beziehungen zu den Philistern neu geordnet werden mußten, dann doch mit so weit als möglich gewährleisteter Eigenständigkeit.

Ein Kandidat für ein neu zu schaffendes zentrales Machtorgan bot sich an: ein Mann, der sich sowohl auf enge familiäre Bindungen zu den einflußreichen Familien der Stämme stützen konnte und der auch über gute Beziehungen zu den Philistern verfügte. Ein Kandidat, dessen großzügiger Umgang mit der Beute deutlich gemacht hatte, daß er nicht nur in die eigene Tasche wirtschaftete. Ein Kandidat, der über die einzige permanent einsatzfähige, kampferprobte Truppe des Gebietes verfügte – kurz: Ein geeigneter Kandidat bot sich an.

Der Salbung Davids zum Stammeskönig über Juda gingen sicher längere Verhandlungen voraus. David mußte wahrscheinlich eine Art Wahlkapitulation garantieren, wie sie später für die nächste Wahl genauer geschildert wird.[108] Bezeichnend ist, daß weder ein Priester noch ein Prophet im Zusammenhang mit der Salbung erwähnt werden. Nichtsdestotrotz ist dieser Akt als eine sakrale Handlung zu verstehen, in der die Ältesten als die legitimierten Vertreter von Großfamilien und Sippen handelten. Sie handelten in Ausübung ihrer noch in vorstaatlicher Zeit aus den Rechten und Pflichten des *pater familias* erwachsenen Aufgaben.

Eine Salbung als sakrale Handlung macht die Hervorhebung einzelner Gegenstände oder Menschen für eine bestimmte Aufgabe öffentlich sichtbar. Die Salbung bedeutet also nicht eine Veränderung der Beschaffenheit von Gegenständen oder des Charakters eines Menschen, sondern nur die Bestätigung und Legitimation einer bestimmten Funktion. Die Gottheit war hier im Spiel – aber so, daß der im heiligen Ernst vollzogene Beschluß und das daraus erwachsene Handeln als Ausdruck des göttlichen Willens verstanden wurde. Analog dazu bedurfte es für den Vollzug der Salbung keiner Personen, die durch besondere Berufung (Prophet) oder besonderen Beruf (Priester) dazu legitimiert waren.

Spätere Bearbeiter haben in die Texte dann aus ihrer jeweiligen Gegenwart Legitimationskonzepte eingetragen. Eine diese Eintragungen ist die Erzählung von der Salbung des Knaben David durch Samuel, die an den Beginn aller David-Überlieferungen plaziert wurde.[109]

David wurde in Hebron also König seines Stammes. Eine Familienangelegenheit, wenn man so will.

Und der Norden?

Die Situation nach der Entscheidung auf dem Gilboagebirge war für Israel nicht so verzweifelt, wie es der Botenbericht glauben machen wollte. Abner, dem Feldhauptmann, war es gelungen, mit einem Sauliden zu entkommen. An der Schlacht waren auf israelitischer Seite nur die mittelpalästinensischen Stämme beteiligt. Die transjordanischen Sippen und auch der Heerbann der Stämme Galiläas waren nicht vernichtet. Der Süden, unter der Führung Judas, hatte sich aus der Auseinandersetzung herausgehalten. Die Philister müssen selbst empfindliche Verluste erlitten haben, auch wenn wir davon in den Texten begreiflicherweise nichts erfahren, da sie ja vor allem an der Schilderung der Niederlage Sauls interessiert sind. In dessen ehemaligem Herrschafts- und Einflußbereich überlebte nach der Schlacht ein Rumpfstaat unter der nominellen Regentschaft Ischbaals, des letzten noch lebenden Sohnes von Saul:

«Abner, der Sohn Ners, der Befehlshaber des Heeres Sauls, hatte Ischbaal[110] *genommen und nach Mahanajim gebracht. Dann machte er ihn zum König für Gilead und die Ascheriter und Jesreel (der Ebene) sowie über Ephraim und Benjamin, überhaupt über Israel und seine Gesamtheit.» (2 Sam 2, 8–9).* De facto dürfte Abner das Heft in der Hand gehabt haben. Mit ihm und über ihn laufen jedenfalls in den folgenden Jahren die Kontakte mit dem Süden.

Davids öffentliche Reaktion auf die Nachricht vom Tod Sauls und seiner Söhne ist bereits ein erstes Indiz dafür, daß er sich mit dem Erreichten nicht zufrieden geben wird. Rasch knüpfte er erste Kontakte mit dem Norden. Direkt im Anschluß an den Bericht über die Salbung wird ein Brief überliefert, der an die Stadt Jabesch in Gilead gerichtet ist; jenem Gilead östlich des Jordan, in das sich der überlebende Rest des Hofes Sauls zurückgezogen hatte. Die meisten Ausleger zweifeln die Historizität des Briefes an, doch selbst als fiktives Schriftstück wäre er noch ein Dokument, in dem die damalige Situation lebendig wird.

Die Philister hatten, durchaus nach damaligen Kriegsbrauch,[111] Saul und seine Söhne post mortem geköpft, ihrer Rüstung beraubt und dann an der Mauer der Garnisonstadt Beth Schean aufgehängt, um ihren Sieg zu demonstrieren. Die Jabeschiter, welche dem Haus Sauls seit der Rettung vor einer bedrohlichen Belagerung durch die ostjordanischen Amoniter eng verbunden waren *(1 Sam 11)*, holten die Leichname in einer riskanten nächtlichen Aktion über den Jordan in ihre Stadt und gaben ihnen eine ehrenvolle Bestattung.

David wurde von dieser Nacht- und Nebelaktion berichtet. Seine Reaktion darauf ist der besagte Brief:

«Seid gesegnet von JHWH, denn ihr habt Saul, eurem Herrn, eine solche Liebe erwiesen und ihn begraben. Nun aber – JHWH erweise euch Liebe und Treue. Und auch ich will euch solche Wohltat erweisen, weil ihr dies getan habt. So seien eure Hände stark. Erweist euch als tapfere Männer, wo euer Herr Saul tot ist.» (2 Sam 2, 5–7a)

Hier klingen, diplomatisch behutsam formuliert, erste Hinweise darauf an, daß David sich in der Rechtsnachfolge Sauls versteht. Die Nachfolgefrage war für den Norden mit der Inthronisation Ischbaals durch Abner eigentlich geklärt. Der Brief geht aber mit keinem Wort darauf ein. Im Gegenteil: *«Erweist euch als tapfere Männer, wo euer Herr Saul tot ist.»* – das deutet auf eine herrenlose Lage hin. Der frischgebackene Stammeskönig von Juda übernimmt für ein ihm nicht unterstehendes Gebiet die Aufgabe der lobenden Kenntnisname eines verdienstvollen Tuns, was eigentlich Aufgabe des zuständigen Regenten gewesen wäre. Und dann hat der Brief noch ein Postskriptum, das schon beinahe als Wink mit dem Zaunpfahl zu verstehen ist:

«Übrigens hat mich das Haus Juda zum König über sich gesalbt!» (2 Sam 2, 7b) – David empfielt sich als mögliche personelle Lösung der anstehenden Probleme.

Vom Stammesfürsten zum König der Einheit

Zwei Könige in kleinen Territorien im ehemaligen Herrschafts- und Einflußgebiet Sauls: David im Süden, Ischbaal im Norden – das war sicher im Sinne der Philister. Aber es barg auch neuen Konfliktstoff, denn beide Herrscher wollten diese Situation wohl nicht auf Dauer akzeptieren.

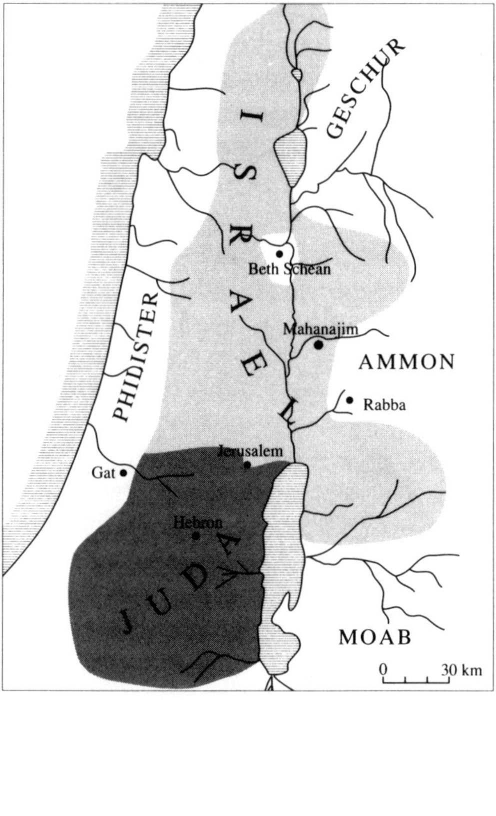

Die Reiche Davids und Ischbaals, um 1006–1004 v. Chr.

Erster Schauplatz der Auseinandersetzung der beiden Fürsten ist Gibeon und seine Umgebung. Im zweiten Kapitel des 2. Buches Samuel liegt eine Nachricht darüber vor:

«Es geschah, daß Abner ben Ner und die Knechte Ischbaal ben Sauls auszogen von Mahanajim nach Gibeon. Joab ben Zeruja und die Knechte Davids waren auch ausgezogen. Sie trafen beim Teich von Gibeon aufeinander, die einen lagerten diesseits, die anderen jenseits des Teiches.» (2 Sam 2, 12–13)

Die Existenz dieses Teiches ist archäologisch gesichert.

Gibeon ist eine jener kanaanäischen Städte, die eine relative Eigenständigkeit von Israel behielten. Im Buch Josua findet sich eine erzählende Begründung dafür *(Josua 9)*:

Die Einwohner Gibeons, so die Erklärung, hätten von den militärisch erfolgreichen Unternehmungen des Stammes Benjamin bei der Besetzung Mittelpalästinas unter Josua gehört, um ihre Existenz gefürchtet und zu einer List gegriffen. Sie stellten eine Unterhändlerkommission

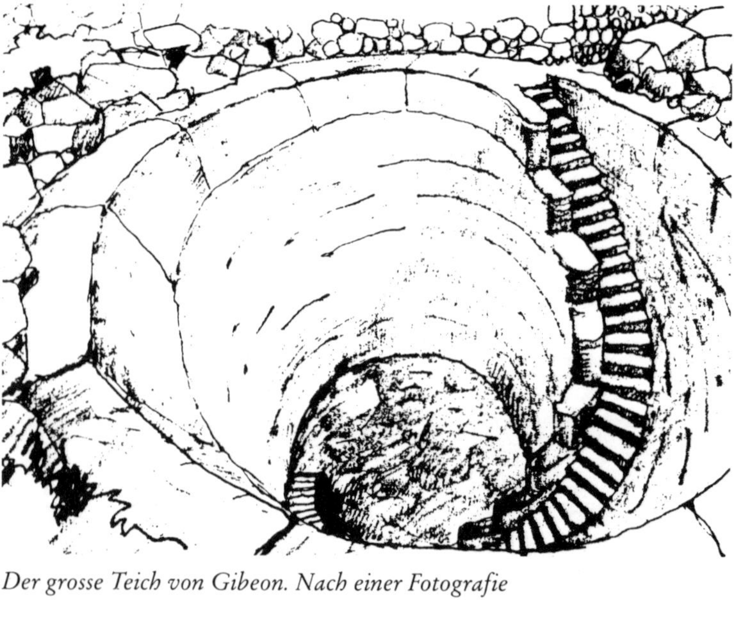

Der grosse Teich von Gibeon. Nach einer Fotografie

zusammen, versorgten diese ausreichend mit Verpflegung und schickten sie los. Die Verpflegung allerdings war etwas seltsam: in alte Säcke wurde bereits hartes, zerbröckelndes Brot gepackt; fast leere, alte und geflickte Weinschläuche wurden auf die Esel geladen und die Botschafter zogen ihre ältesten Schuhe an. So ausgerüstet konnten sie, nach nur wenigen Stunden bei Josua eingetroffen, diesem glaubwürdig versichern, sie kämen von sehr weit her, um ihm zu huldigen und um einen Freundschaftsvertrag auszuhandeln. Die List verfing. Geschmeichelt ob der lebendigen Beweise seines weitreichenden Ruhmes, schwor Josua heilige Eide, dass er die gibeonitische Tetrapolis, zu der außer Gibeon selbst noch die Städte Kefira, Beeroth und Kirjat-Jearim gehörten, vor seinem Angriff verschonen werde.

Als die Sache drei Tage später aufflog, war es zu spät. Die Eide garantierten den Einwohnern von Gibeon das Überleben. Die Geschichte ist nicht ohne leichte Seitenhiebe auf den eingebildeten Ruhm eines Militärs, sie spiegelt zugleich aber die Sonderstellung dieser Enklave nahe des Zentrums benjaminitischer Macht wider.

Was haben David und Ischbaal, beziehungsweise ihre Truppen, vor der Stadt zu suchen? Eine Notiz im Anhang der Davidgeschichten *(1 Sam 21)* hilft weiter. Dort ist von einer Blutschuld die Rede, die sich Saul gegen Gibeon aufgeladen hatte. Das deutet auf Versuche des Hauses Saul hin, die Sonderstellung Gibeons zu beseitigen.

Auch der erste Vorstoß Ischbaals im Konflikt zwischen dem Norden und dem Süden galt Gibeon. Ischbaals Ziel war die Rückgewinnung der Gebiete rund um Gibea, die Festung seines Vaters Saul. Dazu zählte auch die Stadt Gibeon. Eine Truppe Ischbaals unter der Führung Abners tauchte vor der Stadt auf. Doch die Truppen Davids unter dessen Oberbefehlshaber Joab waren schon vor Ort.

Warum? Wurde David gerufen? Spielte er wieder einmal seine lange geübte Rolle des Schutzherrn? Hatten sich die Gibeoniter in Verfolgung alter Stadttradition mit den Philistern arrangiert und handelte David unter Umständen sogar auf Initiative der Philister – oder zumindest mit deren Duldung? Gibeon gehörte sicher nicht zum Stammesgebiet Judas. David machte dem Fürsten des Norden mit dieser Aktion aber klar, daß er dessen Expansionspolitik nicht einfach hinnehmen würde.

Die beiden Heeresabteilungen standen sich nur getrennt durch die offene Zisterne gegenüber. Eine Pattsituation. Da rief Abner Joab zu: *«Die Burschen könnten aufstehen und vor uns etwas zum Lachen veranstalten.» (2 Sam 2, 14)*[112]

Dieser harmlose Vorschlag führte zur Eskalation.

... und die Militärs

Abners Vorschlag, zur Unterhaltung und Belustigung der Truppen ein Zweikampfspiel zu veranstalten, war an und für sich nichts ungewöhnliches. Auch die Spielregeln waren nicht neu und werden im Bericht dementsprechend auch als bekannt vorausgesetzt: Zwei Männer, jeweils mit einem kurzen Schwert bewaffnet, treten vor, packen einander, um große Nähe zu gewährleisten, mit der Linken bei den Haaren und fechten dann auf engstem Raum. In anderen Kulturen wird die Enge durch aneinandergefesselte Hände oder Leiber erreicht.

In diesem Fall handelte es sich nicht nur um einen Zweikampf, sondern gleich um deren zwölf zur gleichen Zeit. Eine symbolische Zahl: Die zwölf Stämme Israels. Waren Abner und Joab dafür verantwortlich, oder ist hier ein späterer Bearbeiter am Werk? Deutlich ist

Zweikämpfer. Darstellung aus Mesopotamien

jedenfalls, was im Hintergrund der ganzen Affäre von Gibeon stand: Nichts weniger als die Auseinandersetzung um die legitime Herrschaft über ganz Israel.

Aus dem Spiel wurde tödlicher Ernst: Alle zweimal zwölf Duellanten fielen. Die Situation eskalierte zur offenen Feldschlacht. Erst ein Waffenstillstand, zwischen Abner und Joab ausgehandelt mit dem Hinweis auf die Sinnlosigkeit dieses Bruderkrieges, brachte ein Ende des Blutvergießens. Die Verluste: 20 Mann vermißt auf Davids Seite, 360 Mann erschlagen auf Ischbaals Seite. Die Zahlenverhältnisse erinnern an die einseitigen Pressemitteilungen aus militärischen Hauptquartieren. De facto ist es auch jetzt noch ein Patt.

Abner zog sich in einem nächtlichen Gewaltmarsch nach Mahanajim zurück. Joab und seine Männer nützten die Nacht zum Rückzug nach Hebron. Ischbaals Taktik ging nicht auf: Gibeon konnte nicht zur Kooperation gezwungen werden. Davids vermutete Taktik dagegen ging auf: Er erwies sich als Garant der alten Verträge und damit implizit als Rechtsnachfolger des vorstaatlichen Israel. Den Philistern konnte die Situation nur recht sein. Ohne Einsatz eigener Truppen war der in ihrem Interesse liegende Status quo erhalten geblieben. Ein Kommentar schließt den Bericht der militärischen Eskalation ab:

«Der Krieg zwischen dem Haus Sauls und dem Haus David begann, sich in die Länge zu ziehen. David wurde dabei immer stärker, während das Haus Sauls immer schwächer wurde.» (2 Sam 3, 1)

In die Überlieferung von der Schlacht ist auch eine Erzählung eingearbeitet, die diesen Lokalkonflikt weit über den Anlaß hinaus bedeutsam werden ließ. Im Stil einer Heroensage wird da von einem Zweikampf berichtet, der für den Norden und für Davids Pläne schwerwiegende Konsequenzen haben sollte. Joab, der Befehlshaber der Truppen Davids, hatte noch zwei Brüder. Abischai, der uns später als der Anführer der «Dreißig» begegnet und Asahel. Von Asahel wurde erzählt, er wäre so schnell gewesen wie eine Gazelle auf dem Felde. Dieser Leichtfüßige nun verfolgte Abner ben Ner quer über das Schlachtfeld und ließ nicht locker.

«Da wandte sich Abner um und sagte: ‹Bist du das, Asahel?› Und der sagte: ‹Ja›. Da sagte Abner zu ihm: ‹Wende dich zu deiner Rechten oder

Linken, fasse einen von den Kriegern und erobere dir dessen Rüstung!› Aber Asahel wollte nicht ablassen von ihm.

Da redete Abner weiter zu Asahel: ‹Laß' doch ab von mir, sonst muß ich dich zu Boden schlagen. Wie könnte ich da Joab, deinen Bruder, unter die Augen treten?›

Aber der weigerte sich, von ihm abzulassen. Und Abner stieß ihm mit dem stumpfen Ende des Spießes in den Bauch, so daß der Spieß hinten wieder herauskam. Und jener fiel dort und starb auf der Stelle.» (2 Sam 2, 20–23a)

Ein solcher Dialog während eines Zweikampfes – das entbehrt aller historischen Wahrscheinlichkeit. Doch es war nicht nur Hochachtung vor einem edlen Recken, wenn so von Abner, dem Feind in einem erbitterten Bruderkrieg erzählt wird. Der Dialog ist auch ein Mittel der Rechtfertigung der Politik von Davids Nachfolger Salomo: Joab wurde von Salomo unter anderem mit der Begründung beseitigt, daß er Blutschuld auf sich geladen hatte, als er Abner ermorderte – ohne wirklichen Anlaß, denn diesen traf keine Schuld am Tod Asahels *(2 Kön 2, 5)*. David selbst war nicht in der Lage, Joab in seine Schranken zu weisen. Für ihn war es aus politischen Gründen nicht möglich und opportun, den Oberbefehlshaber aus der eigenen Familie selbst auszuschalten.

Familienpolitik

Es wurde bereits deutlich, wie sehr Davids Regentschaft über das Haus Juda von der Unterstützung durch seinen Clan abhängig war. In Hebron begann David damit, diesen Clan aufzubauen. Seine Heiratspolitik ist nicht mehr ganz durchschaubar, da nur in Einzelfällen nähere Informationen bekannt sind. Immerhin aber verdankt sich der Erhalt dieser Daten *(2 Sam 3, 2–5)* ihrer späteren Bedeutung in der Clangeschichte: Wenigstens die erfolgreichen Schachzüge dieser unblutigen, aber nicht opferlosen Politik sind überliefert.[113] Hinter der einfachen Auflistung von Frauen und ihrer Söhne sind sicher private Schicksale der jeweiligen Mütter verborgen: Nicht Abigail gebar David seinen Erstgeborenen, sondern Ahinoam. (Amnon, der Erstgeborene, sollte denn auch noch eine Rolle spielen im Familiendrama.) Von Kilab, Abigails Sohn, ist dagegen nie wieder die Rede, obwohl er in eine prominente Stelle der Thronfolge hineingeboren wurde. War er krank, vielleicht gar schwachsinnig? Starb er zu früh eines natürlichen Todes? Wäre er ermordet worden, wir wüßten sicher davon. Vergessen aber sind die unspektakulären Biographien. Für die Mutter bedeutete das ein Verschwinden in der Versenkung des anwachsenden Harems.

Sohn Nummer drei führt uns zu Maacha, der Tochter Talmais, des Königs von Geschur, einem Stammeskönigtum, das nördlich der heutigen Golanhöhen lag. Hier wird zum ersten Mal über den Horizont der Stämme Israels und Judas hinaus gedacht und gefreit. Die Heirat nimmt sich wie ein Versuch der Einklammerung des Nordreiches aus. Die Ehe war sicher Garant eines Vertrages, von dem wir nichts mehr wissen. Er gewährleistete immerhin, daß David auch in späteren Jahren das Gebiet Geschur im Zuge seiner Expansionspolitik unbehelligt gelassen hat. Sein Schwiegervater Talmai wird noch als Asylgewährer im Familiendrama eine Rolle spielen, in das Abschalom, der Sohn Maachas und dessen Schwester Tamar verwickelt wurden.

Auch auf Seiten der Sauliden war die Familienpolitik zugleich Staatspolitik. Das gibt den Hintergrund für die nächsten Entwicklungen, oder besser Verwicklungen, an.

Diplomatie: offene Verhandlungen...

Nach dem militärischen Patt traten die Beziehungen zwischen dem Norden und dem Süden in eine neue Phase. Ischbaal war inzwischen politisch derart geschwächt, daß er in den nun folgenden Verhandlungen nur noch den Willen seines Gegenübers David vollstrecken konnte. Die Reihenfolge der Ereignisse ist nicht ganz deutlich. Wahrscheinlich wurden auf mehreren Ebenen gleichzeitig Verträge geschlossen. Voraussetzung für diese Entwicklung war ein tiefgreifendes Zerwürfnis zwischen Abner und Ischbaal. Es ist eingekleidet in die folgende Geschichte, in der Rizpa, eine Nebenfrau (respektive Witwe) Sauls, zum Anlaß einer Auseinandersetzung wurde.

Ischbaal stellte Abner zur Rede: «*Warum hast du mit der Nebenfrau meines Vaters geschlafen?*»

Abner entgegnete wütend über diese Vorhaltung: *«Bin ich etwa ein judäischer Holzkopf?» (2 Sam 3, 7–8)*[114]

Dann berief sich Abner auf seine Treue zur Sippe. Mit keinem Wort aber stritt er die Berechtigung des Vorwurfs ab. Es ging dabei nicht, wie vielleicht vordergründig zu vermuten wäre, um eine delikate Affäre, die dem Ruf des Hauses schaden könnte. Die Inbesitznahme des Harems eines lebenden oder toten Königs war ein höchst politischer Akt.[115] Damit wurde ein öffentliches Zeichen des Machtanspruches gesetzt. Ischbaal war nicht dumm. Er mußte reagieren und er hat es getan. Aber er war zu schwach, um die Konsequenzen zu ziehen. Abner hingegen hat sie gezogen. Er sah keine Chance mehr, mit Ischbaal Staat zu machen. Damit schied auch die möglicherweise langfristige Option aus, selbst auf den Thron zu gelangen. Abner entschied sich, die Fronten zu wechseln.

Ob der Zwischenfall im Harem dazu den Anstoß gegeben hatte oder ob Abner ihn provoziert hatte, um einen Anlaß zu haben, offiziell seine Politik zu ändern, ist umstritten. Die Fakten aber sind klar: Die letzte Bastion der Königsmacht Ischbaals war gefallen.

Ischbaal suchte den Frieden mit David. Die Verhandlungen kamen zu einem von David diktierten Resultat. Wieder war es eine Frau, die den Vertrag besiegeln sollte: Michal. David wollte sie zurück haben, ungeachtet ihrer inzwischen vollzogenen Wiederverheiratung noch durch ihren Vater Saul. In der diktierten Friedensbedingung stehen zentral die Begriffe, um die es geht:

«Michal, die Tochter *Sauls»* und: *«meine [Davids]* Frau *Michal» (2 Sam 3,13.14).*

Die schon vor langem eingegangene Ehe wurde reaktiviert. David wollte nicht auf die ihn in den Augen der Nordstämme legitimierende Familienverbindung verzichten. Ischbaal zögerte denn auch nicht lange und ließ seine Schwester holen aus dem Hause Paltiël ben Laïschs, ihres damaligen Ehemannes. Abner holte sie in Gallim, dem Heimatort Paltiëls ab und brachte sie nach Hebron. Wieder gibt es eine Notiz, die ein Schicksal zwischen den Zeilen andeutet, wieder ist es das Schicksal eines Opfers. Diesmal allerdings war das Opfer ein Mann! Der begleitete sie fünf Kilometer *«... wobei er in einem fort weinend hinter ihr herlief, bis nach Bachurim. Als aber Abner zu ihm sagte: Los, kehr um – da kehrte er um.» (2 Sam 3, 16).*

Ursprünglich mag die Verbindung zwischen David und Michal eine Liebesheirat gewesen sein – zumindest auf Michals Seite.[116] Jetzt aber spielte vor allem der politische Charakter der Verbindung eine Rolle. Die Situation hatte sich auch entscheidend geändert. David war nicht mehr der vielversprechende Newcomer mit der unwiderstehlichen Ausstrahlung eines überraschenden Siegers, der für die selbstbewußte Königstochter ein romantisches Abenteuer versprach und vielleicht auch Befreiung aus einem schwierigen Elternhaus; jetzt waren die Gewichte anders verteilt.

Der Weg Michals zurück zu ihrem ersten Mann an der Seite Abners, des Onkels, der sich mit ihrem Bruder, dem König, entzweit hatte, und der zurückbleibende weinende Paltiël: das böte Möglichkeiten erzählerischen Nachempfindens. In den biblischen Texten ist das ausgeblieben. Sie sind am Privaten, Individuellen wenig interessiert, wenn es nicht zum Träger für die Deutung der politischen, soziologischen oder theologischen Dimension der Realität dient.[117]

... und geheime Verhandlungen

Abner brachte Michal nach Hebron. Später wurde daraus geschlossen, daß auch die Verhandlungen über die Heimkehr Michals mit Abner geführt worden waren. Das ist nicht sehr wahrscheinlich. In die Hauspolitik konnte Abner sicher nicht derart an Ischbaal vorbei eingreifen. Doch es gibt Nachrichten von Verhandlungen zwischen Abner und David, die teilweise im Zuge der Übergabe Michals erfolgten. Immerhin bot dieser offizielle Besuch ein gutes Alibi für geheimzuhaltende Gespräche. Vorausgegangen war eine Botschaft Abners an David:

«Gib mir deine Zusage zu einer Bündnisverpflichtung, dann hast du meine Unterstützung, daß ich ganz Israel zu dir hin orientiere.» (2 Sam 3, 12b)

Hier kommt das Eigeninteresse Abners zutage. Bei seinen Vorbereitungen zum Frontenwechsel wollte er auch für sich eine gute Position garantiert haben. Er rechnete wohl weiter mit der Position des Oberbefehlshabers. Die Stelle war schon besetzt. Trotzdem gab David seine Zustimmung und Abner begann, bei den Ältesten für eine Wende zu werben.

Er ging mit einer Doppelstrategie vor: Einerseits unterstellte er den politisch Verantwortlichen den immer schon gehegten Wunsch, David zu ihrem König zu machen. Explizit wurde das bis dahin zwar nirgends erwähnt, aber die Popularität Davids aus seiner Zeit am Hof Sauls konnte offenbar leicht aufgefrischt werden. Die zweite Argumentationslinie war eine theologische. Es ging um die Frage der Legitimation Davids für den Thron Israels. Bezeichnenderweise wurden hier nicht seine Heldentaten aufgelistet. Auf Familienbande konnte höchstens in Bezug auf Michal hingewiesen werden. Was blieb – und was gerade im Norden von großer Überzeugungskraft gewesen sein muß – war ein theologisches Argument. Es war nicht jenes, das im Zusammenhang mit der *fortune* des Helden schon skizziert wurde und das im Süden starke Wirkung gezeigt hatte. Abner brachte David vielmehr in Verbindung mit der Vorstellung vom Heiligen Krieg, dessen Konzept in der Nordreichtheologie verwurzelt und ausgearbeitet worden war. Die Sprache des Berichts deutet zwar auf eine spätere Formulierung hin, aber es wird doch die damalige Überzeugungsarbeit Abners ziemlich exakt gezeichnet:

«JHWH hat über David gesagt: Durch die Hand meines Knechtes David werde ich mein Volk Israel retten aus der Hand der Philister und aus der Hand aller seiner Feinde.» (2 Sam 3, 18)

Abners Argumente hatten bei den Ältesten seines Stammes Benjamin Wirkung gezeigt. Zwanzig Vertreter des Stammes sagten David ihre Unterstützung beim Festmahl zur Wiedervereinigung mit Michal zu. Abner garantierte David, ganz Israel zu einer Verhandlungsrunde nach Hebron zu laden und verabschiedete sich mit einer Anspielung auf ihre Geheimabsprache über die zukünftige Beförderung des Befehlshabers Nord zum Oberbefehlshaber des Heerbannes. Doch – wie gesagt – die Stelle war schon besetzt in Davids Stab. Ein neuer Konflikt bahnte sich an.

Während des Staatsbesuches war Joab nicht in Hebron gewesen. En passant wird darüber informiert. Gleichzeitig werden seine Aufgaben als Heerführer Davids Beschrieben: Joab kam, kurz nachdem Abner die Stadt in Richtung Norden verlassen hatte, von einem Plünderungszug mit reicher Beute zurück. Die Finanzierung des Hofes wurde also nach wie vor durch das System aus den Fluchtjahren gewährleistet. Wo die Beute gemacht wurde, wird nicht berichtet. Die Geplünderten werden aber außerhalb der Stammesgrenzen zu suchen sein.

Die Stadt war noch ganz beschäftigt mit den Ereignissen um die Heimholung Michals. So erfuhr Joab auch rasch vom Kontakt Davids mit Abner.

«Abner ben Ner ist zum König gekommen und der hat ihn wieder entlassen und er ist wohlbehalten weggegangen.» (2 Sam 3, 23)

Joab stellt den König zur Rede. Der Ton macht deutlich, daß nicht nur Ischbaal politisch abhängig war von den Militärs.

«Was hast du da getan? Abner ist zu dir gekommen und du hast ihn wieder ziehen lassen? Du kennst doch Abner ben Ner! Er ist gekommen, dich einzuwickeln. Deine Bewegungen wollte er beobachten, überhaupt alles, was du tust!» (2 Sam 3, 24–25)

Eine Antwort Davids ist nicht überliefert. Hier prallten zwei verschiedene politische Konzepte aufeinander, die nicht kompatibel waren. David war es offensichtlich nicht möglich, den wütenden General aufzuhalten. Das hat ihm Vorwürfe eingetragen, ihn auch der Verdächtigung ausgesetzt, er sei insgeheim mit den nachfolgenden Taten Joabs einverstanden gewesen und hätte nur aus Opportunität nicht öffentlich für den Militär Stellung bezogen. Das ergab eine brisante Situation. Das Risiko von Davids Geheimverhandlungen hinter dem Rücken des Nordreichkönigs Ischbaal war offensichtlich. Abner spielte eine Schlüsselrolle und niemand wußte ob, und wenn ja, wie er diese Position für sich selbst ausnützen würde. Joab sah seine eigene Stellung am Hof gefährdet und interpretierte dies als eine Gefährdung des ganzen Staates. Aus seiner Perspektive war das durchaus logisch. Die Chancen eines unblutigen Erfolgs der Politik Davids konnte oder wollte der Haudegen nicht sehen.

Abners Ende

Von den folgenden Ereignisse ist nur die Version des Hofes überliefert. Sie schien damals überzeugt zu haben. Der Bericht liest sich wie ein Auszug aus der Anklageschrift gegen Joab, dem viel später, als es die Machtverhältnisse erlaubten, tatsächlich der Prozeß gemacht wurde.[118]

«Als Joab David verlassen hatte, sandte er Boten hinter Abner her. Die brachten ihn zurück aus Bor Hassira [einige Kilometer nördlich Hebrons], ohne daß David es wußte.»

Abner mußte annehmen, daß es noch einige Punkte vielleicht militärischer Art zu klären gab. Arglos kehrt er zurück und traf Joab am Stadttor.

«Joab nahm ihn beiseite, ins Stadttor hinein, als wolle er heimlich mit ihm reden und stieß ihm da in den Bauch, so daß er starb.» (2 Sam 3, 26–27)

Über das Motiv läßt der Text keine Zweifel aufkommen. Die offizielle Version vermeidet jeden Hinweis auf mögliche politische Hintergründe des Attentats. Das ist sowohl im Blick auf die Reaktion des Nordens wichtig als auch darauf, daß es David zu diesem Zeitpunkt unmöglich war, seinen Oberbefehlshaber vor Gericht zu stellen. Die Schilderung des Mordes deutet an: es geht um Blutrache für die Tötung von Joabs Bruder Asahel. Und so steht es denn auch explizit im Text: *«Er starb um des Blutes Asahels willen.»* Zur Zeit Salomos, als sich die Machtverhältnisse geändert hatten, wurde die Tötung Abners durch Joab dann so beschrieben: *«Joab, der Sohn der Zeruja, hat Abner, den Feldhauptmann Israels ermordet, denn er hat im Krieg vergossenes Blut im Frieden gerächt!» (1 Kön 2, 5)*

Als David von der Tat erfuhr, reagierte er angemessen. Er tat alles, um seine Unschuld an diesem ihm in den Augen der Öffentlichkeit sehr gelegenen Mord zu demonstrieren. Von der Rolle, die der Tote in seiner Verhandlungspolitik spielen sollte, konnte und durfte man nichts erfahren. Er befahl Volkstrauer, sprach einen heiligen Fluch über Joab und sein Haus aus und distanzierte sich deutlich von seinem Militär.

Wie er das bei den herrschenden Machtverhältnissen wagen konnte, ist nicht ganz klar – möglicherweise aufgrund einer Absprache der beiden Männer. Der Handel könnte ungefähr so ausgesehen haben:

- Das Motiv für die Tat wird als rein privat im Zusammenhang der Blutrache dargestellt.
- David trauert öffentlich um den Toten – Joab wird nicht zur Rechenschaft gezogen.

Der offizielle Bericht teilte nur diese Hofversion mit. David ließ in der Stadt ausrufen:

«Ich und mein Königtum, wir sind für alle Zeiten unschuldig vor JHWH am Blut Abner ben Ners. Es komme auf das Haupt Joabs und das ganze Haus seines Vaters! Möge es dem Haus Joabs nie fehlen an solchen, die Geschlechtskrankheiten haben; auch an Aussätzigen und an solchen, die zur Krücke greifen müssen; die durchs Schwert fallen und die kaum zu Essen haben. Joab und Abischai, sein Bruder, haben Abner getötet, weil er Asahel, ihren Bruder, bei Gibeon im Kampf getötet hat.» (2 Samuel 3, 29–30)

Dann befahl David Volkstrauer, ging selbst im Zug hinter der Bahre her und stimmte eine Totenklage über Abner an. Sein eines Helden unwürdiger Tod wird darin mit dem Niedermachen eines Verbrechers verglichen, um das Ruchlose der Tat Joabs deutlich zu machen.

«Mußte Abner sterben wie ein Unmensch stirbt?
Deine Hände waren nicht gefesselt,
noch deine Füße in Ketten.
Wie man durch Schandtäter fällt, bist du gefallen.» (2 Sam 3, 33–34)

Auch die eigentlich nur den Verwandten des Verstorbenen zustehende Sitte des Fastens hielt David ein, wie schon bei der Nachricht vom Tod Sauls und Jonathans. Durch die Ehe mit Michal fühlte er sich der Familie Sauls verbunden und demonstrierte das bei der Gelegenheit. Der Erzähler weiß:

«Dies nahm alles Volk zur Kenntnis und es gefiel ihnen gut.»

Spätere Bearbeiter fügten noch hinzu:

«Wie alles, was der König getan, gefiel es dem ganzen Volk gut.»

Und, weil es noch nicht deutlich genug schien, ein weiterer Satz:

«Und das ganze Volk und ganz Israel erkannte an jenem Tage, daß es nicht vom König ausgegangen war, Aber ben Ner zu töten.» (2 Sam 3, 36–37)

Für seinen Hof wurde der König in der Analyse der Ereignisse deutlicher:

«Ihr wißt doch, daß ein Fürst und Großer am heutigen Tag in Israel gefallen ist! Ich aber erweise mich heute als schwach, obwohl ich zum König gesalbt bin. Jene Männer, die Söhne der Zeruja, sind härter als ich.» (2 Sam 3, 38–39a)

Diese eingestandene Schwäche ist auch als Stärke interpretierbar. Sie verhinderte den Rückfall in die vorstaatliche Sippenordnung und eröffnete innenpolitischen Spielraum. Der Tod Abners behinderte die mit dem Benjaminiten vereinbarte Strategie nicht – im Gegenteil, er beschleunigte sie.

Die Gefahr war im letzten Augenblick abgewendet worden. Die Tat Joabs hätte das Aus für die Karriere Davids bedeuten können. Einzig durch rasches Handeln, ohne Rücksicht auf seine Familie, mit vollem persönlichen Einsatz war David dieser Falle entkommen. Im entscheidenden Augenblick zeigte sich, daß dieser Mann die Kriterien seines Handelns nicht mehr aus dem alten Sippenrecht gewann. Er war in der Lage, die neue Konstellation von notwendigen sozialen Formen zu erkennen, die über den Horizont der Familie hinaus führen mußten. Er löste sich nicht völlig von den alten Konzeptionen, sondern benutzte sie – wie den Gedanken der Blutrache oder die Formen der öffentlichen Trauer – zur Inszenierung seiner Argumentation. Die Beinahe-Niederlage aber hat David seinem Befehlshaber nie verziehen. Immer wieder kam es in der Folge zu Konfrontationen mit Joab, auch zu Degradierungen. Entschieden wurde der personalisierte Konflikt zweier Konzepte jedoch zu Lebzeiten Davids nicht.

Ischbaals Ende

Auch Ischbaal finanzierte seinen Hof mit Plünderungszügen. Zwei Anführer solcher Unternehmungen wurden zu Hauptdarstellern im nächsten Akt der Geschichte. Es waren die Brüder Baana und Rechab, Söhne eines gewissen Rimmon aus dem benjaminitisch besetzten Beeroth.

Die Bestürzung im Nordreich war groß, als sich der Tod Abners herumsprach. Vom König wird erzählt: *«seine Hände wurden schlaff.» (2 Sam 4, 1)*

Baana und Rechab sahen ihre Chance, die Geschichte voranzutreiben und möglicherweise die Stelle des toten Abner in den Verhandlungen zwischen dem Norden und David zu übernehmen. Sie planten, nicht mit leeren Händen zu David zu kommen. Die Mittagszeit schien ihnen günstig für ihr Vorhaben. In den heißen Stunden des Tages ruhte das öffentliche Leben. Sie drangen in das Haus Ischbaals ein.[119]

Der Zeitpunkt war gut gewählt. Die Hoforganisation war nicht eben straff, was auf die Auflösungserscheinungen hinweist, welche die Nachricht vom Tod des starken Mannes Abner auslösten. Die beiden Offiziere konnten sich unverdächtig im Gebäude bewegen. Sie erreichten den Raum im Obergeschoß, in dem der König seine Siesta hielt, ermordeten ihn im Schlaf, nahmen den Kopf als Beweis ihrer Tat mit und machten sich auf den Weg nach Hebron. Sicherheitshalber wählten sie eine Route, die sie nicht durch benjaminitisches Gebiet führte.

Ihres Erfolges sicher, tauchten sie mit dem Haupt des toten Sauliden vor David auf. Dessen Reaktion war kurz und bündig. Er mußte auf niemanden Rücksicht nehmen. Es war klar, daß hier auf eigene Verantwortung gehandelt worden war, und einen Präzidenzfall gab es auch schon. David sprach ihn an:

«Beim Leben JHWHs, der mich aus aller Not gerettet hat. Schon dem, der mir die Nachricht brachte: ‹Saul ist tot› und sich dabei als Freudenbote wähnte, packte ich und tötete ihn in Ziklag, statt daß ich ihm einen Botenlohn gegeben hätte. Nun aber haben sogar Schurken einen arglosen Mann in seinem Haus, in seinem Bett getötet – sollte ich da nicht sein Blut von euch einfordern und euch vom Erdboden ausrotten?» (2 Sam 4, 9b–11)

Die beiden wurden hingerichtet. Ihre Hände und Füße wurden ihnen abgeschnitten und am Teich von Hebron aufgehängt. Das war die normale Behandlung der Leichen von Schwerverbrechern. Das Haupt des toten Königs ließ David im Grab Abners in Hebron beisetzen.[120]

Die theologische Einleitung von Davids Urteil ist auf den Erzähler zurückzuführen, aber sie spricht den entscheidenden Punkt an: Aus der prekären Situation eines Bruderkrieges, den er nicht ohne schwerwiegenden Schaden an seinem Ruf hätte gewinnen können, wurde David gerettet durch zwei Morde, mit denen er nicht in Zusammenhang gebracht werden konnte. Für seine Zeitgenossen mußte es aussehen, als hätte eine schützende Hand den Mann bewahrt, dessen Verdienste einzig darin lagen, sich ganz auf seinen aus dem Augenblick heraus reagierenden, treffsicheren Instinkt zu verlassen. Ersetzt man diese Beschreibung durch den Begriff «Geistesgegenwart», ist man schon nahe an der theologischen Deutung des Berichtes: Der Geist JHWHs, der seit der Salbung auf David ruhte, hatte ihn gerettet.

Es gab keinen ernstzunehmenden legitimen Sauliden mehr – mit Ausnahme Meribbaals, eines minderjährigen, verkrüppelten Sohnes von Jonathan. (Verkrüppelt übrigens, weil ihn seine Amme bei der überstürzten Flucht nach der Schlacht im Gilboa-Gebirge fallengelassen hatte, wie die Legende weiß.)

Geheimverhandlungen waren nicht mehr nötig. David konnte die weitere Entwicklung abwarten.

Der neue Bund

«So kamen alle Ältesten Israels zum König nach Hebron, und der König David schloß mit ihnen vor JHWH einen Bund in Hebron, und sie salbten David zum König über Israel.» (2 Sam 5, 3)

Das ist der logische Schluß eines langen Erzählbogens, der seine Spannung nicht aus einem unbekannten Ausgang bezog, sondern aus der Frage, wie der Held den von Anfang an bekannten Schluß trotz aller Hindernisse dennoch erreichen könnte.

Es lohnt sich, diesen Schlußsatz noch einmal genau anzusehen: Der Salbung geht eine Verhandlungsrunde voraus, welche mit einem Bundesvertrag endet. Ein solcher Bundesvertrag wird, wie wir aus den Texten anderer altorientalischer Kulturen wissen, sonst nur zwischen Königen geschlossen. Dabei wird der König von einem Großkönig eingesetzt oder in einem ausdifferenzierten Verfahren durch die jeweilige Gottheit, hinter der die Macht einer Priester- oder Militärkaste steht. Hier aber wird deutlich, daß die alte vorstaatliche Ordnung die Wahlkapitulation entscheidend beeinflußt hat: Die Institution der Ältesten – eine Versammlung der Sippen und Großfamilienvertreter – verhandelte mit dem Thronanwärter über die Pflichten, Rechte und Grenzen seiner Macht.

Die Entscheidung der Ältesten, nach Hebron zu gehen und David zu salben, wird in einer Art Präambel dreifach begründet *(2 Sam 5, 1–2):*

- mit den Verwandtschaftsverhältnissen, die allerdings trotz des Ausdrucks *«wir sind ja doch dein Gebein und dein Fleisch»* nicht besonders nah waren, aber das alte Sippenrecht berücksichtigten;
- mit dem Hinweis auf die erfolgreiche Arbeit Davids in den Kriegen Israels unter Saul, um die erwartete Kontinuität der Politik zu gewährleisten;
- mit der auch hier wieder vorausgesetzten Zusage JHWHs: *«Du wirst*

Hirt meines Volkes Israel sein und wirst zum Fürsten über Israel werden.»

Mit dieser letzten Begründung wird gleichzeitig die in vergleichbaren Monarchien des Umfelds absolute Macht des Königs entscheidend eingeschränkt. Das alte Konzept, daß der wahre König über Israel JHWH selbst ist, hatte weiter Gültigkeit. Der Königstitel «Hirt» war im Alten Orient weit verbreitet. Mit ihm wurde die funktionale Bestimmung der Machtfülle des Herrschers konkretisiert: Der Hirte hat das Wohl des Volkes (der Herde) im Auge. In Israel war dieser Titel in erster Linie Gottesprädikat.[121] Der König in Israel übt also JHWHs Hirtenfunktion stellvertretend für ihn aus. Der Titel «Fürst»[122] schließlich bestätigt diese Einbindung der Königsfunktion in ein Gesamtkonzept des Staates, in dem die Möglichkeiten für Kontrolle und Kritik am Herrscher konstitutiv verankert sind. David wird das noch zu spüren bekommen.

Am Ziel?

War David damit am Ziel? Er war König über das Haus Juda und nun auch König über Israel, aber zugleich immer noch Herr von Ziklag und damit Vasall der Philister. Wie würden seine Lehnsherren diese Aufsprengung des status quo beurteilen? Konnte sich David weiter darauf verlassen, im Schutz der Herren an der Küste zu operieren? Es ist anzunehmen, daß er wenigstens mit Achisch von Gat Kontakt gehalten hat und möglicherweise ermunternde Signale von dort erhielt. Achisch allerdings war nur einer unter fünf Stadtherrschern, und schon einmal hatte er sich nicht durchsetzen können.

Wenn die Interpretation und Datierung der Texte *(2 Sam 5,17–25)* zutrifft,[123] dann gibt es Informationen über die Reaktion der Pentapolis. In ihren Augen hatte David seine Kompetenzen überschritten. Die Philister spielten eine ihrer wichtigsten Karten aus: die Möglichkeit, dank ihres stehenden Heeres rasch zuzuschlagen. David erfuhr von der Mobilmachung und reagierte sofort. Auf schon bekanntem Terrain sicherte er den Zugang zu seiner Residenzstadt Hebron und besetzte die Ruinenstadt Adullam. Seine Taktik war naheliegend – und doch zielte sein

Vorstoß ins Leere. Die Philister waren nicht an der Eroberung Hebrons interessiert. Ihre Strategie galt vielmehr der Abschnürung der Verbindungslinien zwischen Nord und Süd. Die Überraschung gelang. Während David im Südwesten seine Kräfte zusammenzog, setzten sich die Philister im Tal Rephaïm, westlich der jebusitischen Enklave Jerusalem fest. Damit hatten sie die Kontrolle über die Nord–Süd-Verbindungswege. David erfuhr davon. Seine Entscheidungsfindung in dieser schwierigen Situation stand wieder einmal im Zusammenhang mit dem Losorakel. JHWH unterstützte durch das aus der Priestertasche fallende Los den Angriffsplan des Königs. David zog das Terebinthental hinauf nach Bethlehem und wandte sich dort nach Norden zum Mar-Elias-Paß, über den der Weg in die Ebene südwestlich von Jerusalem führt.

Es ist davon auszugehen, daß die Philister diesen Aufmarschweg durch Posten auf dem Paß gesichert hatten. David kamen seine Geländekenntnisse zugute. Kurz vor dem Paß wich er nach Westen aus und ging, am alten Heiligtum Baal Perazim vorbei, durch ein Paralleltal vor. Die Geländeformation gewährte ihm Deckung bis zum letzten Augenblick. Die Philister ahnten noch nichts von der Umgehung ihrer vorgeschobenen Beobachter und wähnten sich sicher. David stieß links am Hügel Scharafat vorbei, schwenkte nach rechts und überrumpelte das Lager.

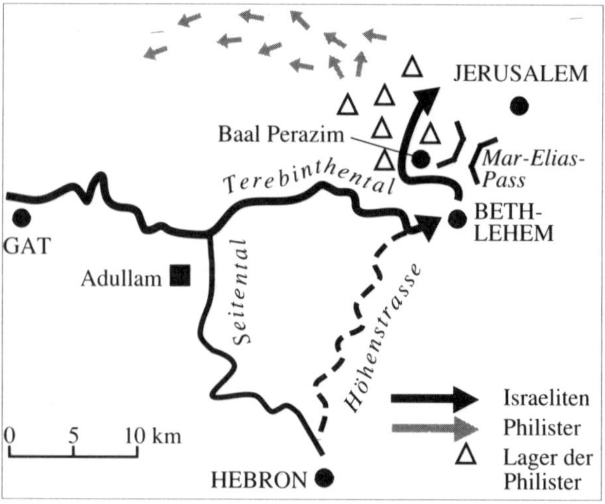

Davids Kampf gegen die Philister bei Baal Perazim

Die Überraschung war perfekt und die Panik unter den Philistern so groß, daß sie ihre Feldzeichen zurückließen. Davids Truppen führten sie im Triumph heim.

Unter Anspielung auf den Namen des Heiligtums (Perazim-Perez = Riß/Durchbruch) legt der Erzähler David folgenden Siegessatz in den Mund: *«JHWH hat meine Feinde durchbrochen vor mir, wie Wasser [einen Damm] durchbricht.» (2 Sam 5, 20).* Im Hintergrund steht die Erfahrung aller Steppenbewohner von der zerstörerenden Gewalt des Wassers nach einem Wolkenbruch, wenn sich in sekundenschnelle ein Wadi in einen reißenden, todbringenden Fluß verwandelt.

Die erste Bewährungsprobe der noch jungen Doppelmonarchie war erfolgreich bestanden. Gefährlich waren allerdings die Konsequenzen. David hatte mit den Philistern gebrochen.

In der Analyse der philistäischen Strategie wird sichtbar, wo die gefährdete Flanke der Herrschaft Davids lag. Wie schon zu Sauls Zeiten war auch jetzt die Topographie des Landes Ursache der Verwundbarkeit. David regierte über zwei Herrschaftsgebiete, die militärisch leicht zu trennen waren. Seine Königswürde und seine Macht waren ohnehin ungleich verankert. Im Süden konnte er sich nach wie vor auf seine Familie und die Sippe stützen. Im Norden war es der Vertrag mit den Ältesten, der ihn legitimierte. Bis zu diesem Zeitpunkt waren die beiden Teilbereiche nur durch seine Person verbunden. Die militärischen Mittel reichten nicht aus, um das instabile Gebilde in einen Staat umzuformen – und selbst militärische Stärke hätte keine dauerhafte und gemeinsame Geschichte begründen können. Wollte David auf längere Sicht erfolgreich bleiben, mußte er hier Abhilfe schaffen.

Noch einmal stand die Zukunft Israels als eigenständige politische Größe, die stark genug sein würde, sich unter den Kräfteverhältnissen auf der palästinensischen Landbrücke zwischen den zwei Flußkulturen zu behaupten, auf dem Spiel. Es fehlte ein Zentrum – unter geographisch-strategischen Gesichtspunkten wie auch unter theologischen!

Die ideellen wie auch die topographischen Voraussetzungen waren vorgegeben. Sie in ihrer Bedeutung erkannt und in einem genialen Schachzug miteinander in Beziehung gesetzt zu haben, das machte aus dem König der Stämme einen Staatsarchitekten. Erst mit diesem Schritt betrat David ben Ischai die Bühne der überregionalen Geschichte. Dieser Schritt ist untrennbar mit dem Namen einer Stadt verbunden: Jerusalem.

Die Stadt war im Zuge der Landnahme der Stämme nie erobert worden. Keiner der Stämme hatte Anspruch auf die Herrschaft über diese jebusitische Enklave. David beschloß, die als uneinnehmbar geltende «Stadt auf dem Berg» zu erobern. Sie sollte seine Hauptstadt werden. Eine Hauptstadt auf neutralem Boden im Grenzgebiet zwischen dem Norden und dem Süden des Reiches. In dieser Stadt, so sein Plan, sollte das Zentrum der politischen Macht etabliert werden, und hier sollte auch die religiöse Mitte in Gestalt der Bundeslade ihren endgültigen Platz finden.

Macht und Gestaltung: Jerusalem

«Longe clarissima urbium orientis»[124]

Dieses Bild der Stadt bietet sich den Reisenden noch heute, wenn sie sich die Mühe machen, den alten Pilgerweg aus dem Jordantal heraufzusteigen, um gegen Abend das Kidrontal zu erreichen. Hoch über

Blick vom Kidrontal gegen Jerusalem. Holzschnitt von Charles Wilson, 1883

ihnen, noch im Licht der Abendsonne, thronend über dem schattigen Tal, die Kuppeln der Moschee: vorne die kleine, silberne und dahinter, halb verdeckt, die gewaltige, goldene, die sich über dem Felsen wölbt, von dem der Prophet Mohamed in den Himmel ritt, wie die islamische Legende berichtet. Es ist der selbe Felsen, auf dem Abraham seinen Sohn Isaak opfern wollte, wie die jüdische Überlieferung erzählt, und es ist der Ort, an dem der Rabbi Jesus aus Nazareth den damaligen Tempel säuberte.

«Jerusalem ist die einzige zweidimensionale Stadt der Welt. Es gibt ein irdisches und ein himmlisches Jerusalem, so daß [im Falle des Todes] nur mit einem Umzug gerechnet werden muß.»[125] Die Konturen beider, der himmlischen Stadt und der irdischen, verschwimmen in den von Pilgern gesungenen Liedern, die in den Ruinen ungezählter Zerstörungen zwischen uralten Steinen nachklingen. «Jerusalem ist eine Explosion... eine Stadt, von Gläubigen erbaut, von Ideologen zerstört.»[126]

Kommt man näher, vor allem tagsüber, dann ist Jerusalem eine orientalische Stadt mittlerer Größe, mit deutlich südeuropäischem Einschlag in vielen Quartieren. Sie liegt weder an einer wichtigen Verkehrsverbindung noch an einem mächtigen Strom. Ihre Altertümer reichen nicht an die Riesenhaftigkeit ägyptischer Tempel heran, ihre Moscheen werden von vielen im Orient übertroffen.

Und doch ist sie das heimliche oder offizielle Zentrum dreier Weltreligionen und ungezählter Konfessionen. Sie ist Zankapfel zweier Nationen, die glaubhaft versichern, ohne sie nicht existieren zu können. Im Mittelalter wurden Weltkarten gezeichnet, deren Mittelpunkt selbstredend Jerusalem ist. Und doch ist es eine ganz gewöhnliche Stadt, bewohnt von Menschen, die ihren Geschäften im Rythmus anderer orientalischer Städte nachgehen, abseits der Börsen dieser Welt. Das war schon im Altertum nicht anders. Die Zahl der schriftlichen Nachrichten über die Stadt steht in keinem Verhältnis zu ihrer tatsächlichen Größe und politischen Bedeutung.

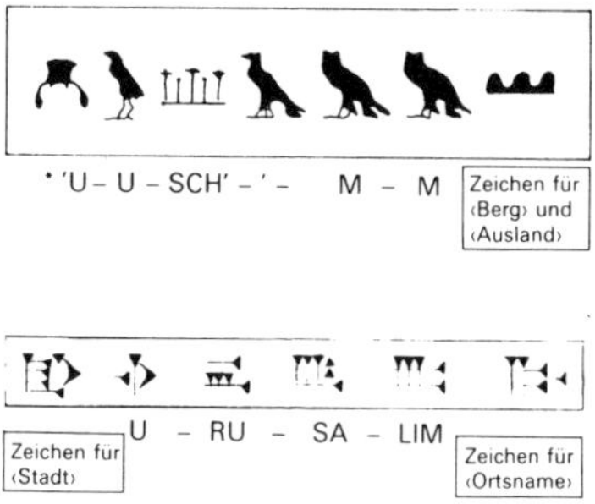

Jerusalem in Hieroglyphenschrift (ägyptisch, 19. Jh. v. Chr., sog. Fluch-Texte) und in Keilschrift (assyrisch, um 1350 v. Chr., Amarnabriefe)

Die Jebusiterstadt

Zum erstenmal taucht um 1800 v.Chr. der Name *Jerusalem* in ägyptischen Ächtungstexten auf. Im Archiv von El Amarna wurden fünf Briefe aus der Stadt aufgefunden, die rund 400 Jahre jünger sind. Die Archäologie hat eine Menge Daten anzubieten, die weit in die frühe Bronzezeit I (3150–2850 v. Chr.) zurückreichen. Schwierig ist die Arbeit der Ausgrabenden trotzdem. Die heutige Stadt, die in ihrem Basarviertel teilweise zweistöckig angelegt ist, steht auf einer bis zu 18 Meter dicken Schuttschicht früherer Besiedlung. Dort zu graben ist problematisch. Außerdem ist der gesamte Tempelberg, der natürlich besonders interessieren würde, Areal zweier muslimischer Moscheen und daher unzugänglich für archäologische Arbeit. Beides wäre für diese Untersuchung nicht weiter störend, denn zur Zeit Davids befand sich die Stadt weiter südlich auf einem zum Wadi Qilt hin abfallenden Hangrücken, der im Westen vom Stadttal und im Osten vom Kidrontal begrenzt wird. Unglücklicherweise haben aber die Römer zum Ausbau ihrer Stadt Aeola Capitolina die Davidstadt als Steinbruch ausgebeutet.

Trotzdem wissen wir über die Größe der Stadt zu Davids Zeiten Bescheid. Sie hatte die Form eines spitzen Dreiecks von etwa vier Hektar Grundfläche. In rund 200 Häusern lebten annähernd 2000 Menschen. Das läßt sich aus der Menge des verfügbaren Wassers berechnen. Die Stadt war besiedelt von Jebusitern, einem kanaanäischen Volk, das zur Völkerfamilie der Westsemiten gehörte. Ursprünglich hatte sie einen relativ großen Einflußbereich, der jedoch im Zuge der israelitischen Landnahme und Expansion immer weiter eingeengt wurde. Die Stadt selbst blieb eine uneroberte Enklave im Grenzgebiet zwischen Juda und Benjamin. Sie galt als unbesiegbar, und ein Sprichwort bringt das auf den Punkt: *«Selbst Blinde und Lahme können die Stadt verteidigen.» (2 Sam 5,6)*

Noch 400 Jahre nach Davids Zeit hielten die Verteidigungsanlagen der damals modernsten Belagerungstechnik des babylonischen Heeres mehr als ein Jahr stand. Ihre Unabhängigkeit verdankte die Stadt ihrer gut geschützten Wasserversorgung: Es gab ein Tunnelsystem, das, von außen nicht einsehbar, Stadt und Quelle verband. Diese zu allen Zeiten weiter ausgebaute und verbesserte Wasserversorgung ist der heute am besten dokumentierte Teil der Ausgrabungen. Mit Hilfe dieser Informationen ist es möglich geworden, die sehr knappen und lange unverständlichen Angaben über den Angriff auf die Stadt durch David im 2. Samuelbuch zu entschlüsseln.

Ein Handstreich – die Eroberung Jerusalems

Der Text *(2 Sam 5)* spielt in einer kaum zu enträtselnden Weise mit dem Sprichwort von den Lahmen und Blinden. Die einzig verwertbare Information über Davids Vorgehen ist der Satz: *«Jeder, der die Jebusiterstadt schlagen will, muß durch den Sinnor gehen.» (2 Sam 5, 8a)*. Was ist damit gemeint?

1867 entdeckte der englische Forscher Captain Charles Warren ein Kernstück der alten Wasserversorgung wieder, den nach ihm benannten «Warren-Schacht». Dieser Schacht garantierte die Wasserversorgung der Stadt auch während einer Belagerung und Aushungerung – was im Blick auf die steilen Berghänge die einzige Möglichkeit schien, die Stadt zu erobern.

Die außerhalb der Mauern liegende Gihon-Quelle (2) am Fuß des Abhangs war gedeckt und gut getarnt. Von ihr führt ein ca. 20 m langer, natürliche Risse im Felsen ausnützender Gang (3) ins Innere des Berges. Dort befindet sich ein senkrechter, 11 m hoher Schacht (6), der auf einen waagrechten Gang trifft.

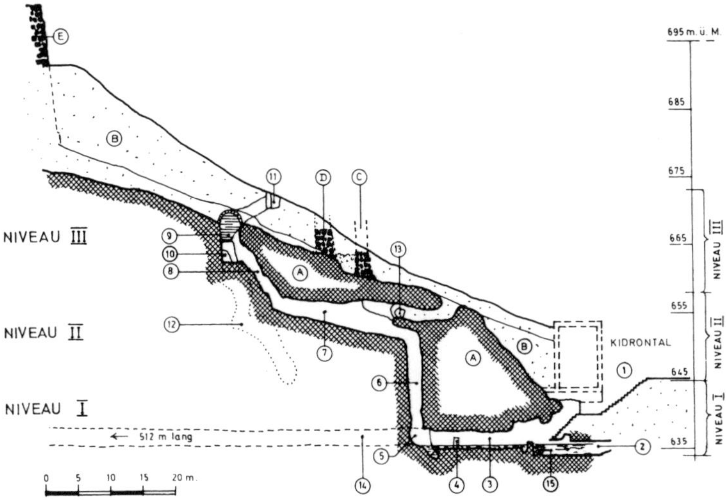

Die alte Wasserversorgung von Jerusalem (gegenwärtiger Zustand). 1 Heutiger Treppen-Eingang zur Gihon-Quelle / 2 Gihon-Quelle / 3 Verbindungsgang zur Brunnenstube / 4 Modernes Damm-Mäuerchen (mit Durchschlupf) / 5 Brunnenstube / 6 Senkrechter Schacht / 7 «Waagrechter» Gang / 8 Treppengang / 9 «Gewölbte Kammer» / 10 Älterer oberer Zugang (Jebusitisch) / 11 Späterer oberer Zugang (Herodianisch) / 12 Blindgang / 13 Höhlen«Gang», natürliche Höhle, blockiert / 14 Hiskias Wassertunnel zum Siloahteich (701 v. Chr.) / 15 Abzweigung des Bewässerungskanals für die Königsgärten (salomonisch?) / A Gewachsener Fels / B Schutt der Stadtzerstörungen von 587 v. Chr. und 70 n. Chr. / C Bronzezeitliche Stadtmauer (Tor?) 18./13. Jh. v. Chr. / D Stadtmauer der späteren Königszeit (8. Jh. v. Chr.) / E Stadtbefestigung aus der Zeit Nehemias und später (5.–2. Jh. v. Chr.)

Eine natürliche Höhle ermöglichte früher den Zugang vom Berghang her (13). Nach dem Bau des Schachtes wurde sie unzugänglich gemacht. Noch immer befindet man sich außerhalb der Stadtmauern. Doch ein waagrechter Gang (7) führt unter der Befestigung hindurch bis zu einem mit Stufen versehenen, aufsteigenden Gang (8), der dann die Oberfläche des Stadthügels innerhalb der Mauern erreicht (10).

Dieses Gang- und Schachtsystem, das David «Sinnor» nannte, war der Schlüssel zur Verteidigung der Stadt, und er wurde durch Davids klare Analyse der Schlüssel zu ihrer Einnahme. Es war eine außerordentliche Anlage für die damalige Zeit; sie erklärt die lange Selbstbehauptung der Stadt und den Nimbus ihrer Uneinnehmbarkeit.

Der Text *(2 Sam 5)* schweigt über das Vorgehen Davids. Man weiß nur, daß sein überraschender Erfolg etwas mit dem Schachtsystem zu tun gehabt haben mußte. Nach genauer Prüfung aller Möglichkeiten bleibt nur eine Rekonstruktion des Vorganges: Die Stadt wurde in einem Meisterstück der Klettertechnik genommen.

Der Schacht (6) ähnelt einem Kamin. Ein ausgebildeter Bergsteiger kann ihn bezwingen. In Davids Elitetruppe, von der ausdrücklich die Rede ist, gab es Männer, die auch in schwierigen Felsformationen vorwärtskamen. Daß dieser Angriff, der Kletterkünste erforderte, kein Einzelfall war, beweist der Bericht vom Handstreich Jonathans gegen Michmas.[127] Eine Notiz im zweiten Samuelbuch *(2 Sam 20, 15)* zeigt auch, daß das Heer Israels und Joab in der Lage waren, heimlich Tunnel unter eine Stadtmauer zu treiben, um diese zum Einstürzen zu bringen. Die geräuschlose Abdeckung der Gihonquelle (2) war also möglich; der unentdeckte Einstieg in das Schachtsystem ist vorstellbar.

Damit sind alle Techniken belegt, die nötig waren, um in die ahnungslose Stadt einzudringen, die Tore von innen zu öffnen und Jerusalem kampflos einzunehmen. Ein späterer Text aus der Chronik *(1 Chron 11, 4–6)* identifiziert den kühnen Kletterer als Joab selbst. Trifft dies zu, dann wird noch einmal klar, warum David sich nicht von ihm trennen konnte.

Die neue Zeit – Jebusiter und Judäer in einer Stadt

Es gibt keine archäologischen Hinweise auf die Zerstörung der Stadt in der fraglichen Zeit. Das konnte auch nicht in der Absicht Davids liegen, denn er benötigte eine intakte Festung. Wie Saul mit seiner Festung

Gibea griff David auf eine schon vorhandene Struktur zurück – ganz anders als Saul ging er aber mit der von ihm eroberten Stadt um: *«Und David ließ sich in der Feste nieder.» (2 Sam 5, 9)*

Kein Wort von der Vertreibung der Einwohner; kein Wort von der Zerstörung der sicher vorhandenen Kultstätten. In der schon häufig herangezogenen Städteliste aus dem Buch Josua steht als Anmerkung zu Jerusalem: *«So wohnen die Jebusiter mit denen aus Juda zusammen bis auf den heutigen Tag.» (Josua 15, 63).* Die Liste stammt frühestens aus Salomos Zeit. Die Beschreibung der Koexistenz von Jebusitern, Judäern und Israeliten gilt also auch für die Tage Davids.

Integration – ein Skandal?

«Zu dieser Zeit sah ich auch Juden, die sich Frauen genommen hatten aus Aschdod, Ammon und Moab [...]. Ich schalt sie und fluchte ihnen und schlug einige Männer und packte sie bei den Haaren und beschwor sie bei Gott [...]: ‹Von euch muß man das hören, daß ihr ein so großes Unrecht tut und unsrem Gott die Treue brecht, damit daß ihr euch ausländische Frauen nehmt?› So reinigte ich sie von allem Ausländischen [...]. Gedenke mir's, mein Gott, zum Besten.» (Nehemia 13, 23–31 in Auszügen)

Das ist ein Text aus den Neugründungstagen der Stadt im fünften vorchristlichen Jahrhundert. Der da so moralisch entrüstet sein Tun rechtfertigt und Gott anbefiehlt, ist der judäische Statthalter des persischen Großkönigs. Er hieß Nehemia und der Text ist ein Auszug aus dem Schlußkapitel seines Memorandums. Der Rechenschaftsbericht ist nach 445 v.Chr. niedergeschrieben worden.

Hätte Nehemia die Maßnahmen König Davids nach der Inbesitznahme Jerusalems zu begutachten gehabt, wäre ihm mit großer Wahrscheinlichkeit das Vokabularium ausgegangen, wie aufgrund einer Liste der Heiratsunternehmungen Davids zur Clanvergrößerung und proporzmäßigen Einbindung aller Bereiche seines Herrschaftsgebietes in seinen Harem zu vermuten ist.

Der Text *(2 Sam 5, 13–16)* überliefert uns keine Frauennamen, aber an den aufgelisteten Namen der Söhne, die ausnahmslos ohne den Gottesnamen JHWH gebildet werden, läßt sich erkennen, daß die Frauen, die nach altem Recht[128] an der Namensgebung beteiligt waren, Kanaanäerinnen gewesen sein müssen. (Von einer dieser Frauen allerdings kennen wir den Namen: Bathseba. Das hat seine Gründe. Doch davon später mehr.)

Die Nachrichten von der Haremserweiterung sind nicht die einzigen Belege für Davids Politik. Auch aus den Beamtenlisten läßt sich vieles erschließen. Es sieht so aus, als wäre die alte Stadtbevölkerung in den wichtigsten Ämtern mit vertreten gewesen. Besonders deutlich wird das in der Besetzung der obersten Priesterschaft: Neben dem schon bekannten Eliden Abjathar, dem einzigen Überlebenden der israelitischen Priesterstadt Nob, findet sich Zadok an der Spitze des Jerusalemer Kultes. Er gehörte zur alten Stadtbevölkerung. Bezeichnenderweise fehlt sein Stammbaum in der Überlieferung. Später hat man ihm zu einer neuen, unverdächtigen Ahnentafel verholfen, die ihn zu einem Nachkommen des Mosebruders Aaron macht.[129] Neben dem Propheten Gad spielte Nathan eine wesentliche Rolle am Hof. Er war ebenfalls Jebusiter.

David hatte durch seinen Handstreich nicht nur die Zerstörung der Gebäude und Befestigungen verhindert, er hat allem Anschein nach auch die Verwaltungsstrukturen übernommen und ausgebaut. Vor allem aber hat er – einem Nehemia unvorstellbar – auch Teile der jebusitischen Theologie hoffähig gemacht. Der Gott, der mit seinem Volk die Seite der Rechtlosen, der kleinen Bauern und Hirten in den Auseinandersetzungen mit ihren Herren teilte, zog nun ein in eine Stadt mit fast tausendjähriger Geschichte. Es war eine Stadt, deren Götter für die Begriffe *salam* (= Heil, Frieden) und *zädäq* (= Gerechtigkeit) standen und die Schöpfung von Himmel und Erde für sich in Anspruch nahmen. Es war eine Stadt, in der andere Argumentationen für die Legitimierung der Herrschaft Gültigkeit hatten als die Wahl durch die Ältesten, die Einsetzung durch einen von JHWH Beauftragten oder die von der Sippe gestützte Führerschaft.

Das Heroenkonzept

Überall in den kanaanäischen Stadtstaaten wie auch in anderen Kulturen der Zeit (Sumer und die archaische Welt) regierten Heroen oder zumindest Männer, die in ihrem Stammbaum einen Heroen aufzuweisen hatten.[130] Für Judäer war das, wie ein Blick in ihre Stammestradition beweist,[131] nicht wirklich neu, wenn bei ihnen diese Erzählungen auch eine andere Funktion hatten.

Einem Stadtkönig von Jerusalem, noch dazu einem, dem als Usurpator an einer Akzeptanz auch durch Anknüpfen an die Stadttraditionen gelegen war, mußte es gut ins Konzept passen, wenn sich von ihm Geschichten erzählen ließen, in denen er deutlich als Heros gekennzeichnet wurde. Von David ließen sich solche Geschichte erzählen. Eine der am schönsten aus dem Überlieferungsgut zu schälenden Heroen-Sagen ist die im Eingangsteil ermittelte Grundfassung der Geschichte vom Duell Davids mit einem riesenhafter Zweikämpfer.

In Jerusalem, wo Jebusiter und neue Herren auf engstem Raum hinter denselben Mauern wohnten, könnte der politische, soziologische und theologische Ort zu finden sein, in dem diese Geschichten zum ersten Mal ihre Funktion erfüllt haben. Ein Problem allerdings wäre da noch zu klären. In der Regel gehört zum Heroenkonzept auch der Nachweis einer Abstammung von der Gottheit. Dieser wurde meistens durch eine Liebesgeschichte zwischen einem Elternteil des Heroen und der Gottheit erbracht. Das konnten die im Umlauf befindlichen Anekdoten über David begreiflicherweise nicht bieten. Die JHWH-Religion seines Stammes Juda stand dem im Weg.

Es gibt noch ein Beispiel für einen Heroen, der nicht mit einem göttlichem Ahn aufwarten konnte: Odysseus, der Listenreiche, der König von Ithaka. Die Überlieferung macht dieses Manko für ihn mit einer Vielzahl von Aufweisen seiner Intuition, seines Witzes, seiner nie um eine rasche, oft listenreiche Entscheidung verlegenen Situationsbewältigung wett. Auch Odysseus galt das zu erreichende Ziel im Blick auf die Mittel als vorrangig. Auch er war oft in auswegloser Lage und da «half ihm Gott».[132] Manche Motive in den Überlieferungen, die sich um beide Gestalten – David und Odysseus – ranken, sind verwandt. Das ist sicher kein Beweis für literarische oder traditionsgeschichtliche Abhängigkeit – aber ein Hinweis auf ein weit verbreitetes Konzept zur Legitimierung von Herrschaft.

Was die Verwandtschaft mit der Gottheit betrifft, wurde ein mit der

JHWH-Tradition verträgliches Konzept entwickelt – wenn auch erst im Laufe der längeren Geschichte des Hauses David als Inhaber der Würde der Stadtkönige von Jerusalem. In den Psalmen finden sich Elemente einer Liturgie, in denen das zum Ausdruck kommt:

«JHWH sprach zu meinem Herrn: ‹Setze dich zu meiner Rechten, bis ich deine Feinde zu deiner Fußbank mache›.» (Psalm 110, 1)

Ein Text zum Fest der Thronbesteigung des neuen Königs. Im Licht von Psalm 2, Vers 6–7 wird deutlich, wie das verstanden werden soll:

JHWH spricht: *«Ich aber habe meinen König eingesetzt auf meinem heiligen Berg Zion.»*

Und der König: *«Kundtun will ich den Ratschluß JHWHs. Er hat zu mir gesagt: ‹Du bist mein Sohn, heute habe ich dich gezeugt.›»*

Hier wird der Rechtsvorgang einer Adoption des Königs durch Gott beschrieben. Damit ist die Legitimation des Königs als rechtmäßiger Herrscher sichergestellt. In Psalm 110, Vers 4 wird derselbe Vorgang so gefaßt:

Der Liturg: *«JHWH hat geschworen und es wird ihn nicht gereuen: Du bist ein Priester für alle Zeit nach der Weise Melchisedeks.»*[133]

In diesen liturgischen Texten, die zur Thronbesteigung eines Königs aus der Dynastie Davids rezitiert wurden, findet eine jebusitsche Konzeption zur Legitimation der Machtausübung Anwendung. Wie konnte das mit der judäischen Tradition vermittelt werden? Schon mehrmals war der Versuch Davids zu beobachten, die eigene Tradition durch die Herausforderung seiner Gegenwart zu vermitteln, um tragfähige Deute- und Legitimationsmodelle zu erhalten.

Abraham und Melchisedek – ein integratives Modell

An überraschender Stelle findet sich Material, das eine solche Zusammenführung zweier Traditionen deutlich macht. Mitten in den «Geschichten der Väter und Mütter Israels», die von der vorstaatlichen Epoche des nomadisierenden Lebens der Israeliten erzählen, gibt es einen Fremdkörper. Im 14. Kapitel des 1. Buches Mose wird eine Erzählung überliefert, die in einem völlig anderen Stil abgefaßt ist als die übrigen Überlieferungen aus der Frühzeit. Sie schildert eine sagenhafte

Vorzeit. Es gab damals, so die Erzählung, vier Könige, die über vier Großreiche herrschten. Diese zogen nach Palästina, bekriegten und verwüsteten das Bergland und das Südland und marschierten auf dem Rückweg durch die Senke des Toten Meeres. Dabei zerstörten sie die Städte Sodom und Gomorrha, nahmen alle bewegliche Habe und alles, was noch lebte, als Beute mit. Darunter befand sich auch Lot, der Neffe des judäischen Erzvaters Abraham.

Abraham wurde der Raub seines Verwandten gemeldet. Mit 318 Mann und drei Bundesgenossen verfolgte er die vier Großkönige und ihre Heere, holte sie ein, umzingelte und vernichtete sie – und führte alles Geraubte wohlbehalten zurück.

Eine heroische Geschichte, die in manchen Zügen an die Erzählung von David und seiner Verfolgung der Amalekiter nach der Zerstörung von Ziklag erinnert.

Als Abraham mit der geretteten Habe zurückkam, zog ihm ein König entgegen und brachte ihm zur Begrüßung Brot und Wein. Dieser König hieß Melchisedek, war Priester El Elijons und Herrscher über die Stadt Salem. Übersetzt man diesen Namen ins Kanaanäische, so erhält man: *uru-salim* – Jerusalem. Melchisedek, der Priesterkönig von Jerusalem, segnete Abraham im Namen seines Stadtgottes El Elijon (Gott, der Höchste), und Abraham dankte ihm. Der Erzähler legt ihm dabei eine theologische Gleichung in den Mund:

«Ich hebe meine Hand auf zu JHWH, dem El Elijon, der Himmel und Erde geschaffen hat.» (Gen 14, 22)

Dann gab Abraham dem Priester und König von Jerusalem den Zehnten der Beute und die Erzählung schließt mit dem auch aus Heroengeschichten bekannten Motiv des Beuteverzichts.[134]

Die Gleichsetzung der beiden Gottheiten war ein deutlicher Hinweis an die Adresse der Judäer in der Stadt: Schon der Stammvater Abraham hatte eine Gottheit Jerusalems als Manifestation JHWHs akzeptiert.[135] Die Erzählung der Handlung Melchisedeks aber war an die Jebusiter adressiert: Ein großer König und Priester der Stadtgeschichte hatte Abraham, den Stammvater der neuen Herren, einer Segnung für würdig befunden.

Ein gutes Beispiel für die Arbeit an einer tragfähigen Staats- und Herrschaftskonzeption, die so widersprüchliche Elemente miteinander zu vereinen hatte. Sicher war das nicht die persönliche Arbeit Davids, aber sie zeugt vom neuen Umgang mit den Herausforderungen seiner Zeit. Die Vätertradition des Südens war auf diese Weise mit der jebusitischen Überlieferung in Verbindung gebracht worden.

Doch David war auch Wahlkönig Israels. Sein Meisterstück sollte es werden, die Nordstämme in die neue Struktur einzubinden:

Die Heimholung der Lade

«Hebt hoch ihr Tore eure Häupter,
erhöht euch, ihr uralten Bauten,
daß einziehe der König der Ehren!

‹Wer ist der König der Ehren?›
JHWH, der Starke, der Gibor.
JHWH der Gibor im Krieg.

Hebt hoch ihr Tore eure Häupter,
erhöht euch, ihr uralten Pforten,
das einziehe der König der Ehren!

‹Wer ist der König der Ehren?›
JHWH Zebaoth.
Er ist der König der Ehren.»
(Psalm 24, 7–10, nach Kurt Marti)[136]

Das ist der Text eines Wechselgesanges aus der überlieferten Liturgie des Jerusalemer Kultes der staatlichen Zeit. Er ist auf jeden Fall vor 586 v. Chr. entstanden.

Die Pforten der Stadt werden aufgefordert, Platz zu machen für einen Gewaltigen, der da einzieht. Es war undenkbar für Israel, daß es sich um eine Statue handeln könnte. Und doch hatte das Auge einen Halt, bot der Mittelpunkt der jährlichen Prozession einen Kristallisationskern für

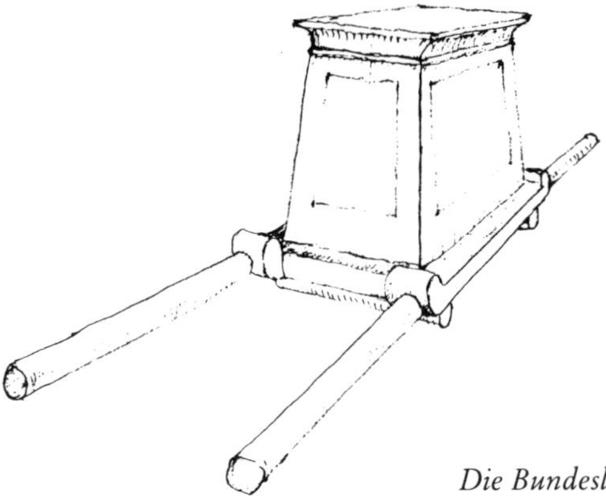

Die Bundeslade im ägyptischen Stil

das Unschaubare, das Unsagbare, für den Unnennbaren, der nur im Rätselwort sich enthüllt. Unscheinbar war der Gegenstand selbst: Ein Kasten aus Akazienholz, zweieinhalb Ellen lang, eineinhalb Ellen breit und ebenso hoch (1,1 x 0,7 x 0,7 m), auf zwei langen Stangen getragen, vielleicht schon damals mit Blattgold überzogen – die Bundeslade.

In diesem Kasten lagen nach den ältesten Überlieferungen die beiden Tafeln, die Mose auf Geheiß Gottes aus den Felsen des Sinai schlug – das Gründungsdokument des Bundes zwischen JHWH und seinem Volk, ideeller Mittelpunkt der Nordstämme und Identität stiftende Gewißheit der Gegenwart Gottes. Verloren worden war dieses Faustpfand der Identität in der Schlacht bei Eben-Eser, zerstört worden war sein Heiligtum in Schilo. Jahrzehntelang hatte die Lade ein vergessenes Dasein in der gibeonitischen Enklave Kirjat-Jearim, im Niemandsland zwischen Philistern und Israeliten gefristet.[137]

So wie er Michal holte, so holte David auch die Lade ins neu entstehende Zentrum der Macht. Alle Augen richteten sich nun nach Jerusalem, der Stadt des Königs, in die der Gott Israels Einzug hielt. Der Bericht dieses Vorgangs, der mit Recht zu den herausragendsten politischen Entscheidungen des Königs gezählt wird, ist in bunt ausgeschmückter Form im sechsten Kapitel des zweiten Samuelbuches enthalten. Der Erzähler hat ihn anscheinend dem Ablauf eines Festes gemäss gestaltet, das er selbst alljährlich miterlebte. Der Bericht ist sorgfältig komponiert. Ein

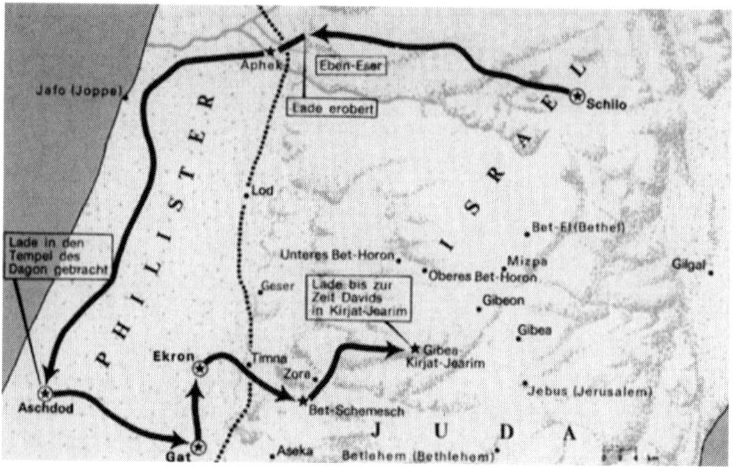

Die Wanderung der Bundeslade

retadierendes Element ist eingebaut, das noch einmal das erschreckende Ausmaß der Macht beschreibt, mit der es David, das Volk und die Stadt hier zu tun haben: Beim ersten Versuch, die Lade zu transportieren, starb ein Mann, der ihr zu nahe gekommen war. Die Gegenwart Gottes ist ambivalent, das mußten schon die Philister erfahren, als sie den Kasten als Trophäe in ihren Tempeln ausstellten. Sie konnte Fluch oder Segen, Leben oder Tod bedeuten. Das hing unter anderem davon ab, ob die Menschen sich ihr mit Hochachtung näherten. Der Tod des Mannes verzögerte die Überbringung der Lade für drei Monate. Dann aber wurde sie im Triumph in die Stadt gebracht.

Die Heimholung war ein Fest. Es gab Musik, Tanz und Opferfeiern zu Beginn, nach den ersten sechs Schritten und bei der Ankunft in der Stadt. Ein fremdes, ekstatisches Element begegnete da dem ehrwürdigen Kultgegenstand, und nicht alle Israeliten fanden dies angebracht. Der König tanzte selbst an der Spitze des Zuges, nur mit einem linnernen Schurz bekleidet.

«Wie nun die Lade JHWHs in die Davidstadt kam, schaute Michal, die Tochter Sauls, durchs Fenster und sie sah den König hüpfen und tanzen vor JHWH und verachtete ihn in ihrem Herzen.» (2 Sam 6, 16)

Niemand kümmerte sich um diesen Blick der Königstochter. Das Fest nahm seinen Lauf. Die Lade wurde an den vorbereiteten Platz in das eigens errichtete Zelt gebracht.[138] Wahrscheinlich befand sich dieser Platz auf dem Hügel nördlich der Stadt, der schon zu jebusitischen Zeiten ein heiliger Ort gewesen war. David hatte ihn Arauna, dem letzten Stadtfürsten der Jebusiter abgekauft, der Preis ist überliefert: 600 Gramm Silber. (Das ist ein weiterer Hinweis auf Davids Vorgehensweise: Er spielte bei der beabsichtigten Integration der verschiedenen Kulturen seines Herrschaftsbereiches nicht die Macht des Eroberers aus, sondern begegnete den Besiegten wie gleichberechtigten Handelspartnern.)

Die Einholung der Bundeslade in die Davidsstadt leitete eine Entwicklung ein, die erst im siebten Jahrhundert ihr Ziel fand: Der judäische König Josia fasste um das Jahr 622 v. Chr. den gesamten legitimen Kultbetrieb des Staates in Jerusalem zusammen. So weit wollte David sicher nicht gehen. Er hätte den erhofften Gewinn der Überführung der Lade in die neue Hauptstadt zunichte gemacht, wenn er die dezentralen Elemente der einzelnen orts-, sippen- und stammesverbundenen Kulte unterbunden hätte. Ihm ging es darum, Jerusalem als legitimen Ort des Reichskultes auszuweisen. Und das gelang. Die israelitische Theologie vom Gott, der mit seinem Volk mitzieht und auch dessen Kriege – unsichtbar auf der Lade thronend – selbst anführt, wurde kombiniert mit der Jerusalemer Mythologie von der Uneinnehmbarkeit des heiligen Stadtberges. Dokumentiert wurde das in der Gottes-Gleichung, die am Ende der oben zitierten Liturgie jedes Jahr feierlich neu beschworen wurde:

JHWH, der Starke, der Held (*Gibor*) – der Gott der Lade – ist
JHWH der Heerscharen (*Zebaoth*) – der Gott der Stadt.

Es blieb wohl mit Absicht doppeldeutig, ob unter den «Heerscharen» das irdische Heer der Soldaten Israels zu verstehen war oder die Versammlung des jebusitischen Götterpantheons.

Innerhalb kürzester Zeit war David gelungen, was Saul versagt geblieben war. Die Doppelmonarchie, deren einzige Mitte anfangs Davids charismatische Gestalt war, hatte einen Ort und – was noch viel wichtiger war – eine Idee als Mittelpunkt erhalten; eine Idee, die sich als interpretationsoffen erwies für die politischen und theologischen Herausforderungen, ohne sich in Unverbindlichkeit zu verflüchtigen. Das Vertrauen in den Gott, der auf der Seite der Schwachen und Ohnmächtigen steht, hatte eine neue Basis erhalten in dem Gott, der sich Jerusalem zu seiner «Ruhe gewählt hatte» *(Psalm 132, 8)*. Israel sang von dieser Zeit in seinen Gottesdiensten:

«Da erwachte JHWH wie ein Schlafender,
wie ein Starker, der fröhlich war beim Wein.
...
Er verwarf das Zelt Josefs,
nicht erwählte er den Stamm Ephraim,
sondern er wählte den Stamm Juda,
den Berg Zion, den er lieb hat.
...
Er wählte seinen Knecht David
und nahm ihn von den Schafhirten,
von den säugenden Schafen holte er ihn,
daß er weide sein Volk Jakob
und sein Erbe Israel.

Und er weidete sie mit aller Treue
und er leitete sie mit kluger Hand.»
(Psalm 78, 65–72 gekürzt)

Am Ziel!

Wäre diese Biographie ein shakespearsches Drama, der Psalm könnte als Epilog das Stück beschließen. Aufatmend wären Zuschauerinnen und Zuschauer entlassen in einen angenehmen Abend voller Plauderei über den verborgenen Sinn der Geschichte und der ihr innewohnenden Gerechtigkeit.

David aber ist nicht nur eine Gestalt in einem Geschichtsdrama; er war auch eine historische Figur. Und so hat ihn kein Dichter früh sterben lassen, damit der Mythos nicht durch banales Altern des Hauptdarstellers gefährdet wird. Das Schicksal Alexanders, auf dem Höhepunkt seiner Erfolge hingerafft zu werden und so der Aufgabe enthoben zu sein, den Realitätsgehalt seiner Ideen unter Beweis zu stellen, blieb David versagt – oder erspart. Er lebte weiter.

Nachspiele

Der Triumph der Heimholung der Lade hatte Nachspiele: zwei – ein außenpolitisches und ein sehr privates.

Der letzte Schlag der Philister

Durch seine Entscheidung für Jerusalem als Hauptstadt veränderte David erneut die politischen Kräfteverhältnisse in Palästina. Doch damit ließ er es noch nicht bewenden. Zusätzlich zu seinen Beziehungen zu Geschur im Nordosten, die durch seine Heirat mit Maacha vertraglich besiegelt worden waren, nahm er nun auch Kontakt auf mit einem kleinen, aber wirtschaftlich sehr mächtigen Stadtstaat an der Mittelmeerküste: Tyros. Der König von Tyros[139] half David für seine erste Bautätigkeit in Jerusalem mit dem äußerst begehrten Zedernholz vom Libanon aus und überließ ihm Fachleute, um einen Palast zu bauen und die Verteidigungsanlagen der Stadt weiter zu verstärken. Die Philister konnten das nur als Herausforderung ihrer Hegemonie verstehen und zogen die Konsequenzen.[140] Erneut standen sie in der Rephaïmebene, nur wenige Kilometer südwestlich der neuen Hauptstadt. Ihre Taktik war klar: Zurückgewinnung des Korridors durch das Gebirge und Abschnüren der Verbindung zwischen dem Norden und dem Süden, welche für das sich konstituierende Staatsgebilde lebensnotwendig war. Möglicherweise erwarteten sie eine Wiederholung von Davids Überraschungsangriff über die Höhe von Baal Perazim.

David hatte mittlerweile einen Stab von Beratern um sich. Der überlieferte Text berichtet das in bekannter Form: *«David befragte JHWH.» (2 Sam 5, 23)*

Dem Rat JHWHs mangelte nicht an Ausführlichkeit; David bekam präzise taktische Anweisungen für ein Umgehungsmanöver, die auf große Geländekenntnisse schließen lassen:

«Du darfst nicht hinaufziehen; mach' einen Bogen ihrem Hinterabschnitt zu und geh' von den Baka-Sträuchern her auf sie zu. Und wenn du dann das Geräusch von Schritten in den Kronen der Baka-Sträuchern hörst, dann paß' auf, dann zieht JHWH vor dir her, um das Heer der Philister zu schlagen.» (2 Sam 5, 23b–25)

Diese Antwort, weder einsilbig, noch durch geduldiges «Ja-Nein-Spiel» zu eruieren, konnte nicht durch ein Losorakel ermittelt werden. Die Boten, die den göttlichen Rat überbrachten, blieben ungenannt. Die Vermutung liegt nahe, daß es sich um Jebusiter gehandelt hat. Das Wissen um die besondere Geräuschentwicklung der Baka-Sträucher deutet darauf hin.

David folgte dem Rat und griff die Philister von Westen aus an. Die poetische Umschreibung läßt auf die Tageszeit des Angriffs schließen. Der Morgenwind erhob sich und strich über die Wipfel der Baka-Sträucher, strauchartiger Mastix-Terebinthen. Sie begannen sich zu bewegen und das harte Laub erzeugte das Geräusch, das dem im Hinterhalt lie-

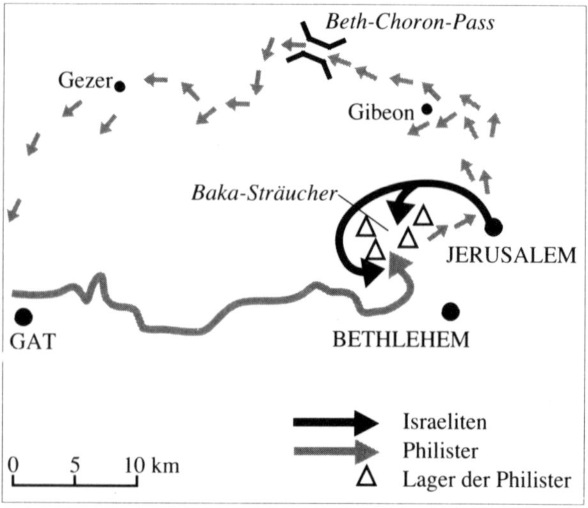

Die Umfassungsschlacht bei den Baka-Sträuchern gegen die Philister

genden Heer die Gewißheit verschaffte, daß JHWH, der Gott der Heerscharen, ihnen voraus in die Schlacht zog. Die alte Einheit von Volk und Gott im Kampf um Existenz und Identität gewann eindrucksvoll sinnenhafte Präsenz. Das Überraschungsmoment tat ein übriges, und es entwickelte sich eine Verfolgungsschlacht, in deren Verlauf das philistäische Heer nach Norden in Richtung Gibea auswich. Der direkte Rückzug war versperrt, und die sich jetzt in der Hand Davids befindliche Stadt Jerusalem machte ein Durchkommen im Osten unmöglich. Schließlich konnten die Reste des Heeres nach Westen in die Küstenebene entkommen. An der Philisterfront war in Zukunft Ruhe.

Der nackte König

Als David vom Fest der Heimholung der Lade zurückkam, erwartete ihn häuslicher Ärger. Michal hatte vom Fenster aus die Prozession beobachtet und ihren Mann an der Spitze des Zuges tanzen gesehen – spärlich bekleidet.

«Als David zurückkehrte, um seinem Haus den Segen zu erteilen, kam Michal, die Tochter Sauls, David entgegen und sagte: ‹Wie würdevoll hat sich heute der König Israels aufgeführt, daß er sich heute entblößt hat vor den Augen der Mägde seiner Knechte, gerade so, wie sich einer vom Gesindel völlig entblößt!›» (2 Sam 6,20)

Der Vorwurf saß. Mit einem Schlag holte die saulidische Prinzessin ihren Mann aus dem Taumel der Festfreude auf den Boden zurück. Nichts schien der Triumph des Tages in ihren Augen zu zählen. «Entblößung» warf sie dem König vor, in den Augen israelitischer Religiosität ein schwerwiegender Vorwurf, erinnert man sich nur an die Anekdote, in der Sauleinen Tag und eine Nacht lang nackt vor Samuel lag, überwältigt vom Geist – besinnungslos.

«David und ganz Israel tanzten und scherzten vor JHWH. Zum Klang von allen Wacholderhölzern, von Geraden- und Bogen-Leiern, Handtrommeln, Sistren und Zimbeln.» (2 Sam 6, 5)

Stellt man sich David tanzend in seinem priesterlichen Linnenschurz vor, dann wird Michals Vorwurf verständlich. Beim Radschlagen ließ sich bei solch spärlicher Bekleidung nichts mehr verbergen. Das war skandalös und beschämend, unvereinbar mit der Würde eines Königs –

so sah es die Prinzessin aus dem Hause Saul und steigerte ihre Empörung bis hin zum Vorwurf, daß David sich wie liederliches Gesindel aufgeführt habe.[141]

Der Erzähler steht auf seiten Davids und läßt ihn die Flucht nach vorne antreten: David redete sich nicht heraus, gestand die Entblößung und vor allem die damit verbundene Erniedrigung unumwunden ein, gab ihr aber eine religiöse Dimension:

«Vor JHWH, der mich statt deines Vaters und statt seines gesamten Hauses erwählt hat, um mich zum Fürsten über das Volk JHWHs, über Israel, zu bestellen – vor JHWH tanze ich und ich werde mich noch mehr erniedrigen als diesmal und mich ganz gering dünken.» (2 Sam 6, 21–22a)

Eine vernichtende Antwort. In seiner aus der Enttäuschung geborenen Wut stellte er seiner Frau die wahren Machtverhältnisse vor Augen: Sauls Haus war aus dem Spiel um die Macht – und sie selbst damit auch. Und was sein angeblich skandalöses Verhalten beträfe, da verkenne sie die Lage gewaltig, denn bei den Mägden, vor denen er sich angeblich beschämend benommen habe, bei denen wolle er «zu Ehren kommen» *(2 Sam 6, 22b)*

Der Erzähler verstand die Bemerkung Davids als sexuelle Anspielung – in Zukunft würde der König seine Männlichkeit bei den Mägden beweisen und nicht im ehelichen Bett. So erklärt sich der abschließende Satz: *«Und Michal, die Tochter Sauls, bekam kein Kind bis zum Tage ihres Todes.» (2 Sam 6, 24)*

Das ist der letzte Satz über die Saultochter und das Ende einer Liebesgeschichte, die zerrieben wurde zwischen den Mahlsteinen der Politik am Übergang von der segmentären zur zentral regierten Gesellschaft. Mit diesem Satz aber, der in erster Linie nicht einen Einblick in die Haremsgeheimnisse geben will, sondern einen wichtiger Hinweis ist auf die Machtverhältnisse am Hof, wird ein Thema angeschnitten, das den ganzen zweiten Teil von Davids Leben beherrschen sollte: Die Nachfolgefrage und alle damit verbundenen Implikationen für Staat und Clan.

Macht und Verfehlung – der langsame Abstieg

Mißbrauch der Macht: David und Bathseba

Die Briefe

Die Dame, die Rembrandt nach Bad und Erhalt eines Briefes vorstellt, heißt Bathseba. Sie war die Tochter eines der Helden aus der Schar der

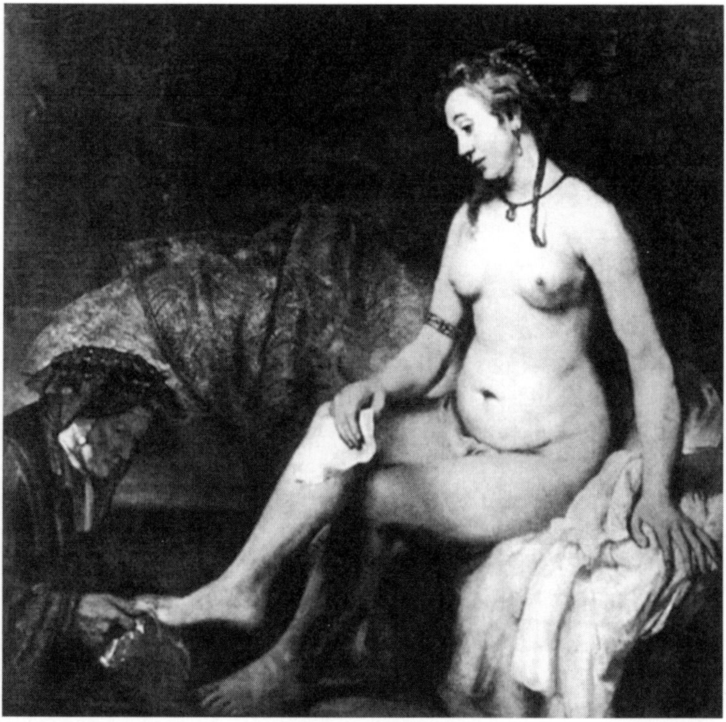

Rembrandt Harmensz van Rijn, Bathseba im Bade, 1654. Paris, Louvre

«Dreißig» und Enkelin von Ahitophel, eines Beraters von David. Die Dame war verheiratet mit Uria, einem Kollegen ihres Vaters. Uria war einer jener Hethiter, die wahrscheinlich schon vor Davids Machtergreifung in Jerusalem lebten.

Mit dem Brief, über den Rembrandt Bathseba hier nachdenken läßt, beginnt eine Affäre am Jerusalemer Hof, die sich bald zum Skandal ausweiten sollte. Dieser Brief ist zwar historisch nicht zu belegen, doch der Maler wurde durch eine ganze Serie von Briefen und Botenberichten angeregt, die zu dieser Affäre überliefert sind und die darin eine entscheidende Rolle spielten.

Auszug aus einem Brief Davids an Joab, seinen Oberbefehlshaber der Belagerungstruppen von Rabba, der Hauptstadt des östlichen Nachbarstaates Ammon:

«... Schick Uria, den Hethiter zu mir ...» (2 Sam 11, 6)

Auszug aus einem zweiten Brief Davids an Joab:

«... Bringt Uria nach vorn, wo der schwerste Kampf [tobt]; dann zieht euch von ihm zurück, so daß er erschlagen wird und stirbt ...» (2 Sam 11, 15)

Instruktionen Joabs für einen Boten an den Königshof:

«... Wenn du dem König alle Kriegsereignisse fertig vorgetragen hast und dann der Zorn des Königs aufspringt und er dir sagt: ‹Warum seid ihr zum Kampf so nahe an die Stadt herangegangen? Ihr wißt doch, daß man von der Mauer herunterschießt›, dann sag: ‹Auch dein Knecht Uria, der Hethiter, ist tot.›» (2 Sam 11, 19b–21)

Aus dem Bericht des Boten, den Joab an den Königshof schickte:

«Die Männer sind uns überlegen gewesen. Sie sind zu uns ins Feld hinausgekommen, aber wir haben sie zum Stadttor zurückgedrängt. Doch dann haben die Schützen von der Mauer aus auf deine Knechte geschossen, und von den Knechten des Königs fanden einige den Tod und auch dein Knecht Uria, der Hethiter, fand den Tod.» (2 Sam 11, 23–24)

Instruktion Davids für den Boten an Joab:

«So sollst du zu Joab sprechen: ‹Nimm dies nicht so schwer! Das Schwert frißt eben einmal so, einmal anders! Verstärke deinen Kampf gegen die Stadt, reiß sie ein!›» (2 Sam 11, 25)

Die Affäre begann, als David die Frau vom Dach seines Hauses aus beim Bade beobachtete. Der König erkundigte sich nach ihr und bekam die Auskunft, daß es sich um die Ehefrau eines seiner Offiziere handle, der im Augenblick bei der Belagerung der ammonitischen Hauptstadt Rabba im Feld stehe. David war durch diese Information nicht zu beirren; er sandte Boten in das Haus der Dame mit der Aufforderung, in den Palast zu kommen. Diesen Augenblick wählte Rembrandt für sein Bild: Bathseba hält einen Brief Davids in Händen, der sie einlädt, den König zu besuchen. Bathseba mußte sich entscheiden, ob sie der Aufforderung Davids nachkommen wollte. Es war immer umstritten, inwieweit Bathseba selbst aktiv an diesem Ehebruch und seinen tragischen Folgen beteiligt war. Rembrandt läßt sie in seinem Gemälde wenigstens ahnen, wohin die Sache führen könnte. Die melancholisch-nachdenkliche Haltung, in der sie der Maler darstellt, deutet die schwierige Lage an, in der sich die Dame befand. Es war kaum möglich, die königliche Bitte abschlägig zu beantworten. Bathseba kam – und sie wurde schwanger.

Der erste Brief, mit dem Bathsebas Mann von der Front nach Hause gerufen wurde, dokumentiert den Versuch, die Folgen des Ehebruchs zu vertuschen. Aber der Plan, Uria das Kind zu unterschieben, schlug fehl. Als er von der Front kam, mußte er über die militärische Lage berichten. David erkundigte sich eingehend nach dem Wohlergehen Joabs und des Heeres. Dann entließ er seinen Offizier mit der Bemerkung: *«Geh hinunter in dein Haus und wasch deine Füße.»* Das war eine vornehme Umschreibung für die Vorbereitungen zum Vollzug der ehelichen Freuden. Der Held verließ das Haus des Königs. Aber: *«Uria legte sich am Eingang des Königspalastes nieder bei allen Knechten seines Herrn, und er ging nicht in sein Haus hinunter.»*

David hatte, um die Kontrolle über das Geschehen zu behalten, Uria einen Boten nachgeschickt, um ihm «das übliche Königsgeschenk» nachzubringen. Das übliche Königsgeschenk waren besondere Leckerbissen aus der Palastküche und ein Krug Wein aus dem Palastkeller. So erfuhr David von dem seltsamen und seine Pläne durchkreuzenden Verhalten des Hethiters. Am nächsten Tag zur Rede gestellt, antwortete dieser im Stile eines Militärs:

«Die Lade, Israel und Juda liegen in Feldunterkünften. Mein Herr Joab und die Dreißig lagern auf freiem Felde – da sollte ich in mein Haus

gehen um zu essen, zu trinken und mit meiner Frau zu schlafen? Bei deinem Leben und bei deiner Seele, das werde ich nicht tun!»

Was hier beim ersten Hinhören wie eine heldische Selbstbeschränkung anmutet, hatte auch einen kultischen Hintergrund: Die Bundeslade war mit im Feld, und damit war der Krieg eine «heilige Unternehmung». Dazu gehörte unabdingbar die sexuelle Enthaltsamkeit.[142] Die Zeichnung der beiden Männer könnte in ihrer Gegensätzlichkeit kaum schärfer sein: Hier der Nichtisraelit, der sich ganz der israelitischen Tradition verpflichtet zeigt; da der König, der in Kriegszeiten zu Hause geblieben war und sich, unter Ausspielung seiner blanken Macht, über alle Konventionen und Tabus hinwegsetzt.

David gab sich noch nicht geschlagen. Er versuchte es mit Alkohol. Doch auch in der zweiten Nacht schlief der – diesmal betrunkene – Offizier bei den Wachen im Tor und nicht bei seiner Frau. Das war sein Todesurteil. Die weiteren Briefe und Botenberichte dokumentieren den Ablauf des Geschehens.

Nach Erhalt der Nachricht vom Heldentot ihres Mannes hielt Bathseba die Totenklage.

«Sowie die Trauerzeit vorüber war, sandte David hin, und nahm sie in sein Haus und sie wurde seine Frau und gebar ihm einen Sohn und nannte ihn Sh^{e}lumo (= Ersatz).» (2 Sam 11, 27a und 12, 24c)

Das ist alles. Nüchtern werden die Fakten aufgelistet.

Ein Oppositionspapier: Die Thronnachfolgeerzählung

Diese Fakten sind in einem Text überliefert, der schon sehr früh in der Forschung als ein eigenständiger Komplex innerhalb der biblischen Texte über David erkannt wurde.[143] Der Erzählbogen reicht vom 9. Kapitel des 2. Samuelbuches bis zum 2. Kapitel des 1. Buches der Könige. Sein Thema ist die Frage der Thronnachfolge Davids, die schließlich zugunsten Salomos, des Sohnes Davids aus der Verbindung mit Bathseba entschieden wurde. Der Text wurde im Lauf seiner Überlieferungsgeschichte einer mehrfachen Bearbeitung unterzogen, die noch im einzelnen zu untersuchen sein wird. Erst in jüngerer Zeit aber ist durch intensive Forschung[144] deutlich geworden, daß es sich bei dem ursprünglichen

Material um eine äußerst kritische Darstellung der Ereignisse rund um die Thronnachfolge Davids handelt. Die Zusammenstellung von historischen Fakten diente nicht etwa einer Legitimation der Machtergreifung Salomos, wie früher angenommen wurde. Wahrscheinlich schon zu Lebzeiten Salomos entstanden, unterzog sie nicht nur ihn, sondern die ganze Entwicklung des davidischen Königtums in Israel-Juda einer beißenden Kritik.

David war Wahlkönig. Die Ältesten Judas und Israels waren maßgeblich an seiner Königserhebung beteiligt. Während seiner Jerusalemer Zeit berief sich David in seinen Entscheidungen zunehmend auf seine Souveränität als Monarch. Der Balanceakt der Politik Davids zwischen der stark föderal geprägten alten Ordnung und der notwendigen Zentralisation der Macht war damit empfindlich gestört. Die «Thronnachfolgeerzählung» dokumentiert in ihrer ältesten Fassung diese Entwicklung.

Damit ist klar, daß die Verantwortlichen für diese älteste Fassung nicht am Hof der Davididen zu suchen sind. Es wird heute davon ausgegangen, daß sie in denjenigen Kreisen beheimatet waren, die bei der Inthronisation Salomos von der Macht verdrängt worden sind. Ob es sich dabei, wie manche meinen, um die Priesterfamilie des Abjathar aus Nob handelt, ist nicht geklärt, aber doch wenig wahrscheinlich. Wer auch immer die Herausgeber dieses Oppositionspapieres waren, ihre Absicht muß berücksichtigt werden bei der Analyse der Texte. Sie selbst betrachteten ihre Position offenbar als so stark, daß sie es wagten, diese auch in einer absolutistischen Monarchie zu markieren. Sie glaubten sogar, auf eine Kommentierung des Materials verzichten zu können. Die Fakten selbst, auch wenn sie sicher nur eine Auswahl darstellten, sprachen für sich und waren einer Reihe von Zeitgenossen bekannt. Somit wird auch klar, warum der skandalöse Bericht zu Salomos Zeiten nicht einfach unterdrückt werden konnte, wie es viele Jahrhunderte später im 1. Buch der Chronik geschah. Dort wird die Episode einfach übergangen, obwohl sich das Buch sonst sehr genau an den alten Texten orientiert.[145]

Die Herausgeber des Oppositionsberichtes setzen ihre Hörerinnen und Hörer einfach davon in Kenntnis, wie es zur Geburt des nachmaligen Thronfolgers Salomo gekommen ist und wie David die damit verbundenen Probleme – den Ehebruch und die Ermordung Urias – aus der Welt geschafft hat.

Wie kam der Hof der Davididen damit zurecht, daß es von der Geburt Salomos den Bericht einer Opposition gab, mit der man in der Spätzeit Davids und auch am Ende der Regierungszeit Salomos erhebliche innenpolitische Auseinandersetzungen hatte? Eine königsfreundliche Redaktion des Oppositionspapiers gibt dazu erste Hinweise.

Der Tod des Kindes – Ein Schreibtischtäter

Der Text wurde erweitert. Die erste Interpolation ist lediglich eine kleine Zahlenangabe gleich zu Beginn, die völlig unverdächtig aussieht: Das Bad der Dame Bathseba wird als rituelle monatliche Waschung am siebten Tag nach dem Eintritt der Regelblutung gedeutet. Damit wird der nackten Anwesenheit Bathsebas auf dem Dach jeder bewußte erotische Reiz genommen – gleichzeitig ist aller Verdacht ausgeschlossen, daß jemand anders als David der Vater des danach gezeugten Kindes sein konnte.

Doch das ist nur die Vorbereitung für den nun folgenden Einschub; vor dem Schlußsatz von der Namensgebung wird eine ganze Geschichte eingebaut:

«Und JHWH schlug das Kind, das die Frau Urias dem David geboren hatte, so daß es krank wurde. Und David befragte Gott wegen des Knaben und David begann zu fasten; wenn er jeweils heimkam, verbrachte er die Nacht, indem er auf der Erde schlief. Da gesellten sich die Ältesten seines Hauses zu ihm, um ihn zu bewegen, vom Boden aufzustehen. Aber er wollte nicht und aß keine Speise mit ihnen zusammen. Am siebten Tage aber starb das Kind; und die Knechte Davids fürchteten sich, ihm Nachricht zu geben, daß das Kind gestorben sei, denn sie sagten sich: ‹Als das Kind am Leben war, haben wir ihm zugeredet, ohne daß er auf unsere Stimme gehört hat. Wie sollten wir ihm also jetzt sagen können: Das Kind ist tot. Er würde Unheil anrichten!›

Als David sah, wie seine Knechte untereinander flüsterten, merkte David, daß das Kind gestorben war. Und David sprach zu seinen Knech-

ten: ‹Ist das Kind gestorben?› und sie sagten: ‹Ja.› Da stand David vom Boden auf, wusch sich, salbte sich, zog sein Gewand an, ging ins Haus JHWHs und fiel dort nieder. Dann ging er in sein Haus zurück, gab Befehl, daß man ihm Speise vorsetzte und aß. Da sagten seine Knechte zu ihm: ‹Was soll dieses Verhalten, das du an den Tag legst? Das Kind war am Leben und du hast gefastet und geweint. Jetzt ist das Kind tot und du stehst auf und nimmst Speise zu dir.› Da sagte er: ‹Solange das Kind am Leben war, fastete ich und weinte, da ich mir sagte, wer weiß, JHWH hat Erbarmen mit mir und das Kind bleibt am Leben. Jetzt aber ist es tot, warum sollte ich da fasten? Kann ich es etwa wieder zurückholen? Ich gehe ihm nach – aber es wird nicht zu mir zurückkehren.› Dann tröstete David Bathseba, seine Frau, und er ging hinein zu ihr und schlief mit ihr und sie gebar einen Sohn.» (2 Sam 12, 15b–24a)

Die Absicht dieser Einfügung in den unangenehmen Bericht: Der im Ehebruch mit Bathseba, der Frau des Uria gezeugte Knabe starb im Kindbett. JHWH hatte ein Machtwort gesprochen. Der mit Bathseba, der Frau Davids, in der Ehe gezeugte Sohn ist der spätere Thronfolger. Der Name Salomo (Sh^{e}lumo; Ersatz für das gestorbene Kind) wird zur Stützung dieser tragischen Geschichte herangezogen. Den bösen Verdächtigungen von der Zeugung des nachmaligen Königs Salomo im ehebrecherischen Bett waren alle Grundlagen entzogen, indem man nun die «ganze Wahrheit» ans Licht der Öffentlichkeit brachte.

Diese Richtigstellung birgt einige Probleme:[146]

- Keine Frau ist bereits sieben Tage nach der Niederkunft wieder empfängnisbereit. Warum diese Eile? – Der ganze Bericht ist eingebettet in die Erzählung der Ereignisse des Krieges mit Ammon, der höchstens zwei Kriegssaisons, also etwa sechzehn Monate dauerte. Schon die achtzehnmonatige Zeitspanne zweier Schwangerschaften erweist sich als zu lang für den Feldzug. Würde man noch zwei bis drei weitere Monate zwischen erster Niederkunft und nochmaliger Zeugung einrechnen, fiele der ganze Zeitplan in sich zusammen. Also mußte zur Ehrenrettung Salomos die medizinisch nicht haltbare Zeitspanne von sieben Tagen behauptet werden.
- Es erstaunt auch sehr, daß das erste Kind in der Neufassung der Geschichte namenlos blieb, denn Geburtsgeschichten enden in der Regel

mit der Namensgebung durch die Frau, wie das ja auch im ursprünglichen Bericht der Fall ist.

– Der stark betonte Unterschied in der näheren Bestimmung der sozialen Rolle Bathsebas läßt ebenfalls aufhorchen. Das erste Kind gebärt sie noch als Frau Urias – das klarzustellen lag ja im Interesse der Opposition. Das zweite Kind zeugte David mit *seiner* Frau.

Insgesamt ist der ganze Abschnitt *(2 Sam 12, 15b–24a)* deutlich als spätere Interpolation zu erkennen. Wer war dafür verantwortlich? Wer erfand dieses Kind, ließ es gleich darauf sterben und schob Gott die Schuld in die Schuhe? Wer war der Schreibtischtäter?

Immer schon ist das seltsame Verhalten Davids aufgefallen, das ja bereits im Text selbst durch die Höflinge in Frage gestellt wird. Die Interpretatoren versuchen alle, die Episode mit dem Charakter Davids in Einklang zu bringen. Sie wird als «Beweis gesunden Menschenverstandes und männlicher Haltung»,[147] «Willensstärke in der Überwindung unnötiger Schmerzen»,[148] «Rücksicht auf den augenblicklichen Kriegszustand»[149] oder «Anerkennung der unbeugsamen Gerechtigkeit Gottes»[150] gewertet.

Interessant ist die Deutung des dänischen Philologen Johannes Pedersen. Sie führt auf eine neue Spur. Pedersen kommt zum Schluß, Davids Benehmen verrate eine ganz neuartige, liberale Einstellung zum Tod und zu den damit verbundenen Bräuchen der vorstaatlichen Zeit. Er denke nicht mehr in kultischen Kategorien, die Fasten und Beten als Trauerarbeit vor der notwendigen Rückkehr ins Leben verstehen. «Er beurteilt die Handlungen nur nach ihren Resultaten.»[151] Das heißt, er benutzt den Kult als eine Möglichkeit, die Gottheit in ihren Entscheidungen zu beeinflussen. Für ein gutes Ergehen ist das entsprechende gute Tun Voraussetzung. Geht man davon aus, daß mit dem Einschub eine Ehrenrettung Davids und vor allem Salomos beabsichtigt wurde, dann weist dieser Umgang mit der kultischen Tradition darauf hin, wo die Interpolation entstanden sein könnte: Der frühen Weisheitsschule am salomonischen Hof ist ein solcherart «aufgeklärter» Text durchaus zuzutrauen.

Diese Lokalisierung würde die Vermutung stützen, daß das Oppositionspapier mit Hilfe des Einschubes «hoffähig» gemacht werden sollte. Auch der noch angefügte Schlußsatz spricht dafür: Nathan, dem Hofmann und Propheten, der maßgeblichen Anteil an der Königserhebung Salomos hatte und zu den engsten Kreisen des Hofes gehörte, wird eine Rolle in der Geschichte zugeteilt. Nach der Namensgebung heißt es nun: *«Und da JHWH ihn [Salomo] gern hatte, schickte er durch Vermittlung des Propheten Nathan und nannte das Kind Jedidja [= Liebling JHWHs] um JHWHs willen.» (2 Sam 12, 24d–25)*

Der Name hat sich nicht durchgesetzt, aber das Problem war durch einen Schreibtischmord aus der Welt geschafft – wenigstens für Salomo und seine Parteigänger.

Soweit die Reaktion des Hofes auf die Ereignisse. Wie aber gingen Theologen damit um, daß der Gründer der davidischen Dynastie einen solch dunklen Punkt in seiner Lebensgeschichte aufzuweisen hatte, ohne daß JHWH mit ihm verfuhr wie mit Saul und ihn scheitern ließ? Die Erfolge Davids und seiner Politik waren Fakten und wurden Legende. Der legendäre König beging einen Mord – aus ungebändigter Leidenschaft und Angst vor Entdeckung. Auch das war eine Tatsache. Wie ließen sich diese Fakten zusammendenken?

Prophetische Kritik: Die Frage nach dem Umgang mit der Schuld

Es war noch eine andere Erzählung im Umlauf über die Ereignisse um die Geburt Salomos. In ihr gewann eine Einstellung zum Staatswesen Gestalt, die eng verknüpft ist mit der Entwicklung der Prophetie. Propheten wurden im Laufe der Geschichte des Staates Israel-Juda immer mehr zu einem kritisch-konstruktiven Gegenüber des Königtums – zumindest die hofunabhängige Gruppe unter ihnen. Eine kleine Episode aus der Zeit des Königs Joschafat von Juda (ca. 868–740 v. Chr.) verdeutlicht dies. Anläßlich der Neuorientierung der Bündnispolitik wurde eine Gottesbefragung durchgeführt. Der König hatte bereits entschieden und wollte nun die Bestätigung durch die Vertreter des Gottes. Ein Bote wurde zum Propheten Micha ben Jimla gesandt:

Bote: *«Siehe, die Worte der Propheten [400 am Hof des Königs] sind einmütig für den König; so laß nun auch dein Wort wie ihr Wort sein und rede Gutes.»*

Micha: *«So wahr JHWH lebt, ich will reden, was JHWH mir sagen wird.» (2 Kön 22, 13–14)*

Die Loyalität des Propheten galt dem wahren König: JHWH.

Kreise, zu denen auch Micha ben Jimla gehörte, hatten großes Interesse daran, paradigmatisch das Verhältnis von Königtum und Prophetie zu beschreiben und dabei Kriterien für eine angemessene Reaktion auf moralische und politische Fehlentscheidungen der Herrschenden zu entwickeln. Die Frage nach dem Umgang mit Schuld spielte dabei eine große Rolle. Es ging nicht nur um individuelle moralische Verfehlungen, sondern ebenso um strukturelle Ungerechtigkeiten, soziales Ungleichgewicht, Ausbeutung der Kleinbauern durch Großgrundbesitzer, falsche Finanz- und Außenpolitik und falsches Kultverständnis.

Im konkreten Fall von Davids Ehebruch und Mord meldete sich diese Gruppe der Propheten auch zu Wort und behandelte den Fall ähnlich wie die politische Opposition nicht als individuelles Vergehen, sondern als Folge des Machtmißbrauches des Königs.

Die prophetische Erzählung *(2 Sam 11, 27d – 12, 15a)* war ursprünglich als Einzeltext konzipiert und weitererzählt worden. Später wurde sie unter der Überschrift *«JHWH mißfiel, was David getan hatte» (2 Sam 11, 27d)* in das große Geschichtswerk des Deuteronomisten aufgenommen, weil auch dessen Redaktoren der Meinung waren, diese Mahnung ihren Mächtigen ins Stammbuch schreiben zu müssen. Die für die Anbindung an den bereits vorhandenen Text notwendige Figur eines Propheten war in der Gestalt Nathans bereits gegeben.

In der Überlieferung der prophetischen Tradition wird Nathan nicht als Hofmann gezeichnet, sondern als prophetische Gestalt und Kritiker des Königshofes aus gebührender Distanz. Und so ist die Erzählung nicht nur paradigmatisch in ihrer Position zum Umgang mit Schuld, sondern sie ist auch als Beispiel dafür zu verstehen, wie ein einzelner Prophet vorgehen kann, wenn er an einem Mächtigen Kritik zu üben hat.

Nathan wird von JHWH selbst zu David geschickt. Der Prophet legt dem König einen Rechtsfall vor: Zwei Nachbarn, der eine ist reich, der andere arm. Der Reiche bekommt Besuch und muß seinen Gästen etwas vorsetzen. Er will aber nichts von seinen Herden nehmen, vergreift sich daher am einzigen Lamm des Armen, schlachtet es und setzt es dem Gast vor. Nathan konfrontiert den König mit diesem fiktiven Fall. *«Da entbrannte der Zorn Davids heftig gegen den Mann und er sagte zu Nathan: ‹Beim Leben JHWHs. Der Mann, der das getan hat, ist des Todes. Und das Lämmlein hat er vierfach zu ersetzen, weil der diese Tat getan und kein Mitleid gezeigt hat.›*

Da sagte Nathan zu David: ‹Du bist der Mann›.» (2 Sam 12, 5–7a)

Nathans Vorgehen, mit Hilfe eines fiktiven Gerichtsfalles den Richter sein eigenes Urteil fällen zu lassen, ist erfolgreich. Der Prophet bringt den König dazu, selbst die nötigen Schlußfolgerungen zu ziehen.[152] Jetzt ist die Gelegenheit günstig, die Dinge beim Namen zu nennen, und nichts mehr wird beschönigt: Der Tod Urias beim Himmelfahrtskommando wird als das bezeichnet, was er war: Mord. Der Ehebruch wird benannt. Die Konsequenzen, die der Prophet anzukündigen hat, werden aus den Umständen der Tat entwickelt:

David hat mit dem Schwert getötet – so soll das Schwert fortan nicht mehr von seinem Haus weichen.

David hat heimlich mit der Frau eines anderen geschlafen – mit seinen Frauen soll öffentlich geschlafen werden.

Das ist ein typisches prophetisches Urteil: Es wird eine Diagnose erstellt und aus ihr heraus eine Prognose entwickelt. Taten haben Folgen, und JHWH sorgt dafür, daß dies nicht nur für die Opfer, sondern auch für die Täter so ist. Beide Prognosen Nathans sollten sich im weiteren Verlauf der Geschichte bewahrheiten.

Noch aber steht die Antwort Davids aus. Die ist schlicht: *«Ich habe mich an JHWH verfehlt.»*

Nathan reagiert – direkt und ohne Bedingungen: *«So vergibt auch JHWH dein Fehlen und du mußt nicht sterben!»* So verstand die prophetische Theologie kreativen Umgang mit der Schuld: Die Konsequenzen der Tat werden nicht wegdiskutiert, aber es gibt eine Chance für ein Weiterleben.

Später, als die Erzählung dann in den schon redigierten und entschärften Text von der Schuld des Königs eingefügt wurde, benutzte der Redaktor die Geschichte vom Tod des fiktiven Knaben, um der theologischen Radikalität des bedingungslos gewährten Neuanfangs die Spitze zu brechen: Ein Opfer wenigstens war nötig. Und es ward gefunden. Und siehe, es war das unschuldige Kind, das ein Schreiber der Weisheitsschule am salomonischen Hof auf dem Gewissen hatte.

David und Bathseba: Erste Schatten fielen auf die Lichtgestalt, der kein Gott gewährt hatte, früh in die Halle des Ruhmes abzutreten. Für die Psychoanalytikerin Maria Kassel sind Davids Fähigkeiten, in ständigem, ungehindertem Austausch mit den kreativen Kräften der unbewußten Psyche zu leben, der Grund für seine schlafwandlerische Sicherheit in vielen *ad hoc*-Entscheidungen; gleichzeitig sind sie aber auch der Grund dafür, daß er den destruktiven Möglichkeiten des Unbewußten so wehrlos ausgeliefert war.[153] Auch wenn die Vorgehensweise Maria Kassels bei ihren Untersuchungen nicht unumstritten ist, so kann ihr Hinweis auf die Persönlichkeitsstruktur Davids doch ein weiteres Puzzleteil liefern für ein Bild der Umbruchszeit, die im König narrativ Gestalt gewann. David wußte sich zwar der Tradition verbunden, aber sein Handeln wurde nicht mehr ausschließlich durch sie bestimmt. Doch im Ausleben seiner individuellen – in diesem Fall sexuellen – Bedürfnisse begegnete er auch der Schattenseite seiner neugewonnenen Freiheit.

Wie David selbst mit dieser dunklen Erfahrung umging, entzieht sich unserer Kenntnis. Immerhin aber zeitigte diese Episode in der weiteren Lebensgeschichte Davids einige Folgen: Er geriet innen- und vor allem familienpolitisch in immer größere Schwierigkeiten. Er war, was persönliche Beziehungen angeht, verwundbar und möglicherweise auch erpreßbar geworden.

Die Aufdeckung des Skandals und seine theologische Verarbeitung aber blieben erhalten, weil sie zur Geschichte eines Volkes gehören, dessen Helden und Vorbilder offenbar Menschen sein durften, nicht überhöhte Ideale.

Die Gedanken über Schuld und Schuldbewältigung wurden im 2. Buch Samuel mit Nachrichten über die außenpolitischen Erfolge Davids gerahmt. Innenpolitik, Familienbelange und Erfolge der Expansionspolitik sind nicht nur in der biblischen Überlieferung stark ineinander verwoben. Der ganze zweite Teil der Biographie Davids ist geprägt von diesen Faktoren, die einander gegenseitig beeinflußten.

Davids Expansionspolitik

In den «Geschichten der Väter und Mütter Israels» im 1. Buch Mose wird überliefert:

«An dem Tag schloß JHWH einen Bund mit Abraham und sprach: ‹Deinen Nachkommen will ich dies Land geben, vom Bach Ägyptens bis an den großen Strom Euphrat›.» (1 Mose 15, 18)

Damit ist die ideale Größe des Landes beschrieben. Von der natürlichen Grenze Palästinas im Süden bis hinauf an die große Euphratkrümmung soll sich das zukünftige Reich erstrecken. Dem Erzvater Abraham wird diese Grenzmarkierung für den Staat seiner Nachkommen von JHWH selbst versprochen. Mehr als 800 Kilometer Luftlinie trennen die beiden Landmarken. Das ist beinahe viermal die Strecke von Beerscheba bis Dan, die vermutlich weiteste tatsächliche Ausdehnung der Stämme Israels.

Im 1. Buch der Könige findet sich dann eine Notiz, die diese Zusage als erfüllt ansah: *«So war Salomo Herr über alle Königreiche vom Euphratstrom bis an die Grenze Ägyptens.» (1 Kön 5, 1).* Und wenige Zeilen später: *«Denn er [Salomo] herrschte im ganzen Lande jenseits des Euphrat bis nach Gaza...» (1 Kön 5, 4).* Sind das historisch zuverlässige Angaben über die Ausdehnung des von David geschaffenen Großreiches?

Die Nachrichten aus dem Königsbuch machen mißtrauisch. Die Bezeichnung «Land jenseits des Euphrat» konnte zwar einer bestimmten Landschaft zugewiesen werden, sie stammt allerdings aus wesentlich jüngerer Zeit: Eine Satrapie des persischen Großreiches trug 520 Jahre nach Davids Zeit diesen Namen und hatte tatsächlich die obengenannten Grenzen. Schon die Bezeichnung «jenseits des Euphrat» deutet an, daß das Land aus einer nichtpalästinensischen Perspektive beschrieben ist. War die verheißene Grenzmarkierung im 1. Buch Mose also doch nur der in die Vergangenheit projizierte Wunsch nach Größe? Wenn man unter «Herr sein» die tatsächliche Regierungsgewalt über ein Territorium versteht, läßt sich der Verdacht nicht entkräften. Aber es bleibt noch eine andere Interpretationsmöglichkeit. Um diese zu erkennen, müssen die in die Erzählung der Thronnachfolge eingebauten Kriegsberichte genauer analysiert werden: David stand vor der Aufgabe, seinen neugeschaffenen Staat, der aus Teilen bestand, die sich nicht leicht miteinander vertrugen, außenpolitisch abzusichern. Nur so ließen sich Ereignisse wie die Philistervorstöße quer durch das Gebiet Israels auf der Höhe Jerusalems oder der Jesreelebene verhindern.

Die Lehnsherrschaft der Philister hatte er abgeschüttelt, oder ihnen *«den Dienstzaum aus der Hand genommen» (2 Sam 8, 1)*, wie es ein alter Text formuliert. Damit war die Mittelmeerflanke gesichert – gerade auch

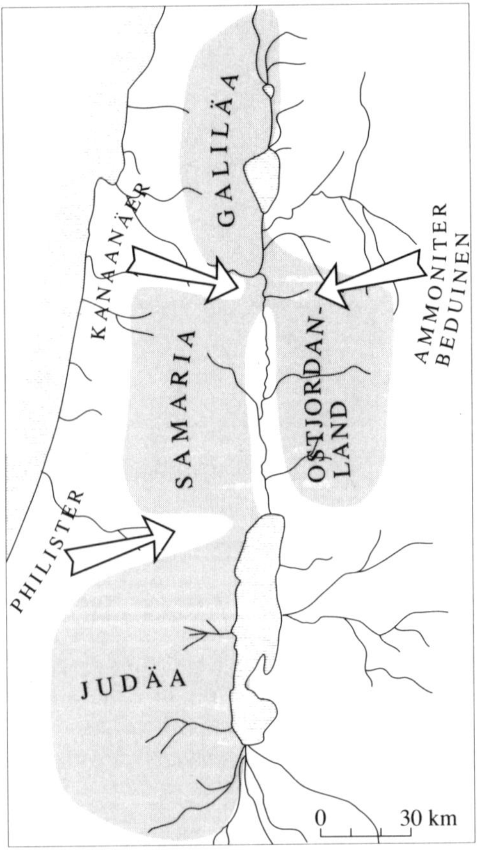

Die vier getrennten Siedlungsgebiete Israels

im Blick auf den Vertrag mit Tyros. Doch es blieben die weit offenen Flanken im Osten, im Transjordanland und im Norden, im auch heute umstrittenen Landstrich zwischen Golanhöhen, Bekaaebene und Damaskus. Es kam bereits zu vereinzelten Koalitionen kleinerer Aramäerstädte und zu Übergriffen auf den Nordteil des israelitischen Siedlungsgebietes. David beschloß eine Vorwärtsverteidigung. Folgt man der Reihung der Texte im achten Kapitel des zweiten Samuelbuches, so begann er im Südosten mit einem Feldzug gegen die Moabiter. Die Behandlung der Gefangenen zeugt von ähnlicher Brutalität wie beim Zug gegen die Amalekiter: Es wird überliefert, daß zwei Drittel der Gefangenen hingerichtet worden seien.

Kurz darauf kam es im Nachbarstaat Ammon zu einem Zwischenfall: Der Ammoniterkönig Nahar, zu dem David offenbar gute Beziehungen pflegte, war gestorben und sein Sohn Hamun trat die Nachfolge an. David schickte Botschafter an den Hof in Rabba, um im Rahmen der Beileidsbezeugungen die Verbindung mit dem neuen König zu festigen.

«Als aber die Knechte Davids ins Land der Ammoniter kamen, sagten die Fürsten der Ammoniter zu Hamun, ihrem Herrn: ‹Will David in deinen Augen deinem Vater die Ehre erweisen, daß er dir Beileidsboten schickt? Hat David nicht seine Knechte zu dir geschickt, um die Stadt auszuforschen, sie auszukundschaften und dann zu zerstören?›» (2 Sam 10, 3)

Dieses Argument überzeugte Hamun – und das spricht nicht für den Ruf Davids. Der junge König wollte ein Zeichen setzen, daß er seinen Gegenspieler durchschaut hatte, und so ließ er den Boten die Hälfte ihres Bartes scheren und die Gewänder bis zum Gesäß abschneiden. Das war ein wahrhaft einschneidender Eingriff in die Sphäre der Manneswürde – besonders in der männerorientierten Gesellschaft des Orients, in der ein Bart auch heute noch als Inbegriff der Männerwürde gilt. David reagierte dementsprechend und befahl den Boten, in Jericho zu bleiben, bis der Bart nachgewachsen war. Er sorgte aber dafür, daß sich die Entehrung herumsprach. So konnte er den Heerbann mobilisieren. Die Ammoniter ihrerseits warteten nicht auf den Angriff. Es macht den Anschein, daß der Anlaß beiden Seiten sehr gelegen kam.

Hamun suchte sich Allierte. Er fand sie in den angrenzenden Aramäergebieten von Zoba, Maacha, Beth-Rehob und Tob. Möglicherweise erhielt David davon Kenntnis aus dem durch Vertrag und Heirat verbündeten Geschur, dessen Territorium wie ein Keil in die Aramäerstaaten vorstieß. Das ganze Heer Davids, der Heerbann und das Berufsheer gingen unter Joab auf Rabba vor. Die Ammoniter stellten sich vor der Stadt zur Schlacht. Im letzten Augenblick merkte Joab, daß er in der Gefahr stand, eingekesselt zu werden. Er teilte das Heer, zog selbst mit der Elite auf der Königsstraße der Aramäerkoalition entgegen und befahl

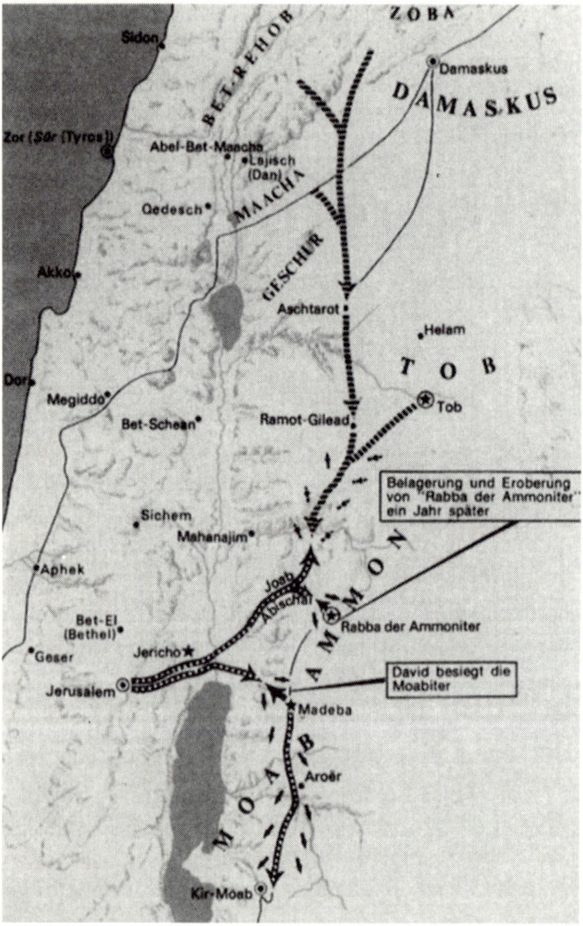

Davids Feldzüge im Ostjordanland und gegen die Aramäer

dem Heerbann unter seinem Bruder Abischai, das Gros der Ammoniter zu binden. Das überraschende Manöver gelang. Die Aramäer flohen. Die Ammoniter erfuhren vom Scheitern ihrer Zwei-Fronten-Strategie und zogen sich nach Rabba zurück. Joab, der keine Belagerungstechnik im Tross hatte, kehrte nach Jerusalem zurück. Die Eroberung der ammonitischen Hauptstadt blieb der folgenden Kriegssaison vorbehalten.

Während der Belagerung Rabbas im nächsten Sommer spielte sich die für den Offizier Uria so verhängnisvolle Affäre um seine Frau Bathseba in Jerusalem ab. Die Stadt fiel und David – inzwischen Ehemann Bathsebas – ließ sich mit der Reichskrone Ammons symbolisch krönen. (Getragen hat er sie wohl kaum – sie wog mehr als fünfunddreissig Kilogramm.)

Viele der Ammoniter wurden als Zwangsarbeiter für die königlichen und öffentlichen Bauten eingesetzt. Die außenpolitischen Erfolge hatten starke Auswirkungen auf die Wirtschaftskraft des davidischen Staates. Sie zogen Konsequenzen für den Auf- und Ausbau einer Verwaltungsstruktur nach sich. Die Entscheidungsorgane wurden zunehmend zentralisiert. Die anwachsende Unzufriedenheit – besonders im Norden – machten sich dann einzelne Mitglieder des Davidclans zunutze, um ihre eigenen Ziele zu verfolgen.

Noch wenigstens einen weiteren Feldzug, diesmal direkt gegen eine aramäische Allianz, muß es gegeben haben. Dessen für David positiver Ausgang hatte die Einsetzung eines Israel freundlich gesinnten Statthalters in Damaskus zur Folge. Dazu kam die vertragliche Verpflichtung der Aramäer zur Lieferung von Erzen aus den Gruben von Tebah und Berothai in der heutigen Bekaaebene. Mit Toi, dem König von Hamath, dem nordöstlichsten der Aramäerstaaten, schloß David einen Vertrag, der beiden Seiten half, die Kontrolle über das Gebiet aufrechtzuerhalten.

Strategisch gesehen fehlte David zur Kontrolle der beiden großen Handelsstraßen, die durch Palästina führten, der *via maris* und *via regis*, nur noch der Hafen Eilat am Golf von Akkaba. Die Araba, eine weite Talebene, die dem Grabenbruch vom Toten Meer hinauf zum Roten Meer folgte, war in der Hand der Edomiter. David setzte sein Heer ein und liess dann das Gebiet durch Statthalter kontrollieren. Edom wurde tributpflichtig und der Hafen von Eilat wie auch die Kupferminen von Timna gelangten in den Besitz Israels.

Davids Königreich um 990–968 v. Chr.

Die Grenzen der Verheißung waren erreicht. Der politische und militärische Einfluß Davids dürfte tatsächlich vom «Bach Ägyptens» bis an den Euphrat gereicht haben. Ob man bei der Art dieses Einflusses über keineswegs immer erobertes Gebiet allerdings von «Großreich» sprechen sollte, mag dahingestellt bleiben.

Den militärischen Erfolgen Davids lag eine strategische Meisterleistung zugrunde. Es gelang ihm die Schaffung eines Systems von Pufferstaaten, die mehr oder weniger direkt unter seiner Kontrolle standen. Seine Taktik bestand in einer geschickten Kombination von Stillhalteabkommen mit Nachbarstaaten und raschem Zuschlagen auf die dadurch isolierten Gegner.

Sicher auch mit zu den Erfolgen beigetragen hatte die Neuorganisation des Heerwesens. Die Analyse von Sauls Kontingent in der Schlacht am Gilboa-Gebirge zeigt, daß Davids Vorgänger gerade auch an der Schwerfälligkeit des militärischen Konzeptes gescheitert war.

Unter dem Oberbefehl von Davids Vettern Joab und Abischai wurde der Heerbann der freien Israeliten und Judäer nun zu einer Art mobiler Reserve, während mit dem Berufsherr unter Benaja ein sofort einsatzbereites Machtinstrument zur Verfügung stand. Damit war David nicht mehr abhängig vom mühsamen Prozeß der Einberufung, der sowohl auf die saisonalen Arbeiten einer Agrargesellschaft Rücksichten zu nehmen hatte als auch auf das Vorhandensein eines überzeugenden Kriegsgrundes, der in der Regel nur bei direkter Bedrohung gegeben war.

Die Umstrukturierung des Heeres mit der Entmachtung des Heerbanns der freien Israeliten war also eine weitere Konsequenz der Entstehung eines Territorialstaates, der nicht mehr nur durch Verwandtschaftsbeziehungen zusammengehalten wurde. Unterschiedlichste Gruppen, Völker und Kulturen lebten im «Davidischen Großreich» neben- und miteinander. Die dazu nötige Verwaltung mußte geschaffen werden. Sie bedeutete eine weitere Abwendung von der gesellschaftlichen Struktur der vorstaatlichen Zeit hin zum Zentralismus. Dafür gab es Vorbilder in den kanaanäischen Stadtkulturen und im ägyptischen Staatsmodell, das zu studieren David in seiner Zeit als Philistervasall und Herr von Ziklag Gelegenheit hatte. Diese staatsstabilisierenden Entscheidungen bewirkten allerdings gleichzeitig auch sich verstärkende zentrifugale Kräfte. Außenpolitisch war der Staat wenigstens vorläufig abgesichert – aber innenpolitisch wurde das Herrschaftsgebilde allmählich instabil.

Der ohnmächtige Vater: David und Tamar

Die Vergewaltigung der Tochter

«Doch siehe, da kam eine Frau entlang des Pfades, die trug ein buntes Kleid, wie das Königstöchter tragen, so sie noch Jungfrauen sind. Ihr Kopf war ganz sonderbar geneigt und sie sang mit dünner, kindlicher Stimme.
‹... Tue mir auf liebe Freundin,
meine Taube, meine Reine; denn mein Haupt ist voll Taues,
und meine Locken voll Nachttropfen...›
Und ich sah, daß ihr buntes Kleid zusammengestückelt war aus aller Art Flicken und ihr Gesicht war alt und abgehärmt und verzerrt und ihre Augen starrten ins Leere. [...] Die Frau [...] schlurfte blind an uns vorbei und sang
‹Ich öffnete meinem Liebsten;
aber mein Liebster war weg und hingegangen.
Da erstarb meine Seele nach seinem Wort;
ich suchte ihn, aber ich fand ihn nicht,
ich rief, aber er antwortete mir nicht.›
[...]
Die Frau blickte sich um. In ihre Augen war Leben gekommen. Ich tat einen Schritt auf sie zu. Sie hob die Hände, als wollte sie einen Schlag abwehren; dann sanken ihr die Hände herab und die schreckliche Verzerrung, die ihr Gesicht entstellte, begann sich zu lösen.»[154]

In die Lücken des biblischen Berichtes horchend, entwirft Stefan Heym in seinem Roman *Der König-David-Bericht* mit Zitaten aus dem Hohen Lied der Liebe eine beklemmende Szenerie: Tamar, das Opfer eines Familienskandals, abgeschoben in ein Irrenhaus. Der Dichter läßt das Fürchterliche, das sie erleben mußte, ohne Punkt und Komma aus ihr herausbrechen:

«… O GOtt es ist ja nicht was er mir antat und wie er es tat er warf mich einfach aufs Bett und hielt mich und riß mir die Kleider vom Leib und fügte mir Schmerz zu auch schlug er mir ins Gesicht weil ich schrie das war schlimm genug aber noch nicht das Schlimmste obwohl ich Jungfrau war wahrhaftig war ich […] und als der stärkere überwältigte er mich und schwächte mich und da er genug hatte wandte er sein Gesicht ab […] rief seine Diener und sagte zu ihnen treibt diese hinaus und schließt die Tür hinter ihr und er warf mir mein buntes Kleid zu und die Diener schoben mich hinaus und ich hörte den Riegel ins Schloß fallen und ich schrie auf und zerriß mein buntes Kleid und warf Asche auf mein Haupt und ein Schmerz entstand in meinem Hinterkopf und breitete sich aus bis er den ganzen Schädel füllte und herausbrach aus meinen Augen und mir das Gesicht hinabrann und es verzog und verzerrte…»[155]

Inzest und Vergewaltigung

Tamar, die Tochter Davids und der Geschuriterprinzessin Maacha, stach ihrem Halbbruder Amnon, dem ältesten Sohn des Königs ins Auge. Die Affäre ist aus einer psychologisch sehr präzisen Beschreibung bekannt. Die Leidenschaft des Prinzen wird anschaulich beschrieben:

«Und dies setzte Amnon so zu, daß er sich ganz krank fühlte.» (2 Sam 13, 2a)

Es gab für den Mann keine Möglichkeit, innerhalb des großen Haushaltes Davids in die Nähe seiner unverheirateten Schwester im Frauenhaus zu gelangen. Sein Vetter Jonadab half ihm weiter. Seine blinde Gier als Krankheit darzustellen, als so schwere Krankheit, daß ernste Sorgen um den Kronprinzen entstehen würden, war sein Rat. Amnon folgte ihm. Der Herr König und Vater kam, hörte den Wunsch des Sohnes nach Betreuung durch die Prinzessin und gewährte ihn. Alles verlief nach Plan. Tamar fand sich, Lieblingsspeisen des Prinzen zubereitend, zuerst in seinem Vorzimmer, dann im Schlafgemach wieder. Amnon hatte alle Bediensteten weggeschickt. Der biblische Text konzentriert die Situation in einem Dialog:

«Er hielt sie fest und sagte: ‹Komm, schlaf mit mir, meine Schwester.›

Aber sie sagte zu ihm: ‹Nicht doch, mein Bruder, vergewaltige mich nicht, denn solches tut man nicht in Israel. Begehe nicht diese Untat. Ich

– wohin sollte ich mit meiner Schande? Und du – du würdest wie einer von den Unmenschen in Israel dastehen›.» (2 Sam 13, 11b–13a)

Der Versuch Tamars, durch rationalisierendes Reden dem Augenblick die sexuelle Spannung zu nehmen, mißlang. Die Frau versuchte ihrer beider Zukunft zu retten: *«Sprich doch mit dem König, er wird mich dir gewiß nicht versagen.» (2 Sam 13, 13b).* Der Mann hörte nicht zu. Später dann das bezeichnende, präzise beobachtete Nachspiel: *«Amnon begann sie mit größtem Abscheu zu verabscheuen. Ja der Abscheu, mit dem er sie verabscheute, war größer als seine Liebe, mit der er sie geliebt hatte.» (2 Sam 13, 15)*

Die ostinate Wortfolge verleiht dem Satz im Hebräischen eine kaum zu übersetzende, brutale Wucht. Der Mann und Prinz ging davon aus, daß nach dem demütigenden Hinauswurf der Frau die Sache erledigt war. Doch weder Scham noch Schande noch der Gedanke an den gesellschaftlichen Tod verschlossen der Frau den Mund. Sie trug öffentlich Trauer und sorgte dafür, daß die ihr angetane Gewalt nicht verheimlicht werden konnte. Damit schloß sie sich selbst aus der Gesellschaft aus. Der Bericht spricht von ihr als einer für die Zukunft «verödeten Frau». Stefan Heym hat das in seinem Roman in der Szene, die im Irrenhaus spielt, literarisch umgesetzt.

Tamars Verhalten löste verschiedenste Reaktionen am Hof aus: Ihr Bruder Abschalom nahm sie bei sich auf. Der König und Vater wurde zornig und schwieg. Prinz Amnon wurde nicht zur Rechenschaft gezogen. Die tödliche Spirale von verletzender Gewalt und fehlender Wiederherstellung der Gerechtigkeit begann sich zu drehen. Zuerst sehr langsam. David reagierte nicht auf die Gewalt in seiner Familie. Zwei Jahre trug Abschalom seinen Haß auf den Bruder mit sich herum.

«Die Geschichte von Tamar ist ein beklemmendes Zeugnis der Gewalt, der Frauen in einer patriarchalen Gesellschaft, damals wie heute, ausgesetzt sind. Daher wird eine Frau diesen Text mit anderen Gefühlen und Gedanken lesen als ein Mann. Und sie wird feststellen, daß Tamar zwar das Objekt der rohen Gewalt und Begierde eines Mannes ist, das Opfer niederträchtiger Männerbündnisse, [...] das Opfer mangelnder väterlicher Achtsamkeit und mangelnden väterlichen Rechtschutzes und schließlich als Unschuldige das Opfer gesellschaftlicher Verachtung, daß die ErzählerInnen aber dennoch auf seiten Tamars sind, sie von

Schuld freisprechen, ihre Weisheit und Besonnenheit betonen, mit ihr Mitleid haben. So ist die Geschichte der Vergewaltigung am Königshof wenigstens dem erneuten Unrecht des Verschweigens entrissen worden.»[156]

Der Brudermord

Nach zwei Jahren bot sich Abschalom eine Gelegenheit, seinen Rachegedanken Taten folgen zu lassen. Inwieweit es zu dieser Zeit tatsächlich noch um Rache ging, sei dahingestellt. Der Verdacht drängt sich auf, daß auch Abschaloms Aussichten auf die Thronfolge bei den folgenden Ereignissen eine Rolle spielten. Ob Maacha, die Königstochter aus Geschur – die Mutter Tamars und Abschaloms – im Hintergrund die Fäden zog, bleibt im Dunkeln. (Aufgrund der Informationen über die Beteiligung der nachmaligen Königinmutter Bathseba bei der Inthronisation Salomos läßt sich wenigstens vermuten, daß bei allen politischen Entscheidungen am Jerusalemer Hof auch der Harem eine Rolle spielte.) Das Geschehen ist aus dem zuvor schon genannten Oppositionspapier bekannt. Es wurde ohne erkennbare Spuren einer Bearbeitung oder Kommentierung überliefert. Kein Wunder, es zeichnet ja auch kein negatives Bild von Salomo, sondern nur von zwei der möglichen Thronanwärtern, die vor ihm zum Zuge gekommen wären.

Abschalom hielt Schafschur auf seinen Besitzungen nördlich Jerusalems. Dieses Landgut war vermutlich ehemaliges Landgut von Sauliden, das von der Krone eingezogen wurde. Die Schafschur war ein willkommener Anlaß, ein Fest zu feiern. Er bot Tamars Bruder auch eine Gelegenheit, um den König und alle Königssöhne einzuladen. David lehnte die Einladung mit einer nicht sehr überzeugenden Begründung ab: *«Wir wollen dir nicht zur Last fallen.» (2 Sam 13, 25)*

Abschalom drängte darauf, daß wenigstens der Kronprinz der Einladung nachkam. David ahnte wohl etwas: *«Warum sollte der mit dir kommen?»* Doch Abschalom ließ nicht locker. Schließlich gab der König nach. Nüchtern betrachtet mußte er um die Konsequenzen wissen. Der Erzähler berichtet lakonisch, wie Abschalom sein Gefolge instruierte: *«Paßt auf. Sobald Amnon im Weinrausch sich wohlfühlt und ich euch sage: Erschlagt Amnon! – dann tötet ihn. Habt keine Angst, ich selber habe es euch befohlen.»* (2 Sam 13, 28)

Auf dem Höhepunkt des Festes wurde der Kronprinz ermordet. Panik brach aus. Die anderen Königssöhne flohen und die Nachricht verbreitete sich wie ein Lauffeuer. Als sie Jerusalem erreichte, waren dem Gerücht zufolge bereits alle Königssöhne umgekommen. Jonadab, der als Berater Amnons in die Affäre verwickelt war, tröstete den König mit dem zynischen Hinweis, es wäre sicher nur einer tot, nämlich der Kronprinz. Zur Begründung führte er die Sache mir Tamar an, die so gerne vergessen worden wäre. Damit lieferte er gleichzeitig die offizielle Lesart des Verbrechens. Es wurde zur Wiederherstellung der verletzten Ehre Tamars ausgeführt und entbehrte damit jeglicher politischen Motivation, wie man ja immerhin vermuten könnte. Abschalom war jetzt der älteste lebende Königssohn.

Abschalom setzte sich ab zu seinem Großvater nach Geschur. Und David? Er reagierte auf den Mord in seinem Clan so wenig wie auf die inzestuöse Vergewaltigung. Er trauerte und war handlungsunfähig. Um wen trauerte er? Um den Ermordeten? So wollen fast alle Forscher den Text umstellen, um Sinn in die Überlieferung zu bringen. Denn was da steht, scheint ihnen wenig sinnvoll: Er trauerte drei volle Jahre um den geflohenen Täter Abschalom, der an des Vaters Stelle versucht hatte, die Ordnung im Clan wiederherzustellen *(2 Sam 13, 37)*. Eine solche Nachricht sei ohne Sinn? Sie steht jedenfalls da und sie passt ins Charakterbild des Königs: Abschalom war ihm sehr ähnlich. Das Vorgehen dieses Sohnes nötigte ihm offenbar Respekt ab.

Die Begnadigung und die Rückkehr Abschaloms

Joab, der Weggefährte und Kampfgenosse aus Davids früheren Tagen, erkannte die innenpolitische Gefahr, die der hausinterne Konflikt und die Unfähigkeit des Königs, ihn zu verarbeiten, heraufbeschwörte. Möglicherweise hatte Joab aus dem Schicksal seines früheren Kontrahenten Abner gelernt. Die Thronfolge war nicht einfach dadurch sichergestellt, daß es Königssöhne gab. Gestalt und Schicksal des unfähigen Ischbaal, des Sohnes von Saul, zeigten das deutlich.

Abschalom wird in vielen Zügen als dem jungen David sehr ähnlich geschildert. Seine Fähigkeit, abwarten zu können, um dann skrupellos zuzuschlagen, erinnerte seine Zeitgenossen offensichtlich ebenso an die Jugendzeit des Vaters wie sein Äußeres:

«Übrigens gab es niemand in ganz Israel, der wegen seiner Schönheit so berühmt war wie Abschalom. Von der Fußsohle bis zum Scheitel war nichts auszusetzen an ihm.» (2 Sam 14, 25)

Besonders anziehend machte ihn seine Haarpracht, an die er nur einmal im Jahr das Messer ließ, wenn sie ihm zu schwer wurde. Eine Eitelkeit, die ihm zum Verhängnis werden sollte!

Die innere Stabilität des noch jungen Staates war ernsthaft gefährdet, falls es nach dem Tod Davids zu langwierigen Auseinandersetzungen und einem Machtvakuum kommen sollte. Abschalom erschien Joab als geeigneter Thronfolger. Joab wird in diesem Zusammenhang *(2 Sam 14)* als ein umsichtig und behutsam operierender Politiker gezeichnet. Das steht in krassem Widerspruch zu den Überlieferungen, die den Mord an Abner in Hebron zum Inhalt haben[157] – ein weiterer Hinweis auf eine Berichterstattung, die aufzeigen will, wie wenig gerechtfertigt die spätere Beseitigung des alten Haudegens war![158]

Joab stand vor der Frage, was David dazu bewegen könnte, das Staatsinteresse über das Familieninteresse zu stellen, und so den Sohn, der einen Mord begangen hatte, wieder an den Hof zu holen.

Die weise Frau

Joab wandte sich an eine «weise Frau». Es ist wenig über die Funktion solcher Frauen in der israelitischen Gesellschaft bekannt. Sie wirkten in der Männergesellschaft der frühen Königszeit offenbar als Ratgeberinnen. Sie zeichneten sich durch ihre brillante Redekunst und durch unkonventionelle Lösungsvorschläge bei Konflikten aus. Sie erteilten Ratschläge, die oft quer lagen zu einem stark männlich bestimmten Ehrenkodex.

Die Frau, an die sich Joab wandte, war Witwe und stammte aus Thekoa, einem Ort zehn Kilometer südlich von Bethlehem. Es wird nicht zufällig eine Frau aus der Heimat Joabs gewesen sein. Der General ließ sie einen Tagesmarsch weit anreisen. Das spricht für ihren Ruf. Daß sie ihm gerecht wurde, zeigt sich im weiteren Verlauf der Geschichte.

Die Frau trug dem König einen fiktiven Rechtsfall vor. Die Methode ist vom Vorgehen Nathans her bekannt. Aus dem Text lassen sich eine Anzahl von Informationen erheben, die eine Rekonstruktion des Hofzeremoniells erlauben. Dank ihnen lässt sich der Bericht in der vorliegenden Gestalt frühestens in die Spätzeit Davids datieren, wahrscheinlich aber setzt er das streng reglementierte Leben am Hof unter seinem Nachfolger Salomo voraus, das sich am ägyptischen Vorbild orientierte. Die Intention der Argumentation aber zeichnet ein gültiges Bild für die Umbruchssituation in der Ära Davids.

Die Frau wurde in den Audienzsaal geführt. Sie fiel auf die Erde und erwies dem König ihre Reverenz. Sie begann: *«Hilf, oh König»*. Das war die rechtsgültige Anrufung des Königs in seiner Funktion als höchster Richter. Die Jurisdiktion war nach einer Art Subsidiaritätsprinzip geregelt. Sie lag in erster Linie bei den Ältesten einer Stadt oder Siedlung. Nur im Falle einer Berufung wurde an den König appelliert.

Der Fall, den die Witwe vortrug: Ihre zwei Söhne hatten auf freiem Feld ohne weitere Zeugen und ohne einen möglichen Schlichter gestritten. Einer der beiden erschlug den anderen bei diesem Streit. Die Rechtslage war klar, und die Sippe der Frau forderte zu Recht das Leben des Täters im Ausgleich für das Leben des Opfers. «Auge um Auge – Zahn um Zahn» – dahinter steckte ursprünglich nicht eine erbarmungslose Rachemoral, sondern ein sozialpolitischer Ansatz: Es ging darum, sicherzustellen, daß die Anwendung von Gewalt in einer Auseinandersetzung nicht zur Vermehrung der Macht des Stärkeren führte. Nach dieser Rechtsphilosophie wurde der notwendige Ausgleich durch die Verminderung der Stärke des Täters oder seiner Sippe erreicht. Damit war dann das Gleichgewicht wiederhergestellt.

Die Argumentation der Frau zugunsten ihres überlebenden Sohnes: Wenn dieser getötet würde, bliebe ihr niemand, der sie versorgen könnte. Das Erbe des Hauses verfiele an den Rest der Sippe. Das Talionsrecht würde also durch seine strikte Anwendung pervertiert: Nicht der Schutz der Schwachen, in diesem Fall der Witwe, sondern ihre endgültige Verarmung wäre die Folge.

David übernahm in seinem Urteil die Argumentation der Frau zugunsten des Lebens.[159] Sie gab sich damit aber nicht zufrieden. Erst als der König feierlich bei JHWH sein Urteil beschwor und damit unverbrüchlich machte, sah sie sich am Ziel. Dabei verknüpfte sie in ihrem Drängen auf den königlichen Eid geschickt ihren fiktiven Fall mit dem realen des Abschalom. David erkannte die Zusammenhänge und sagte ihr das auf den Kopf zu, zusammen mit seinem Verdacht, daß Joab hinter der ganzen Sache stecke. Eine heikle Situation. Die Frau meisterte sie: *«Bei deinem Leben, mein Herr König, es ist unmöglich nach Rechts oder Links auszuweichen vor all dem, was mein Herr König sagt. Ja, dein Knecht Joab hat es mir befohlen... Aber mein Herr ist weise wie der Bote Gottes, so daß er alles weiß, was auf Erden ist.»* (2 Sam 14, 19–20)

Die Situation war gerettet, der König durch sein eigenes Urteil in der Sache umgestimmt. Er befahl Joab, Abschalom in die Hauptstadt zurückzurufen. Das geschah. Allerdings wurde der Königssohn nicht wieder in seine Rechte und Funktionen am Hof eingesetzt. Es gab Prinzen in der Rangliste der Thronnachfolge, die von einer Verbannung Abschaloms profitierten. Salomo war einer von ihnen. Seine Mutter Bathseba war immer noch die Favoritin Davids.

Wie der Vater, so der Sohn

Abschalom konnte durch Joabs Intervention zwar wieder nach Jerusalem zurückkehren, aber solange er nicht wieder in seine Rechte und Funktionen am Hof eingesetzt wurde, blieb er lediglich Privatmann. Er war nach dem Tod Amnons der älteste der Prinzen und konnte sich Chancen auf die Thronnachfolge ausrechnen, wenn sich sein Vater David mit ihm versöhnte.

Joab sollte erneut den Mittler spielen, doch er weigerte sich, auch nur das Haus Abschaloms zu betreten.

Hatte sich das Blatt gewendet? Hatten Abschaloms Gegner am Hof Joab wegen seiner widersprüchlichen Position im Bezug auf die Blutrache unter Druck gesetzt? Immerhin verdankte er ja sein Davonkommen nach dem Mord an Abner gerade der Berufung auf diesen Rechtsgrundsatz. Oder hielt er einfach die Zeit noch nicht für reif und wollte den gefährlichen Prinzen unter Kontrolle halten? Jedenfalls reagierte

Die weisen Frauen im Israel der frühen Monarchie

Die Samuelbücher enthalten eine beachtliche Menge von Erzählungen und Traditionen, in denen israelitische Frauen eine Hauptrolle spielen. Diese Texte stellen wichtiges Quellenmaterial für die Rekonstruktion der Geschichte der JHWH-Anhängerinnen in der Zeit der frühen Monarchie dar.

In den heftigen Umwälzungen, die Palästina am Ende der Spätbronzezeit erschütterten, nahmen Kampf und Krieg im kulturellen und religiösen Symbolsystem neben der alten Sorge um die Fruchtbarkeit von Mensch und Tier einen wichtigen Platz ein. Kampf und Krieg aber waren vornehmlich Domäne der Männer und männlicher Gottheiten. Israelitische wie philistäische Frauen applaudierten den kriegstüchtigen Männern, indem sie tanzten und Triumphlieder sangen. Andererseits betrauerten sie wie Rizpa die Toten der politischen Fehden.

Mit der Gründung der Monarchie begann ein Prozeß fortschreitender administrativer, militärischer und national-religiöser Zentralisierung am Königshof. Diese Zentralisierung, welche die Autonomie des Sippen- und Dorflebens in verschiedener Weise tangierte, dürfte sich für die israelitischen Frauen negativ ausgewirkt haben. Die relative Unabhängigkeit und vor allem der Respekt, den sie in gesellschaftlichen wie religiösen Angelegenheiten bei ihren Familien und Stämmen und in ihren Dorfgemeinschaften offenbar hatten, ging im Zuge dieser Entwicklung mindestens teilweise verloren. Frauen waren Opfer des Patriarchats, Opfer männlicher Willkür, Leidtragende von Krieg, Rache und Gewalt, aber sie waren immer wieder auch Subjekte ihres eigenen Schicksals und ihrer religiösen Bedürfnisse. Sie standen für ihre Ansichten und Anliegen ein und stellten ihre Fähigkeiten dem Gemeinwesen zur Verfügung.

Die Totenbeschwörerin von En-Dor[160] durfte ihren Beruf als Medium und Beraterin nicht mehr offiziell ausüben. Sie geriet also mit ihrer Tätigkeit in Spannung zur nationalen JHWH-Religion, deren Verwalter Totenbefragungen nicht zulassen. Dennoch spricht das Faktum für sich, daß diese Frau weitherum bekannt war und von einem König in einer militärisch äußerst wichtigen Angelegenheit konsultiert wurde. In dieser frühen Zeit der Monarchie übten Frauen noch sehr eigenständige religiöse und magische Praktiken aus. Ihre Dienste wurden nicht nur von Privatpersonen, sondern auch in politischen Angelegenheiten in Anspruch genommen.

Die Geschichte der weisen Frau aus Thekoa, die bei der Begnadigung Abschaloms eine wichtige Rolle spielte, ist in doppelter Weise aufschlußreich. Zum einen zeigt der fiktive Fall, den die Frau konstruierte, daß gerade Witwen in der frühen Königszeit in extreme Notlagen geraten konnten, die sie dazu zwangen, mit größter Hartnäckigkeit am Königshof um Schutz und Hilfe zu bitten. Zum anderen wird deutlich, daß die beratende Tätigkeit weiser Frauen bis in die höchsten Kreise der Politik und des Militärs sehr geschätzt war. Diese Frauen besaßen Erfahrung und Wissen, die dem Wohl der Gemeinschaft dienten.
Auch die weise Frau aus Abel Beth Maacha betätigte sich als diplomatische Ratgeberin, jedoch in einer sehr viel brisanteren Situation, in der es um das Leben vieler unschuldiger Menschen in einer belagerten Stadt ging.[161] Die Erzählung zeigt in besonders eindrücklicher Weise, welche Möglichkeiten Frauen hatten, sich in die militärischen Auseinandersetzungen der Zeit einzuschalten und für den Frieden zu votieren. Die Frau von Abel beherrschte die Kunst der Diplomatie und der Rhetorik. Sie berief sich auf weisheitliches Gedankengut und durfte beanspruchen, in ihrer Rolle als Ratgeberin den Willen JHWHs zu verkünden.
Die Samuelbücher dokumentieren Frauenleben in einer interessanten Übergangszeit. Man darf allerdings nicht übersehen, daß hier nicht vom Alltag gewöhnlicher Israelitinnen erzählt wird, sondern meistens von Frauen, die aufgrund ihrer Kenntnisse und Fähigkeiten eine prominente Position erworben haben. Wir müssen uns aufgrund dieser Texte die Frage gefallen lassen, ob das Selbstbewußtsein, die tatsächlichen Freiheiten, vor allem aber auch die Autorität und Anerkennung mancher Israelitinnen der damaligen Zeit nicht erheblich größer waren, als wir es uns oft vorstellen. Die Israelitinnen der frühen Königszeit lebten in einer patriarchalischen Gesellschaft, aber es wurde ihnen durchaus zugestanden, Grenzen zu überschreiten und Freiräume zu beanspruchen.[162]

Joab erst nach zwei Jahren und wiederholten Anfragen. Dazu war eine Anekdote im Umlauf, die, auch wenn sie nur gut erfunden sein sollte, doch eine Menge über Abschalom und seinen Ruf beim Volk aussagt. Sie hätte auch vom frühen David erzählt werden können:

Abschalom konnte Joab im Palastgebiet nicht aufsuchen, da er bei Hof nicht zugelassen war. Also mußte er Mittel und Wege finden, Joab zu veranlassen, bei ihm zu erscheinen. Joab hütete sich vor einem solchen Besuch, der ihn erneut zum Handeln zwingen würde. Abschalom rief sein Gesinde: *«Seht euch das Feld an, das Joab neben meinem hat. Er hat Gerste darauf, steckt sie in Brand!» (2 Sam 14, 30)*

Das war eine rüde Einladung, aber sie zeigte Wirkung. Wutentbrannt kam Joab, um sich über den Schaden zu beschweren. Ergebnis: Joab vermittelte Abschalom eine Audienz beim König. *«Der König küßte Abschalom.» (2 Sam 14, 33d)*

Der Prinz war wieder in alle seine Rechte eingesetzt. Der Konkurrent Amnon lebte nicht mehr. Jetzt wäre Geduld vonnöten gewesen bis zu Davids Tod – doch Abschaloms Geduld war aufgebraucht.

Die Erzählungen von der Geduld Davids in seinen Auseinandersetzungen mit dem Gesalbten Saul[163] könnten in dieser sich zuspitzenden Situation zwischen Vater und Sohn zum ersten Mal eine politische Funktion gehabt haben. Doch wie gesagt, Abschaloms Geduld war aufgebraucht.

Zielstrebig machte sich der Kronprinz daran, die Position des älter werdenden Vaters zu unterhöhlen. Die Methoden Abschaloms werden genau beschrieben *(2 Sam 15, 1–6):* Zuerst sorgte er für ein öffentlich wirksames Auftreten mit Wagen, Pferden und fünfzig Mann Begleitung. Dem gewollten Eindruck von Größe stellte er ein bewußt eingesetztes bescheidenes Auftreten im Gespräch mit Einzelpersonen entgegen. Er ließ es nicht zu, daß sich jemand vor ihm verneigte, umarmte die Menschen vielmehr und küßte sie wie Gleichgestellte. Dann machte er sich die innenpolitischen Spannungen zunutze. Er setzte auf das Nordreich Israel und schürte bewußt das Mißtrauen gegen den König bei Menschen, die um eines Rechtsstreits willen aus dem Gebiet der Nordstämme in die Hauptstadt kamen. Nach vier Jahren glaubte er den Boden für einen Putsch vorbereitet.

Der Aufstand Abschaloms

Verbündete

In den Vorbereitungen für den Putsch wird eine bis ins Einzelne durchdachte Strategie sichtbar. Abschalom setzte bewußt auf die Erinnerungen an die Frühzeit seines Vaters. Es scheint ihm gelungen zu sein, sich den Ruf einer Jugendausgabe des alternden Königs zu sichern. Seine Interessen stellte er so dar, daß man annehmen mußte, er wolle die alten Rechte der Stämme erneuern. Nirgends wird etwas von Kontakten mit Verbündeten des Königs außerhalb Israel-Judas sichtbar.

Im ganzen Reich wurde ein verdecktes Informationsnetz aufgebaut und für den Tag X vorbereitet. Hinter diesem Plan steckte ein kluger Kopf. Abschalom hatte ihn in der nächsten Umgebung Davids gewinnen können: Ahitophel aus Gilo im südlichen Judäa. Von ihm hieß es, daß sein Rat ebenso zuverlässig sei wie das Orakel Gottes *(2 Sam 16, 23)*. Die Koalition Abschalom–Ahitophel versprach Erfolg. Dann kam der Tag X.

Der Putsch

Abschalom bat um Urlaub vom Hof. Er schützte die Erfüllung eines Gelübdes vor, das ihn nach Hebron rief. Weder die Erwähnung der ehemaligen Krönungs- und Residenzstadt noch die angegebene Begründung, die doch sehr an seinen eigene,n unwiderruflichen Weggang vom Königshof mehr als fünfundzwanzig Jahre früher erinnerte *(1 Sam 10, 6. 29)*, ließen David hellhörig werden. Kaum war Abschalom in Hebron, aktivierte er sein geheimes Botennetz, rief Ahitophel, der sich schon in der Nähe in Gilo aufhielt, und befahl, die Hörner zu blasen. Im ganzen Land wurde ausgerufen: *«Abschalom ist in Hebron König geworden!»*

Und die Verschwörung weitete sich aus. *«Das Volk hielt in immer größerem Ausmaß zu Abschalom.» (2 Sam 15, 12b)*

Die Stunde der Entscheidung stand kurz bevor. Der Sohn hatte den Vater herausgefordert. Jeden Augenblick mußte der Marsch auf Jerusalem beginnen. Als man David davon unterrichtete, reagierte er sofort. Doch zur Verwunderung seiner Umgebung befahl er nicht, die so gut zu verteidigende Hauptstadt für eine Belagerung zu rüsten. Er befahl die Flucht.

War das immer noch die kaum zu erklärende Hilflosigkeit den eigenen Kindern gegenüber? Oder griff der König auf Erfahrungen aus seiner Auseinandersetzung mit Saul zurück und reaktivierte die Taktik der weichen Verteidigung, welche dem Gegner eine Angriffsmöglichkeit für seine überlegenen Kräfte verbat? Quintus Fabius Maximus, der Cunctator, der große Zauderer, hatte Hannibal mit dieser Taktik zermürbt und auch Napoleon scheiterte am kampflos aufgegebenen Moskau. Die offizielle Version besagt, daß David die Königsstadt und den kultischen Mittelpunkt des Reiches nicht den Folgen eines offenen Bürgerkrieges aussetzen wollte *(2 Sam 15, 14)*. Er setzte allerdings ein deutliches Zeichen, daß er seinen Rechtsanspruch auf die Stadt mit seinem Rückzug nicht aufgab: Er ließ zehn Frauen seines Harems im Palast zurück.

Bezeichnend ist die Richtung, in die David auswich. Nach Norden zu lag das Gebiet der Israelstämme, die Abschalom durch Jahre hindurch auf seine Seite gezogen hatte. Aus dem Süden, der Heimat der Sippe, kam ihm der putschende Sohn mit seinem Heer entgegen. Der Westen hätte David als Option zwar offengestanden, aber das hätte bedeutet, die Beziehungen zu den Philistern zu aktivieren. Das beinhaltete ein doppeltes Risiko: Wie würde die Pentapolis den flüchtenden David behandeln? Die Situation seit jener ersten Asylsuche hatte sich grundlegend geändert. Vor allem aber würde er damit in den Augen der Nordstämme jeden Anspruch auf die Herrschaft verspielen.

David blieb nur der Osten, das transjordanische Gebiet, in das sich schon Abner mit Ischbaal zurückgezogen hatte und das auch später noch, im Ausgang des 10. Jahrhunderts, beim Angriff der Ägypter unter Pharao Scheschonk, zum Auffang- und Regenerationsgebiet werden sollte. Die strategische Meisterleistung des Prinzen – beziehungsweise seines Beraterstabes unter Ahitophel – wird bei der Wahl des Krönungsortes deutlich.

Die Flucht – Prozession der Lebensbilanzen

Abschalom hatte entschieden die besseren Karten, doch der alte König gab sich nicht geschlagen. Es sieht so aus, als habe er, herausgefordert durch den drohenden Untergang, an dem sein unerklärlich zögerliches Verhalten in der Familien- und Sippenpolitik maßgeblichen Anteil hatte, wieder zur Form seiner frühen Tage zurückgefunden. Seine Bestürzung, die die Nachricht vom Parteienwechsel des Ahitophel auslöste, war groß, doch seine Ausweichbewegung war alles andere als eine von Panik gejagte Reaktion.

Der Heerbann Israels war auf Abschaloms Seite. Auf den Heerbann Judas konnte sich der König ebenfalls nicht verlassen. Aber die Jerusalemer Garnison der Söldner unter Joab mit der Eliteeinheit der Dreißig unter Abischai hielt zu David. Auch die Leibwache der Krether und Plether, eine Spezialeinheit unter dem Kommando von Benaja, die aus dem ägäischen Raum angeworben worden war, stand auf seiner Seite. Dazu kam noch eine 600 Mann starke Abteilung aus der Philisterstadt Gat, die von einem gewissen Ithai angeführt wurde. Zahlenmäßig waren diese Truppen denen des Abschalom unterlegen. Was Ausrüstung und Ausbildung angeht, waren sie jedoch sicher nicht zu unterschätzen.

Die Priesterschaft unter Zadok und Abjathar unterstützte David ebenfalls und wollte unter Mitnahme der Lade David begleiten. Dieser aber schickte sie zurück in die Stadt und baute mit Hilfe der Söhne der Priester ein Informationsnetz im Zentrum seines Widersachers auf. Chuschai, der den Titel «Freund des Königs» trug und zum engeren Beraterstab gehörte, wurde ebenfalls in die Stadt zurückgeschickt mit dem heiklen Auftrag, mögliche Ratschläge Ahitophels an Abschalom zu neutralisieren.

Von diesen Maßnahmen Davids beim Verlassen der Stadt weiß man aus einer Erzählung Bescheid, die sowohl von der Dichtkunst als auch von den guten Informationen des Autors zeugt. Die Informationen, die einen Einblick in die Taktik des Königs vermitteln, benützt der Erzähler, um den Weg Davids aus der Stadt hinunter an den Jordan als eine Trauerprozession zu beschreiben, in der eine Art Lebensbilanz gezogen wird *(2 Sam 15, 13 – 16, 14)*. Anspielungen vor allem an prekäre Situationen aus Davids Aufstieg zur Macht sind unübersehbar:

– Mit den 600 Mann aus Gat wird auf Davids Zeit bei Achisch von Gat angespielt. Die Versicherung der Treue ihres Anführers, der wohl aus politischen Gründen – ähnlich Davids Problemen mit Saul – die Philisterstadt verlassen mußte, hebt die Beziehung zwischen dem ehemaligen Lehnsnehmer Ziklags und dem Tyrannen Achisch von Gat ins Gedächtnis.

- Die Begegnung mit zwei Mitgliedern des Hauses Sauls zeichnet die Ambivalenz seiner Verbindungen mit den Sauliden nach: Ziba, der Verwalter des Gutes des Meribbaal, des einzigen überlebenden Sohnes Jonathans, kommt ihm mit Verpflegung für den Zug hinunter in die Jordansenke entgegen, während Schimei, ein entfernter Verwandter Sauls, die Prozession mit Flüchen und Steinwürfen begleitet. David akzeptiert die Verfluchung und wehrt dem Haudegen Abischai, den Fluchenden zu beseitigen.
- Die Aufzählung der Lebensmittel, die Ziba bringt, ist ein deutlicher Hinweis auf die nächtliche Begegnung Davids mit Abigail, die ihn vor unüberlegter Gewaltanwendung bewahrte.
- Ziba überbringt auch die Nachricht, daß sich sein Herr Meribbaal, der Saulide, von David distanziere und selbst versuche, an die Herrschaft zu kommen. Ziba erhoffte sich daraus eigenen Vorteil. Das ruft die am Eigennutz orientierten Boten der Nachrichten vom Tode Sauls und seiner Söhne beziehungsweise Ischbaals ins Gedächtnis.

Auf diesem Abschieds- und Trauerweg wird die Ambivalenz von Davids Weges an die Macht erzählerisch entfaltet. Die Philosophie, die dahinter steht, weiß, daß politisches Handeln Folgen zeitigt. Durch die Verknüpfung der Flucht mit den Ereignissen von Davids Aufstieg versucht sie Sinn zu stiften: Die Probleme Davids werden als Konsequenz früheren Handelns interpretiert. Dabei wird den Lesenden ein Politiker vor Augen geführt, der es aushält, von den negativen Folgen seiner Entscheidungen eingeholt zu werden. Er verhindert die rasche, gewaltsame Beseitigung der Zeugen seiner Taten. Die Erzählung zeigt einen König, der auf diesem Weg Trauerarbeit leistet. Durch sein Eingeständnis der Schuld und die Übernahme der Verantwortung erweist er sich als fähig, gerade im Scheitern neue politische Optionen zu erarbeiten.

Eine Seilschaft des Vaters am Hof des Sohnes

Die Ereignisse folgten Schlag auf Schlag. Kaum war David, dessen Abzug im Schutz der Dunkelheit wahrscheinlich prosaischer ablief, als es die sorgfältig komponierte Erzählung darstellt, über den Kamm des Ölberges in der judäischen Wüste verschwunden, marschierte Abschalom kampflos in die Stadt ein. Chuschai kam ihm entgegen und konnte ihn davon überzeugen, daß seine Loyalität nicht der Person des Königs, sondern dem Amt galt. Sein Hinweis darauf, *«dem, den dieses Volk und alle Männer Israels erwählt haben, will ich zugehören und bei dem will ich bleiben» (2 Sam 16, 18b)* zeigt, daß er sich der innenpolitischen Hintergründe des Erfolges Abschaloms bewußt war. Der neue König akzeptierte ihn. Der Plan Davids, seinen treuen Berater in die nächste Umgebung Abschaloms einzuschleusen, schien Erfolg zu haben.

Abschalom rief den Kronrat ein, um zu beraten, wie die neuentstandene Lage nach der überraschend leichten Besetzung der Hauptstadt auszunützen sei. Ahitophel machte zwei Vorschläge: Um die Übernahme der Herrschaft und den Sieg über den Vater öffentlich zu dokumentieren, sollte Abschalom den Harem Davids in Gestalt der zurückgelassenen zehn Nebenfrauen übernehmen. Gleichzeitig anerbot er sich, eine Truppeneinheit aufzustellen, um den Flüchtenden zu verfolgen und, noch bevor dieser den Jordan überqueren konnte, den Putsch zu Ende zu bringen. Wenn es gelänge, David zu töten, bevor dieser Frauen und Kinder in Sicherheit gebracht und Zeit gewonnen hätte, sich zu verschanzen, wäre ein Bürgerkrieg zu vermeiden. Der Doppelvorschlag war bestechend und wurde ohne weitere Diskussion angenommen.

Auf dem Dach des Palastes, auf dem – pikante Erinnerung – auch die Affäre mit Bathseba begann, wurde ein Zelt aufgeschlagen *«und Abschalom ging ein zu den Frauen seines Vaters vor den Augen ganz Israels» (2 Sam 16, 22).* Eine vornehme Umschreibung eines politischen Aktes, der uns nur aus der Perspektive des siegreichen Mannes geschildert wird.

Chuschai hatte keine Chance, durch einen Gegenvorschlag Ahitophels geschickte Beratertätigkeit zu vereiteln, wie spätere Bearbeiter uns gerne glauben machen würden.[164] Doch er aktivierte das geheime Informationsnetz und gab die für David gefährlichen Neuigkeiten sofort weiter. Die Nachrichtenkette lief von den beiden alten Priestern Zadok und Abjathar zu einer Magd, die an die Rogelquelle südöstlich der Stadt, außerhalb der Mauern gelangen konnte, ohne Aufsehen zu erregen. Dort hielten sich die beiden Söhne der Priester versteckt.[165] Sie erreichten

David mit der Nachricht kurz vor der Jordanfurt nördlich von Jericho. David verlor keine Zeit und setzte sofort über den Fluß. Der rasche Zugriff war vereitelt. Jetzt galt es, sich auf eine militärische Auseinandersetzung einzurichten. Die Vorbereitungen auf Abschaloms Seite ermöglichten es David, die ehemalige Residenz Ischbaals, Mahanajim am Jabbok, zu erreichen und sich dort zu verschanzen. Nach der durch Chuschais Nachrichtendienst vereitelten Blitzaktion Ahitophels wurde eine Generalmobilmachung durch Abschalom notwendig.

Spätere Bearbeiter konstruierten daraus einen ausgeklügelten Gegenvorschlag Chuschais auf der Beraterkonferenz: Er sei es gewesen, der zur Generalmobilmachung geraten hätte, die David die notwendige Zeit zur Vorbereitung seiner Verteidigung gab. Doch abgesehen davon, daß diesem Überläufer als Ratgeber Vorbehalte entgegengebracht worden sein mußten, zeigt auch die sorgfältige literarische Analyse des Textes, daß diese Teile später interpoliert wurden. Die Absicht dieser Version ist deutlich: David wurde durch ein Eingreifen JHWHs gerettet, der Abschalom mit intellektueller Blindheit schlug und ihn nicht auf den «göttlichen» Ratschlag Ahitophels hören ließ, und nicht durch das trickreiche Zurücklassen einer Seilschaft, die ihn mit Informationen versorgte: *«JHWH hatte nämlich bestimmt, daß der gute Rat Ahitophels durchkreuzt würde, damit JHWH das Schlimmste über Abschalom bringen könne.» (2 Sam 17, 14b).* Die selbe Bearbeiterschule ist auch für die Notiz vom Selbstmord des Ahitophel verantwortlich: *«Als aber Ahitophel sah, daß sein Ratschlag nicht ausgeführt wurde, sattelte er den Esel, machte sich auf, ging nach Hause in seine Stadt, bestellte sein Haus und erhängte sich. So starb er und wurde im Grab seines Vaters begraben.» (2 Sam 17, 23)*

Die Tat selbst könnte wirklich geschehen sein. Doch der Zusammenhang, in den sie gebracht wird, ist konstruiert. Das Motiv für den Freitod des Beraters dürfte im mißglückten Putsch zu suchen sein und nicht in gekränkter intellektueller Eitelkeit. Immerhin wird sein Tod mit einer gewissen Achtung vor der Konsequenz der Entscheidung berichtet. Ahitophel stirbt, wie es seinem Ruf entspricht, als weiser Mann, der seine Angelegenheiten in Ordnung bringt. Er stirbt in den Augen des salomonischen Hofes wie ein zu respektierender Mann, der unglücklicherweise auf der falschen Seite gestanden hat. Er stirbt, wie es dem Urgroßvater eines amtierenden Königs und Großvater der Königinmutter angemessen ist.[166]

Sohn gegen Vater – Tödliche Emanzipation

David griff in Mahanajim auf alte Verbindungen zurück. Schon zu Hebroner Zeiten hatte er ja mit den Gileaditern korrespondiert und diese versorgten ihn nun mit der nötigen Verpflegung für seine Truppen, die durch die kleine Stadt Mahanajim nicht gewährleistet werden konnte.

Als Abschalom mit dem Heerbann den Jordan überschritt, teilte der alte König sein Heer gut ausgebildeter Soldaten in drei taktische Verbände, die er Joab, Abischai und Itai unterstellte. Er selbst wollte in der Stadt zurückbleiben. Die offizielle Version seines Verzichts auf den Oberbefehl in der Schlacht lautete:

«Natürlich will auch ich mit euch ins Feld ziehen.»

Das Kriegsvolk: *«Du darfst nicht ins Feld ziehen, denn wenn wir fliehen, so nimmt niemand davon Kenntnis, selbst wenn die Hälfte von uns fällt, fällt das nicht ins Gewicht. Du aber bist wie zehntausend von uns. Es ist besser, du bleibst in der Stadt!» (2 Sam 18, 3)*

David blieb in der Stadt zurück. Die eigentliche Absicht seiner Zurückhaltung ist noch deutlich zu erkennen und wird auch durch die nachfolgenden Ereignisse bestätigt: Er wollte unter allen Umständen eine direkte Konfrontation mit dem Sohn auf dem Schlachtfeld vermeiden. Er ging sogar noch einen Schritt weiter und befahl die Schonung des putschenden Sohnes.

Abschalom hatte Amasa, den unehelichen Sohn einer Tante Davids zum Oberbefehlshaber ernannt. Er verließ sich also bei der Besetzung der entscheidenden Positionen auf seine Familie – ein Vorgehen, von dem David sich gerade vorsichtig zu lösen begonnen hatte. Der putschende Sohn stand mit seinem Programm für die Restaurierung der alten Ordnung gegen den Vater, der sie bereits überwunden glaubte.

Die Schlacht in einem waldreichen Gelände ist dem Erzähler nur einen Satz wert, der diesen Gegensatz widerspiegelt:

«Der Heerbann *Israels wurde dort geschlagen von den* Knechten *Davids.» (2 Sam 18, 7)*

Die alte militärische Ordnung des Heerbannes stand gegen die neue, die auf dem Einsatz von Söldnern basierte, auf verlorenem Posten. Viel mehr als den Schlachtverlauf interressiert den Erzähler das Schicksal Abschaloms.

Der ohnmächtige Vater

Nicht nur der Erzähler, auch David war offensichtlich am Schicksal seines Sohnes stärker interessiert als am Verlauf der für seine politische Zukunft doch entscheidenden Schlacht. Es hielt ihn nicht im Palast der Stadt Mahanajim. Er stellte sich in den Raum zwischen dem inneren und äußeren Tor der Befestigungsanlagen und wartete auf Nachricht von der Front. Die Szene *(2 Sam 18,24–19,1)* erinnert an die epische Dramaturgie des griechischen Theaters. Das Geschehen selbst wird nicht auf der Bühne dargestellt. Der König steht nicht selbst auf der Zinne, sondern verläßt sich auf die scharfen Augen eines Spähers, der ihm berichtet. Dadurch kann das Geschehen mit dem dramaturgischen Mittel des Dialogs

Abschalom hängt an der Terebinthe. Französische Miniatur aus einer Bible Moralisée, um 1250, Toledo, Kathedralbibliothek

für die Lesenden nachvollziehbar gemacht und gleichzeitig das Interesse auf das subjektive Empfinden des Königs konzentriert werden.

Der Wächter auf der Mauer meldet: «*Ein einzelner Mann kommt im raschen Lauf auf die Stadt zu.*»

Der König interpretiert die Meldung: «*Wenn er allein ist, hat er eine Siegesbotschaft auszurichten.*»

Der Erzähler steigert die Spannung und läßt den Wächter melden: «*Da, noch ein Mann, der allein gelaufen kommt!*»

Der König: «*Auch das ist ein Siegesbote.*»

Wächter: «*Es sieht aus, als wäre die Gangart des ersten die Gangart des Ahimaz ben Zadok.*»

König: «*Ein guter Mann, er kommt mit guter Botschaft.*»

Der Priestersohn Ahimaz betritt die Szene durchs Tor: «*Gruß dem König!*»

Er fällt vor dem König auf die Erde. «*Gesegnet sei JHWH dein Gott, der die Männer preisgegeben, die ihre Hand gegen meinen Herrn König erhoben!*»

Der König hat nur eine Frage: «*Geht es dem unzurechnungsfähigen Abschalom gut?*»

Der Priestersohn: «*Ich sah das große Handgemenge, als Joab den Knecht des Königs, deinen Knecht, losschickte – deshalb weiß ich nichts!*»

Der zweite Läufer tritt auf, ein Kuschit, ein dunkelhäutiger Mann aus dem heutigen Nubien: «*Mein Herr König lasse sich die Siegesnachricht geben, daß JHWH dir heute gegenüber allen, die sich gegen dich erhoben haben, zum Recht verholfen hat.*»

Der König: «*Geht es dem unzurechnungsfähigen Abschalom gut?*»

Der Kuschit: «*Möge es allen Feinden meines Herrn, des Königs, und allen, die sich in böser Absicht erhoben, gehen wie dem Unzurechnungsfähigen!*»

Wortlos wendet sich der König ab und steigt in das Obergeschoß des Tores. Von dort dringt Weinen auf den Platz und der Ruf: «*Mein Sohn Abschalom, mein Sohn. Mein Sohn Abschalom. Daß ich doch an deiner Stelle gestorben wäre! Abschalom, mein Sohn, mein Sohn!*»

Das vom raschen Sieg zurückkehrende Heer kommt durch eben jenes Tor in die Stadt, in dessen Obergeschoß der Vater um den gefallenen Sohn trauert. Der Siegestaumel weicht lähmendem Entsetzen. Wie die

Überlebenden eines geschlagenen Heeres schleichen die Männer in die Stadt: gedemütigt.

Als die Elitetruppen Davids unter Joab den Heerbann Israels in die Flucht gezwungen hatten, war eine Einheit bei der Verfolgung im dichten Wald auf den jungen König Abschalom gestoßen. Sein Maultier hätte ihm einen Vorsprung sichern können, doch da blieb er im Geäst einer Terebinthe hängen. Das Tier jagte weiter. Hilflos baumelte Abschalom und wurde erschlagen. Spätere Darstellungen greifen das Motiv der Haarpracht Abschaloms auf und zeigen ihn als Opfer seiner Eitelkeit im Geäst verstrickt.

Der Erzähler fügt an dieser Stelle einen längeren Dialog zwischen einem einfachen Soldaten und Joab ein *(2 Sam 18, 10–14a).* Der Soldat verweigert die Tötung aufgrund Davids Befehl, seinen Sohn zu schonen. Da schreitet Joab selbst zur Tat.

Joab wird hier, wie auf der Gegenseite Ahitophel, als ein Mann geschildert, der erkannt hatte, daß die Ereignisse soweit eskaliert waren, daß im Staat nur noch Platz für Vater oder Sohn war, wenn es wieder zu einer stabilen innenpolitischen Lage kommen sollte. Joab wußte aber auch, daß die Nachricht vom Tod des Sohnes keine Freudenbotschaft sein würde und beauftragte deshalb den kuschitischen Sklaven mit der Überbringung. Ahimaz ben Zadok sah das nicht ein und drängte darauf, selbst die Siegesmeldung überbringen zu dürfen. Einer der vielen Unheilsboten in Davids Leben, die glaubten, Freudenboten zu sein.

David lief Gefahr, den militärischen Erfolg zu verspielen. Seine Reaktion auf das Ende seines Sohnes zwang Joab zum Handeln.

«Du beleidigst heute dein ganzes Gefolge, die heute immerhin dir, deinen Söhnen und Töchtern, Frauen und Nebenfrauen, das Leben gerettet haben. Liebe für die, die dich hassen und Haß für die, die dich lieben!» (2 Sam 19, 6–7a)

Aber Vorhaltungen erreichten nichts bei dem Trauernden, der vor den Folgen seines Scheiterns als Vater und Familienoberhaupt stand. Erst eine handfeste und sicher ernstgemeinte Erpressung durch Joab zwang den König dazu, seine politische Rolle wieder zu akzeptieren:

«Ich schwöre dir bei JHWH: Wenn du nicht hinausgehst [und die Siegesparade abnimmst], wird kein einziger Mann heute Nacht bei dir blei-

ben und das wird schlimmer für dich als alles Schlimme, das seit deiner Jugend bis jetzt über dich gekommen ist.» (2 Sam 19,8)

Unausgesprochen stand hinter diesen Worten die Drohung des Militärs, analog zu Abner vorzugehen, der Ischbaal, den handlungsunfähigen König von seinen Gnaden, in eben dieser Stadt Mahanajim zurückgelassen hatte, um selbst Politik zu machen.

«Da stand der König auf und setzte sich im Tor nieder.» (2 Sam 19, 9)

Der Vorbeimarsch der siegreichen Truppen wurde nachgeholt.

Die Rückkehr

David zog nicht sofort nach Jerusalem zurück. Hatte das damit zu tun, daß im Schlachtbericht vom Heerbann Judas und dessen Befehshaber Amasa nicht die Rede war? Über den Verwandten mit der zweifelhaften Herkunft ist leider sehr wenig zu erfahren, doch es ist durchaus denkbar, daß er aus der undurchsichtigen Situation eigenen Vorteil ziehen wollte. Immerhin hatte er im Südreich durch sein Amt eine militärisch starke Position.

Bezeichnenderweise nahmen auch die nun führerlos geworden Nordstämme zuerst Kontakt mit dem alten König auf. Sie baten ihn, zurückzukehren und den Thron wieder zu besteigen. Dieses Angebot nutzte David aus, um dem Stamm Juda durch die Vermittlung der in Jerusalem gebliebenen Priester Zadok und Abjathar einen Handel anzubieten, der deutlich macht, daß er wußte, auf welche Parteien und Machtträger er Rücksicht zu nehmen hatte. An die Sippenhäupter von Juda appellierte er:

«Warum wollt ihr die Letzten sein, den König nach Hause zu holen? Das Ersuchen von Israel ist bereits beim König eingelangt. Ihr seid doch meine Verwandten!» (2 Sam 19, 12–13a)

An Amasa adressierte er das Angebot:

«Du bist doch mein Verwandter! Du wirst für immer Befehlshaber des Heeres in meinem Dienst anstelle Joabs.» (2 Sam 19, 14)

Dieser kleine Nebensatz ist die einzige Nachricht über Davids Versuch, den Militär Joab zu entmachten. Die Erpressung und die Tötung seines Sohnes wollte der König und Vater nicht mehr hinnehmen. Trotzdem konnte er in der heiklen Situation nicht ganz auf den alten Weggefährten verzichten und schon bald sollte es Joab gelingen, seine alte Position zurückzugewinnen.

Erst nach diesem neuen Abkommen wurde die Rückkehr des Königs möglich. Sie entwickelte sich zu einem von der Großzügigkeit Davids geprägten Triumphzug – auf demselben Weg wie die Trauerprozession beim Auszug aus Jerusalem. Es war allerdings ein Triumph, der nicht verschleiern konnte, daß David in den Verhandlungen Zugeständnisse machen mußte – vor allem dem Süden, seiner eigentlichen Basis gegenüber. Er war dort keineswegs, wie in seiner Stadt Jerusalem, König von Gottes Gnaden. Die Sippe hatte ihn erwählt und er war auf sie angewiesen.

Auch der Norden schien die Rückkehr nicht einheitlich gutzuheißen – ein Indiz dafür, mit welch hohem Risiko David in den Verhandlungen spielte. Der alte Gegensatz, den Abschalom ausgenützt hatte, war nicht überwunden. Insofern war der Putsch nicht nur eine Sache zwischen Vater und Sohn gewesen. David und Abschalom stehen vielmehr wie die anderen Protagonisten exemplarisch für die verschiedenen gesellschaftlichen und politischen Parteiungen und Staatskonzepte in dieser Umbruchzeit.

Innenpolitische Spannungen

Das Verhältnis zum Clan Sauls

Die Informationen über das Verhältnis Davids zum Clan Sauls sind weit verstreut. Die exakte Identifizierung der einzelnen Personen bereitet einige Schwierigkeiten. Soviel aber läßt sich aus den vereinzelten Zeugenaussagen noch sicher erheben: David hat im Lauf seiner Regentschaft mit verschiedenen Mitteln dafür gesorgt, daß niemand aus dem alten Königsgeschlecht Ansprüche auf den Thron erheben konnte. Gerade angesichts der im zweiten Teil seiner Regierungszeit auftretenden Spannungen mit dem Norden hätte ein aus dem Haus Saul stammender und entschlossener Mann rasch zum Kristallisationskern für eine gefährliche Separationsbewegung werden können.

David erfüllte in Verfolgung dieser Politik auch eine Blutracheforderung der Gibeoniter.[167] Diese verlangten, um ihre Ansprüche zu befriedigen, die Auslieferung von sieben Nachkommen Sauls. In der Überlieferung wird die offene Blutschuld als Ursache für eine dreijährige Hungersnot bezeichnet. Damit konnten Davids Motive für die Beseitigung der Sauliden als durch seine königliche Sorge für das ganze Land gerechtfertigt dargestellt werden. Tatsache bleibt, daß dadurch zwei Söhne Sauls aus der Verbindung mit seiner Nebenfrau Rizpa und fünf Enkel aus der Ehe der ältesten Saulstochter Merib ausgeschaltet wurden.

Das Verhalten Rizpas in der Angelegenheit war bemerkenswert. Ihre grausam hingerichteten Söhne durften nach dem geltenden Blutracherecht nicht bestattet werden, um so jedes mögliche Andenken an sie zu verhindern. Einen ganzen Sommer lang blieb die Mutter bei den verwesenden Leichnamen ihrer Söhne und wehrte damit Raubtiere und Aasfresser ab. Mit Beginn der Regenzeit schließlich ließ David die Gebeine Sauls und seiner Söhne aus Jabesch in Gilead in ihre Heimat überführen und zusammen mit den Überresten der Hingerichteten in einem Familiengrab auf dem Grundeigentum der Sippe bestatten. Die Hartnäckigkeit einer Frau hatte dafür gesorgt, daß sich die Erinnerung an die Opfer einer durch das Staatswohl motivierten Politik nicht verflüchtigte.[168]

Ein Nachkomme Sauls überlebte diese Politik Davids. Es ist der schon mehrfach erwähnte, an beiden Beinen gelähmte Meribbaal, ein Sohn von Davids Freund Jonathan. David rief ihn zu sich an den Hof und garantierte ihm die Erbfolge – allerdings nur für die Güter seiner Familie. Zu deren Verwaltung setzte er einen gewissen Ziba ein. Aus den Einkünften dieser Güter wurde der Aufenthalt des letzten überlebenden Sauliden am Hof finanziert. Daß David Meribbaal an den Hof rief, bedeutet allerdings nicht nur, daß er seiner Freundschaftspflicht dem toten Jonathan gegenüber nachkam; gleichzeitig hatte er damit einen der letzten Sauliden unter Kontrolle und alle Gefahr für seine Herrschaft von dieser Seite neutralisiert.

Wie sehr David trotzdem mit der Gefährlichkeit lebender Sauliden rechnete, zeigt seine Reaktion auf die Nachricht eines vermeintlichen Verrates Meribbaals, durch die Ziba selbst Vorteil schöpfen wollte. Während der Flucht Davids aus Jerusalem – in der Zeit des Putsches durch Abschalom – brachte er diesem die Botschaft, sein Herr distanziere sich vom scheiternden alten König und suche selbst an die Macht zu kommen. David übertrug daraufhin die Güter Meribbaals dem Verwalter. Als sich der Vorwurf später als unbegründet herausstellte, wurde der Beschluß nicht etwa aufgehoben, sondern der Besitz zwischen Ziba und Meribbaal aufgeteilt und damit die Möglichkeiten des Sohnes Jonathans weiter eingeschränkt. Im weiteren Verlauf der Ereignisse spielte Meribbaal dann keine Rolle mehr. Der Grund für sein Überleben lag einzig in der einstigen Freundschaft zwischen Jonathan und David. Die Überlieferung wird nicht müde, das zu betonen – was ein bezeichnendes Licht auf die «normale» Behandlung der Mitglieder eines abgelösten Herrscherhauses wirft. (Ein Vorgehen, das allerdings keineswegs auf die Dynastie David, auch nicht auf das Altertum oder den Orient beschränkt ist, wie ein einziger Blick in die Bücher der Geschichte zeigt.)

Rätselhafterweise überlebte auch Schimei, der Davids Flucht aus Jerusalem mit Flüchen und Steinwürfen begleitet hatte. Als er allerdings dann in den Wirren der Thronnachfolge gegen Salomo Partei ergriff, ließ ihn dieser nach dreijährigem Arrest unter einem Vorwand hinrichten.

Der Aufstand der Nordstämme

Wie gefährdet die Fundamente waren, auf denen der innere Frieden des komplexen Herrschaftsgebietes ruhte, zeigen die Vorgänge direkt im Anschluß an die Rückkehr Davids nach Jerusalem. Während der noch laufenden Bündnisverhandlungen kam es zu einer Auseinandersetzung zwischen dem Norden und Juda.

Einen Augenblick lang schien der Abschluß eines neuen Vertrages schon gesichert, da brach der Konflikt aufgrund eines zeremoniellen Details wieder auf. Der überlieferte Text *(2 Sam 20)*, zeigt, daß die protokollarische Frage, wer in welcher Stärke den König am Jordan abholt und mit ihm in die Stadt einzieht, letztlich die Gewichtung des Einflusses der Stämme auf die Regierung bestimmt. Der Norden verlangte zehn Anteile, dem Süden blieben deutlich weniger.[169] Der Süden führte die Familienverbindungen als Argument an, um deutlich zu machen, daß die Herrschaft Davids über den Norden auch die seiner Familie, damit seiner Sippe, damit des Stammes Juda nach sich ziehe. Es kam zum Eklat. Ein Benjaminit namens Seba ben Bichri gab die Losung aus:

«Wir haben keinen Anteil an David
und kein Erbteil am Sohne Ischais.
Ein jeder ab und in sein Zelt, Israel!» (2 Sam 20, 1)

Die Separation war ausgerufen. War der Putsch Abschaloms eine Auseinandersetzung um verschiedene Staatskonzeptionen, in der sich der Norden und der Süden mit unterschiedlicher Intensität, aber immerhin auf einer Seite, engagierten, so standen sich nun, wie in den Anfangstagen des Königs, Juda und Israel feindlich gegenüber: Bürgerkrieg.

Der Gegenschlag

David reagierte ebenso rasch wie beim Aufstand Abschaloms, aber diesmal aus einer Position der Stärke. Die Verhandlungen mit Juda waren abgeschlossen, er konnte sich auf den Heerbann des Südens stützen und ließ ihn durch Amasa auch sofort einberufen. Im Norden herrschte zwar Einigkeit über die Oppositionsabsichten, aber nicht über die Führerschaft des Seba ben Bichri. Diesem gelang es nicht, die Stämme hinter sich zu sammeln. Er zog sich in den äußersten Norden des israelitischen Gebietes zurück. Joab war ihm mit seinen Eliteeinheiten dicht auf den Fersen. Als Seba sich in der Stadt Abel Beth Maacha[170] im Quellgebiet des Jordan verschanzte, belagerte Joab die Stadt.

Dabei fand er auch – auf nicht mehr zu verifizierende Weise – Gelegenheit, seinen Kontrahenten um den Oberbefehl, Amasa, zu beseitigen. Die Informationen über den angeblich eigenhändig ausgeführten Mord stehen allerdings unter dem Verdacht, von der Hand jener zu stammen, welche die salomonische Säuberungswelle literarisch-propagandistisch betreuten und Argumente suchten, um die spätere Ausschaltung Joabs zu legitimieren. Tatsache bleibt, daß Amasa in den weiteren Beamtenlisten nicht mehr auftaucht.

Das Militär des Staates war inzwischen auch mit Belagerungstechnik ausgerüstet. Es war nur noch eine Frage der Zeit, daß die Stadt Abel Beth Maacha fallen würde. Da wurde Joab von der Stadtmauer herunter zu Verhandlungen aufgefordert. Eine Frau sprach für die Stadt: *«Bist du Joab?»*

Joab: *«Ja.»*

Die Frau: *«Höre die Worte deiner Magd.»*

Joab: *«Ich höre.»*

Die Frau: *«Früher wurde immer gesagt: In Abel muß man Auskunft holen – dann kommt es zu einem guten Ende. Ich bin die friedlichste und zuverlässigste in Israel! Du willst eine Stadt und Mutter in Israel ausmerzen. Warum willst du das Erbe JHWHs verschlingen?»*

Joab: *«Bewahre! Bewahre! Ich will nicht verschlingen noch verderben. Die Sache ist die: Ein Mann aus dem Gebirge Ephraim, Seba ben Bichri, hat seine Hand gegen König David erhoben. Gebt ihn heraus, dann werde ich von der Stadt abziehen.»*

Die Frau: *«Siehe! Sein Kopf wird dir über die Mauer zugeworfen!» (2 Sam 20, 17–21)*

Wie selbstverständlich verhandelt eine weise Frau mit Joab als Vertreterin ihrer Stadt. Die patriarchalischen Strukturen, die sich im Zuge der Zentralisierung des Staates endgültig durchsetzten, waren noch nicht ausgebildet. Die Entscheidungskriterien waren denn auch ganz andere, als sie bei einem von Männern geprägten Ehrenkodex der Heroenzeit zu erwarten gewesen wären: Das Überleben der Gemeinschaft wird höher eingeschätzt als die Solidarität mit einem politisch Verfolgten.[171] Der Frau gelang es, ihre Position in der Stadt durchzusetzen. Inwieweit dabei die drohende Eroberung zusätzliche Argumentationshilfe leistete, kann nur vermutet werden. Knapp meldet der hebräische Text lediglich ihren Erfolg: *«Und es kam die Frau mit ihrer Weisheit unter das Volk.» (2 Sam 20, 22a)*

Es gelang ihr, die Stadt zur Aufgabe des Widerstandes zu bewegen, ohne daß diese das Gesicht dabei verlor. Sebas Kopf wurde über die Mauer geworfen. Der Widerstand des Nordens war seiner Symbolfigur ledig. Joab ließ den Angriff abblasen und das Heer löste sich auf.

Davids Herrschaft war vorläufig gesichert, aber seine Autorität stützte sich nun vor allem auf seine militärische Überlegenheit und auf den langsam Ergebnisse zeitigenden Aufbau einer zentral gesteuerten Verwaltung, die sein Nachfolger dann nach ägyptischem Vorbild ausbauen sollte. Davids Geniestreich – die Etablierung des Ladeheiligtum in der stämmeunabhängigen Residenzstadt Jerusalem – verlor immer mehr an Bedeutung bei der Einheitsstiftung. Auch der Versuch, mit Hilfe konstruierter Verwandtschaftsbeziehungen die Identität des einen Staates Israel-Juda zu gewährleisten, konnte die Einheit nicht stabilisieren.[172]

Eine erste Voraussetzung für eine funktionierende Verwaltung ist statistisches Zahlenmaterial. David gab den Befehl, dieses zu erheben.

Der Anfang des Zentralismus: die Volkszählung

Ein Textkomplex aus dem Anhang des Davidberichtes gibt uns Einblick in die Anfänge des Aufbaus der Verwaltung *(2 Sam 24)*. Leider sind die Nachrichten in ihrer heutigen Gestalt einer völlig anderen Intention dienstbar gemacht.[173] Im jetzigen Kontext dient die Zählung als Ausweis der Hybris des Königs, die zu einem Strafgericht über das ganze Volk führt: zur Pest *(2 Sam 24, 10.15)*. Mehr als der Hinweis auf eine von David befohlene Volkszählung, die neun Monate und zwanzig Tage gedauert und das ganze Gebiet Judas, Israels und der kanaanäischen Städte umfaßt haben soll, ist aus dem Text nicht herauszulesen. Wohl werden Zahlen genannt – 500.000 wehrfähige Männer in Juda und 800.000 in Israel – doch scheinen diese nicht sehr zuverlässig. Aus der Zeit von Davids Nachfolger Salomo ist allerdings eine Liste überliefert, die zur Grundlage für die Administration der Staatsfinanzierung wurde *(1 Kön 4, 7–19)*. Die dafür nötigen Daten mußten irgendwann erhoben worden sein. Wahrscheinlich geschah das bereits unter Davids Regierung.

Das einzige, was zuverlässig ermittelt werden kann, ist der große Widerstand gegen die Zählung. Der mit ihr beauftragte Joab wollte den Befehl zurückweisen. Es läßt sich vermuten, daß David mit der Erhebung enpfindlich in die lokale Souveränität und Autonomie der Sippenverbände eingriff. Je genauer seine Kenntnis der Bevölkerungsstruktur war, desto eher konnte er an den einzelnen Sippen- und Stadtältesten vorbei militärische und finanzielle Strategien entwerfen. Ein weiteres Mal stehen die überkommenen Strukturen der segmentären Gesellschaft und die im Entstehen begriffene Zentralgewalt im Widerstreit.

Es exisiteren zwei Listen *(2 Sam 8, 15–18; 20, 23–26)*, die Einblick in die Verwaltungsstrukturen des davidischen Reiches ermöglichen. Der Vergleich dieser beiden «Kabinettslisten» zeigt, daß dem Proporz der Saatsteile zunehmend Rechnung getragen werden mußte.

An den Wechseln im Amt des Oberbefehlshabers – von Joab zu Amasa und Abischai und wieder zurück zu Joab – war schon zu sehen, daß David mit der Besetzung wichtiger Posten Politik betrieb. Bezeichnend ist, daß das Amt immer in der Familie blieb. Das wird sich erst unter Salomo ändern, der Benaja zum Oberbefehlshaber machte.

Die Parität zwischen Jerusalem und dem Norden in der Besetzung der obersten Priesterämter durch Zadok und Abjathar blieb ebenfalls während der gesamten Regierungszeit Davids erhalten. Auch hier griff erst Salomo zugunsten der Jerusalemer Partei ein. Weitere Priesterämter waren ursprünglich von Davids Söhnen besetzt. Von ihnen ist später nicht mehr die Rede, dafür wird ein gewisser Ira aus der Stadt Jaïr erwähnt, die zum Gebiet des Nordstammes Manasse gehörte. Das ist wahrscheinlich Ausdruck eines Entgegenkommens Davids im Zuge der Neuverhandlungen nach den Putschversuchen Abschaloms und Sebas.

Ein Zeichen für die wachsenden Anforderungen an die Verwaltung war die Errichtung eines neues Amtes: der Aufseher über die Fronarbeiter. Die wachsende Zahl von Kriegsgefangenen und die Ableistung fälliger Tribute durch unterworfene Anrainerstaaten machten dieses Amt in der späteren Regierungszeit notwendig.

Ein Teil der kleineren Beamten, die in den «Kabinettslisten» nicht erwähnt werden, rekrutierte sich wahrscheinlich aus dem kanaanäischen Bevölkerungsanteil. David, wie auch vor ihm alle Herren des Landes, war gezwungen, auf die Kultur der bereits vor den Israeliten in Palästina ansässigen Bevölkerung zurückzugreifen – nicht nur aus Rücksicht, sondern vor allem, um von ihrer Erfahrung in der Verwaltung zu profitieren.

Ein Teil der Titulatur der neugeschaffenen Ämter ist nachweislich ägyptischen Ursprungs. Damit werden die Vorbilder deutlich. Weil gerade die ägyptische Verwaltung herangezogen wurde, ist es auch nicht verwunderlich, daß im weiteren Verlauf der Geschichte der Monarchie die enge Verbindung zwischen Königshaus und Priestertum – wie sie auch im Pharaonenreich existierte – bei der immer stärker werdenden Zentralisierung des Apparates eine wesentliche Rolle spielen sollte.

Das Vorgehen Davids, solche nichtisraelitischen Traditionen aufzugreifen, mußte vom Standpunkt der föderalen vorstaatlichen Ordnung aus, die auf lockeren Verbindungen beruhte, starke Kritik hervorrufen. In späteren Zeiten speiste sich diese Kritik dann vor allem aus einer nationalistischen Staatstheorie, die alles Fremde als staats- und identitätsgefährdend ablehnte. In der Zeit des Zusammenbruches des Reiches (586 v. Chr.) wurde dann die religiöse und politische Überfremdung als Ursache für alle Katastrophen bezeichnet.

Berücksichtigt man die neuesten Ergebnisse der Forschung über die vorstaatliche Entwicklung dessen, was in den biblischen Texten immer schon als «ganz Israel» bezeichnet ist, wird jedoch deutlich, daß es so etwas wie die reine ethnische Größe «Israel» nie gegeben hat. Die Identität des biblischen Volkes konnte sich zu keiner Zeit auf ethnische Kategorien stützen. Nie war die Einheit durch Blutsverwandtschaft vorgegeben; immer war sie durch die Interpretation und Bewältigung der soziologischen, politischen und historischen Ereignisse mühsam errungen. Nie war sie eine konstante Größe; immer war sie eine in der konkreten Herausforderung Gestalt werdende Idee. Sie wurde gestiftet, getragen und wieder in Frage gestellt durch die Botschaft von dem Gott, der sich im Rätselwort offenbart hatte und der auf der Seite der Machtlosen stand. Gewannen diese selbst Macht, wurden die Sklaven zu Herren, dann trugen sie – mit der Identität stiftenden Gottesidee unaufgebbar verwurzelt – den Keim neuer Kritik ins System.

David, dem Herrscher, der den Spagat zwischen Tradition und Zukunft wagte bis zur persönlichen Zerreißprobe, ist die Gründung dieses Staatsgebildes zu verdanken. Die Überlieferung Israel-Judas hat David als ein Bild des «idealen» Regenten weitervermittelt – und dabei die ambivalente Persönlichkeit nicht mehr geschönt als unbedingt nötig.

Davids Ende

Mit einer Hirtenpastorale hatte der Komponist Arthur Honegger seine Version vom Aufstieg und der Macht Davids eröffnet. Mit der feierlichen Krönung Salomos leitet er die Schilderung der letzten Tage des Königs ein.

Die Krönung Salomos. Arthur Honegger, Le Roi David, 1921

Nur noch wenige Notenblätter braucht Arthur Honegger für die lichtumflossene Schilderung einer letzten Vision Davids auf dem Totenbett, in der ätherische Harmonien aufklingen. Dann kann sich der Held unter den Klängen eines feierlich strahlenden D-Dur-Akkordes zu den Vätern gesellen. Ein edler harmonischer Ausklang? Die Texte der biblischen Überlieferung sind da herber und zeichnen ein realistischeres Bild.

David und Abischag

«König David war alt und betagt geworden. Mit Kleidern wurde er bedeckt, aber es wurde ihm nicht warm. Und sein Hofstaat sagte zu ihm: ‹Man möge für den Herrn König ein jungfräuliches Mädchen suchen, damit sie ihm diene und ihn pflege. Wenn es in seinem Schoß schläft, wird dem Herrn König warm werden.› So suchten sie im ganzen Bereich von Israel ein schönes Mädchen und fanden die Abischag von Schunem und brachten sie zum König. Das Mädchen war außergewöhnlich schön. Sie wurde Pflegerin des Königs und bediente ihn. Der König aber wohnte ihr nicht bei.» (1 Kön 1, 1–4)

Dies waren die letzten Versuche, den König aus einer lethargischen Bettlägrigkeit zu reißen. Die Methode scheint nicht einmalig gewesen zu sein. Der jüdische Historiker Flavius Josephus ging noch kurz nach der Zeitenwende davon aus, daß es sich um einen sinnvollen Ratschlag der Ärzte Davids handelte.[174] Über die junge Frau Abischag aus Schunem wird nichts Weiteres berichtet. Ihre Empfindungen interessieren nicht. Von David aber wird in dieser knappen, pointierten Einleitung des letzten Kapitels seiner Lebensgeschichte alles Notwendige erzählt: Er war ein an sein Lager gefesselter, ewig fröstelnder Greis geworden. Ungefähr siebzig Jahre alt muß er zu dieser Zeit gewesen sein. Das war ein hohes Alter, besonders wenn man die kräfteraubende Karriere des Königs bedenkt. Er war von der Außenwelt abgeschnitten. Zu ihm gelangte nur, wer die entsprechenden Verbindungen am Hof hatte.

Eine Frage von immanenter politischer Bedeutung aber war immer noch offen: Wer wird sein Nachfolger werden? Die staatsrechtlichen Voraussetzungen zur Klärung dieser Fragen waren ebenso komplex wie die Ansammlung der Territorien, die unter der Regentschaft Davids zu einem Herrschaftsgebiet vereint wurde.

David war Stadtkönig von Jerusalem. Hier lag der Entscheid über seinen Nachfolger in seiner eigenen Hand, auch wenn es sicher üblich war, diesen nicht ohne Rücksprache mit den einflußreichen Vertretern von Kult und Adel zu treffen. Die Regelung der Herrschaft über den Norden lag in der Kompetenz der Ältesten Israels, die auf der Basis eines Vertrages ihren König wählten und salbten. Im judäischen Süden war die Regelung der Nachfolge eine Frage der Stammespolitik, die in der Hand der Familienoberhäupter lag.

Seine lange Regierungszeit ließ den König eine Reihe möglicher Nachfolger überleben. Amnon und Abschalom lebten nicht mehr und David selbst nahm offenbar zur Frage seiner Nachfolge nicht Stellung.

Die Parteien und ihre Optionen

Die Parteien, die in dieser Situation ihre jeweiligen Interessen durchzusetzen versuchten, lassen sich relativ präzise beschreiben:

- Der Favorit der judäischen Fraktion für die Nachfolge Davids war Adonja, sein ältester noch lebender Sohn, gezeugt mit Hagid in Hebron. Adonja wurde durch Joab, den General, und Abjathar, den Priester unterstützt.
- Die Jerusalemer Fraktion setzte auf Salomo, den Sohn von Bathseba, der letzten Favoritin des Königs. Er wurde vom Propheten Nathan, dem Priester Zadok und von Benaja, dem Kommandanten der Leibwache favorisiert. Bathseba unterstützte die drei Männer maßgeblich. Es war ihnen gelungen, auch die Gruppe der «Dreißig» auf ihre Seite zu ziehen. Das verwundert etwas, war doch Abischai, der Bruder Joabs, der Anführer dieser Gruppe gewesen. Über Abischais Tod ist nichts bekannt und so läßt sich nur vermuten, daß er zu diesem Zeitpunkt nicht mehr am Leben war.
  In den Texten zu diesem Thema *(1 Kön 1)* ist noch von Schimei und einem gewissen Reï die Rede. Von ihnen wird nur gesagt, daß sie nicht zur Partei Adonjas gehörten. Schimei war entfernt mit Saul verwandt. Deshalb wird er wohl eher der Partei des Nordens zuzurechnen sein.
- Über die dritte Partei, die israelitische Fraktion, ist wenig bekannt. Offensichtlich hatte sie keinen eigenen Kandidaten. Die Niederlage des Seba ben Bichri und die immer noch stark segmentäre Struktur

der Nordstämme hatte verhindert, daß ein Spitzenkandidat aufgebaut werden konnte. Immerhin sah sich Salomo, der Sieger des Konfliktes, genötigt Schimei, den letzten Überlebenden Sauliden, nach erfolgreicher Thronbesteigung unter Hausarrest zu stellen und später beseitigen zu lassen.

Einem Vertreter der Nordstämme ist mit größter Wahrscheinlichkeit die schon mehrmals erwähnte Thronnachfolgeerzählung der Opposition zu verdanken, die mit dem Bericht über die Ereignisse in Jerusalem kurz vor Davids Tod schließt. Das erklärt, warum die beiden an der letzten Auseinandersetzung beteiligten Fraktionen nicht besonders positiv dargestellt werden.

Der Putsch der alten Herren – Das Ende der alten Ordnung

Der Tod Davids war abzusehen. Wollte man eine Situation wie die nach dem Tod Sauls und einen erneuten Bürgerkrieg vermeiden, so war rasches Handeln noch zu Lebzeiten des alten Königs nötig.

Adonja knüpfte an die Gepflogenheiten seines toten Halbbruders Abschalom an, stellte eine persönliche Garde von 50 Mann auf und gebärdete sich offen als zukünftiger Herrscher. David ließ ihn gewähren. Daraus wurde stillschweigend der Schluß gezogen, sein Anspruch werde geduldet. Der Prinz selbst ging davon aus, daß er als der älteste noch lebende Sohn Davids der nächste Herr der Stadt Jerusalem sein würde. Zwangsläufig folgte der nächste Schritt. Adonja trat in Verhandlungen mit Vertretern des Süden ein. Diese Vorabgespräche mußten weit gediehen sein, denn die Verhandlungsrunde wurde um die königlichen Prinzen und die in Jerualem anwesenden Hofleute, die aus Juda stammten, erweitert. An der Rogelquelle, gleich außerhalb des Territoriums der Stadt Jerusalem, begann diese Gesprächsrunde mit einem Festbankett. Die Einigung stand kurz bevor. So schätzte wenigstens Nathan, der Führer der Jerusalemer Partei, die Lage ein. Er handelte rasch.

Nathan kontrollierte den Zugang zum König. Er nutzte diese Position vorsichtig, aber gekonnt. Diese Informationen verdanken sich dem Bericht der Opposition. Die in ihm überlieferten geheimen Dialoge sind kaum Protokolle realer Gespräche. Das weitere Geschehen war aber bekannt, ebenso waren es die beteiligten Personen und ihre Möglichkeiten und Optionen. Daher wird man die dialogische Rekonstruktion der Ereignisse doch als recht authentisch vermuten dürfen:

Nathan kontaktierte Bathseba, berichtete von den Verhandlungen an der Rogelquelle und stellte das Vorgefallene so dar, als wäre Adonja bereits König. Bathseba erschrak und fürchtete – sicher zu Recht – um ihr und ihres Sohnes Leben. Nathan riet ihr, den alten König mit den neuen Informationen zu konfrontieren und ihn an sein Versprechen zu erinnern, Salomo zu seinem Nachfolger zu machen.[175] Bathseba ging zum König. Sie hielt sich ans Zeremoniell und wartete darauf, daß David die entscheidende Frage stellt.

David: *«Was hast du?»*

Bathseba: *«Mein Herr, du selbst hast deiner Magd beim Gott JHWH geschworen: ‹Dein Sohn Salomo soll König sein nach mir und er ist es, der auf meinem Thron sitzen soll›. Nun aber ist doch Adonja König geworden, ohne daß du, mein Herr König, davon Kenntnis hast. Er hat Rinder und Mastvieh und Schafe in großer Zahl geschlachtet und alle Söhne des Königs, Abjathar, den Priester und Joab, den Oberbefehlshaber des Heerbannes eingeladen. Deinen Knecht Salomo hat er nicht eingeladen.» (1 Kön 1, 16b–19)*

Bis hierhin wiederholte Bathseba die teilweise falschen Informationen Nathans. Doch dann fügte sie an: *«Auf dich aber, mein Herr König, sind die Augen von ganz Israel gerichtet, daß du ihnen kund tust, wer auf dem Thron meines Herrn Königs sitzen soll, nach ihm.» (1 Kön 1, 20)*

In Davids Ohren mußte dieser Satz klingen, als ob die Versammlung der Ältesten ihre Rechte zur Königswahl an ihn abgetreten hätten. Bathseba ließ ihrem Mann keine Zeit um nachzudenken und gab ihre durch Nathan geweckte Angst um sich und den Sohn weiter:

«Wenn sich dann mein Herr König zu seinen Vätern legt, werden ich und mein Sohn Salomo als solche dastehen, die sich mit Schuld beladen haben.» (1 Kön 1, 21)

David hatte keine Chance, das Vorgetragene im einzelnen zu reflektieren und das Mitgeteilte auf seine Konsequenzen hin zu untersuchen. Nathan wurde dem König angemeldet. Bathseba verließ den Raum. Der Prophet und Kopf der Jerusalemer Fraktion führte in exzellentem Timing den Schlußzug dieses präzise geplanten Spiels: Er wiederholte den schon bekannten Sachverhalt, stellte ihn aber so dar, als hätte David davon Kenntnis gehabt. Damit deutete er an, daß er davon ausging, daß der König immer noch das Gesetz des Handelns bestimmte, ihn aber, den Propheten, und die anderen Mitglieder des Kronrates nicht von seinen Plänen in Kenntnis gesetzt hatte. Der König ließ Bathseba hereinrufen und verkündigte seinen Entschluß:

«So wahr JHWH lebt, der mich aus allen Nöten befreit hat. Wie ich dir bei JHWH, dem Gott Israels geschworen habe: ‹Dein Sohn Salomo soll König sein nach mir und er ist es, der auf meinem Thron sitzen soll an meiner Statt›, so will ich heute handeln.» (1 Kön 1, 29–30)

Die Krönung Salomos

Die Umsetzung des Beschlusses wurde sofort befohlen. Wahrscheinlich widerspiegelt der Bericht von der Krönung Salomo ben Davids das vorisraelitische Zeremoniell. Die Schilderungen des Krönungsortes und der Funktionen der Beteiligten sind ein deutliches Zeichen dafür. Die Stadtquelle Gichon im Kidrontal wurde zum Ort der Salbung. Sie war bereits in jebusitischer Zeit ein heiliger Ort. Die Zeremonie wurde durch Zadok, den Priester der Stadt vollzogen. Der neue König wurde von ihm gesalbt – und nicht etwa von den Ältesten des Volkes oder einem Propheten als Vertreter JHWHs. Benaja und die ausländische Leibgarde der Krether und Plether repräsentierten die militärische Basis der Macht des neuen Königs – und nicht etwa die Vertreter der freien Wehrbürger in ihrer Funktion als Heerbann. Die überwiegend jebusitische Stadtbevölkerung war in die passive Rolle von Akklamierenden gedrängt:

«Es lebe König Salomo.»

Die Zeremonie zeigt: hier wurde nach jebusitischen und nicht nach israelitischen Konzepten gehandelt! Von JHWH ist in diesem Zusammenhang erst Jahrhunderte später die Rede, als ein Bearbeiter dem neuen König den theologisch verankerten Titel *«Fürst über Israel und über Juda»* zugestand. *(1 Kön 1, 35)*[176]

Der Putsch von oben in der Regie der alten Männer Nathan, Zadok und Benaja war vollzogen, die judäische Partei völlig überrumpelt worden.

Ihr Festbankett, das den Auftakt zur letzten Verhandlungsrunde über die Königswahl bilden sollte, löste sich beinahe panikartig auf.

Joab sollte den Herrschaftswechsel nicht lange überleben, ebensowenig Adonja. Abjathar, der Priester, wurde bald darauf abgesetzt und als Privatier in seine Heimatstadt geschickt.

Davids Ende

Über den Tod Davids liegen, wie über seine Geburt, keine detaillierten Nachricht vor. Von seiner Bestattung wird nichts berichtet. Spätere Generationen wollen wissen, daß er, außergewöhnlich für israelitische Beerdigungsriten, in der Stadt begraben wurde.[177] Archäologen glauben, in einem Stollen am Südostende des Stadthügels die ehemalige Grablege der Könige von Juda und Jerusalem gefunden zu haben. Die Grabkammern aber waren leer.

So wie die Überlieferungen von David durch die Generationen wanderten, so wanderte auch sein Grab, beziehungsweise dessen vermuteter Ort. Tausend Jahre nach David ließ König Herodes ein neues Grabmal für David errichten, wahrscheinlich stand es bereits nicht mehr am originalen Platz. Generationen später lokalisierte man dann Davids Grab auf einem ursprünglich außerhalb der Stadt gelegenen Hügel. Dort

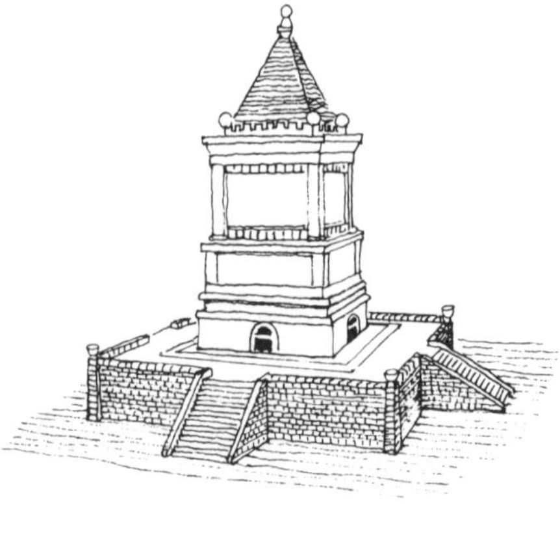

Das herodianische Grabmal für David, Rekonstruktion

wird die Grabkammer heute noch gezeigt. Der Hügel erhielt, historisch gesehen unhaltbar, den kultischen Ehrentitel der Stadt Jerusalem: Zion.

Das Fehlen jeglicher Nachrichten über die Geburt und den Tod Davids empfanden nachfolgende Generationen als Defizit. Es blieb späteren Bearbeitern der Geschichte Davids vorbehalten, die Lücken zu füllen. Sie taten das mit Texten, die sie auf der Basis ihrer theologischen Deutung der Gestalt Davids sorgfältig komponierten.

An den Beginn der Geschichte Davids hatten sie den Bericht von der Salbung des Knaben durch den Gottesmann Samuel plaziert. Damit gaben sie eine bestimmte Leseperspektive vor: David war der Gesalbte. Mit ihm war JHWH. Unter diesem Vorzeichen sollte die gesamte Überlieferung verstanden werden. An das Ende stellten die Bearbeiter die «letzten Worte Davids», in denen ihre eigene politisch-theologische Position zu Wort kommt. Das war ein in den Augen der Verfasser und ihrer Rezipienten durchaus legitimes Vorgehen, wurden doch die Geschichten von der Lebensgeschichte des Königs nicht um ihrer selbst willen oder aus neugierigem Interesse an längst in der Vergangenheit Versunkenem weitererzählt, sondern immer neu im Bemühen, die eigene Gegenwart deutend und sinnstiftend zu durchdringen.

David war ein Mann des wirkmächtigen poetischen Wortes. Seine «letzten Worte» sind uns folgerichtig in Gedichtform überliefert:

«Ausspruch David ben Ischais.
Ausspruch des Mannes,
vom Höchsten ernannt,
Gesalbter des Gottes Jakobs,
Liebling der Lieder Israels.

Es spricht durch mich der Geist JHWHs.
Sein Wort ist auf meiner Zunge.
Es spricht der Gott Jakobs selbst,
zu mir redet der Fels Israels.

Wer herrscht über Menschen gerecht,
wer herrscht in der Ehrfurcht Gottes,

ist das Licht des Morgens,
ist die Sonne am wolkenlosen Morgen,
ist junges Grün aus der Erde,
das aufglänzt nach Regen.

Ja, gewiß,
so steht mein Haus zu Gott,
denn er gewährte mir ewigen Bund,
geordnet in allem und gehalten.

Ja,
meinen Frieden und mein Begehr
läßt er durchbrechen.

Aber die Schurken der Macht,
verwehtes Gestrüpp von Dornen sind sie,
keiner rührt sie an;
ohne Eisengerüste
und ohne Waffen nähert sich niemand.

Im Feuer verbrennt mans,
verbrannt werden sie!» (2 Sam 23, 1–7)

Deutliche Worte – Mahnung zu gerechter Regierung: In den Mund gelegt sind sie einem, dessen Ecken und Kanten nicht verschwiegen wurden, dessen Genialität und Banalität unverbunden nebeneinander stehen und ebenso wie seine Brutalität und seine Liebesfähigkeit die Überlieferungen prägen; ins Stammbuch geschrieben sind sie den Zeitgenossen an der Macht.

David – Gestalt im Umbruch

Jerusalem, heute

Im September 1985 wurde ich in der Altstadt von Jerusalem von einem Mann mit langem, wenig gepflegtem Vollbart und einer deutlichen Knoblauchfahne angesprochen. Er sprach nur Jiddisch. Wenn wir langsam artikulierten, konnten wir einander verstehen. Er war Jude, ein Chassid, der sich sein lebenslanges Thorastudium mit ans akrobatische grenzenden Tänzen auf Familienfesten wie Hochzeiten, Beschneidun-

Jerusalem, das Davidsgrab und der Abendmahlssaal. Holzschnitt von Charles Wilson, 1883

gen und Bar Mizwas verdiente. Mehr als vierzig Jahre lebte er schon in Jerusalem, aber mit Muslimen hatte er nicht mehr gesprochen, seit ihn ein paar Gassenjungen in seiner Kindheit verprügelt hatten.

Wir verbrachten einen ganzen Tag zusammen in dem engen Geviert des jüdischen Teiles der Altstadt. Er nahm uns mit in seine Jeshiva, seine Schul: Ein altes Haus, dessen unteres Stockwerk aus einem einzigen Raum bestand, in dem Männer mit Bärten und Hüten, über Bücher gebeugt, mit großer Intensität diskutierten. Es war ein seltsam berührender Ort, an dem die jahrtausendealte Beschäftigung mit der Tradition ungebrochen die Vertreibung aus dem gelobten Land, die Ghettos, die Pogrome und die Rückkehr überdauert hatte. In den Büchern auf den abgewetzten Tischen zwischen den Männern war diese Tradition überliefert, die aus den Geschichten von Menschen gewachsen war, die ihre Lebenswirklichkeit in der festen Überzeugung deuteten, daß Gott mit ihr zu tun habe. Die Mischung von ernsthaftem, leisem Gespräch und hitziger Debatte, die in ausgelassenste Fröhlichkeit umspringen konnte, schlug uns für faszinierende Stunden in Bann.

Gegen Abend führte uns der Mann, ohne sein Ziel zu verraten, durch enge, verwinkelte Gassen zu einer schmalen verschlossenen Tür, zauberte hinter irgendeinem Stein einen Schlüssel hervor, führte uns eine enge Treppe empor, und dann standen wir auf einem flachen Dach, knapp außerhalb der Stadtmauern aus türkischer Zeit, aber über ihren Zinnen. Die untergehende Sonne und ein schlankes Minarett im Rücken, eröffnete sich uns ein atemberaubender Blick über die Altstadt.

Eine Lichtung im Häusergewimmel: der Platz, auf dem der Felsendom den herodianischen Tempel abgelöst hatte. Dieser war ja selbst nur prachtvoller Ausbau des von jüdischen Heimkehrern aus dem babylonischen Exil wieder aufgebauten Gotteshauses; wiedererrichtet auf und aus den Trümmern des salomonischen Tempels, der selbst wieder einen Vorläufer hatte im vorisraelitischen jebusitischen Heiligtum der Stadt. Auch das jetzige Gebäude hat eine verwirrende Geschichte: Anfangs war es arabisches Heiligtum auf dem Felsen, von dem Mohammed seine Himmelfahrt angetreten haben soll; später christliche Kreuzfahrerkirche; schließlich türkische Moschee, deren westliche Umfassungsmauer den Juden als geheiligter Gebetsort dient. Ein architektonischer Zeuge des durch Jahrtausende hin anwachsenden und aufeinander aufbauenden Ringens um das Begreifen der Gegenwart Gottes mitten unter den Menschen. Das Licht der tief im Westen stehenden Sonne färbte die hellen Steinbauten in altgoldenem Schimmer ein. Die Zeugen der Vergangenheit, Text und Architektur, verschmolzen für einen Augenblick zur Deutung der Gegenwart dieser im Spiel der Mächte oft zerrissenen Stadt.

Der Jude, Schlomo hieß er, wie der erste Bauherr, zitierte im leicht näselndem Singsang die Gründungsurkunde der davidischen Dynastie nach der Fassung der Chronik:

«Und es war, als der König David in seinem Palast wohnte, da hat er gesprochen zu Nathan, dem Propheten: ‹Siehe, ich wohne in einem Zedernhaus, aber die Lade des Bundes, des Ewigen, ist in einem Zelt.›» (1 Chron 17, 1)

Der Gott der Machtlosen sollte einen Palast beziehen im Zentrum der Macht!

An der Nahtstelle der Erzählungen über Aufstieg und Nachfolge des Königs David haben die deuteronomistischen Geschichtsdeuter den Bericht von der «Verheißung der Dynastie» wie ein Scharnier eingebaut.

Der Kern der Überlieferung ist ebenso einfach, wie sein Wachstum im Detail schwer zu entschlüsseln ist. David hatte seine Herrschaft mit dem genialen Schachzug der Installation Jerusalems als Hauptstadt stabilisiert. Er wohnte nicht mehr vorübergehend in Zelten oder wechselnden Häusern. Er residierte in einem Palast, und er spielte mit dem Gedanken, der Gottheit gleiches angedeihen zu lassen. Zunächst war wohl der Ausbau des bereits vorhandenen Stadtheiligtums beabsichtigt. Nathan, der Repräsentant der Stadttradition und Priester des Gottes der Stadt, der als der Gott des Siegers, JHWH, identifiziert worden war, unterstützte den Plan und verkündete dem König den Orakelbescheid Gottes:

«Alles, was in deinem Herzen ist, das tue, denn JHWH ist mit dir. Baut der König dem Gott ein Haus, so wird der Gott dem König ein Haus garantieren.» (2 Sam 7, 3 und 11)[178]

Die Zusage der Dynastie lachte David aus dem Wortspiel entgegen. Es würde ihm nicht ergehen wie seinem gescheiterten Vorgänger. Einer seiner Söhne würde ihm auf dem Thron folgen. Sein Name und seine Familie – sein Haus eben – würden Bestand haben. Diese Gewißheit garantierte ihm das Wort des Propheten, daß «JHWH mit ihm» sei. Zum ersten Mal fiel somit dieser Satz, der den König in den Augen der Zeitgenossen und Späterer mehr legitimierte als alle politischen und militärischen Erfolge, der auch sein Scheitern nicht ins Tragische kippen ließ.

Aber auch Unerhörtes war ausgesagt in diesem Orakelspruch: Der Gott, der sich bekannt gemacht hatte als einer, der mitgeht mit den Menschen, die auf der Flucht sind vor der Unterdrückung durch Mächtige, ließ sich zur Ruhe setzen im Zentrum etablierter Macht.

Zwar konnte David seinen Plan nicht mehr selbst in die Tat umsetzen, doch sein Sohn Salomo realisierte ihn dann und der Tempel existierte für beinahe vier Jahrhunderte. Dann wurde das Heiligtum von Nebukadnezars plündernden Truppen 586 v. Chr. zerstört und die Geschichte schien den Beweis anzutreten: Die Gleichschaltung von politischer und göttlicher Macht war ein fataler Irrtum. Doch das Haus wurde wieder aufgebaut und wuchs wie die Theologie vom durch Gott legitimierten Staat über Jahrhunderte in die Prachtgestalt des herodianischen Tempels hinein – bis einer kam und sagte:

«Siehst du diese großen Bauten? Nicht ein Stein wird auf dem anderen bleiben, der nicht zerbrochen werde!» (Evangelium des Markus 13, 2)

Dieser kühne Satz mußte mit zur Urteilsbegründung herhalten für die Kreuzigung des Mannes.

Vierzig Jahre nach seiner Hinrichtung zerstörten die plündernden Truppen Roms das Prachtgebäude. Die Menschen, deren Gestalt gewordene Mitte es bedeutet hatte, waren wieder unterwegs auf der Flucht, und ihr Gott mit ihnen.

Und das Haus, das dieser Gott dem David errichten wollte? Das Herrschertum der Davididen endete mit der Zerstörung des ersten Tempels. Doch schon vorher waren die Spuren gelegt für eine neue Interpretation der Zusage des Gottes. Den höchsten Titel, den David trug – «Knecht Gottes» – erkannte man einem Unbekannten zu, der ein Opfer im Spiel der Mächtigen wurde, um Versöhnung zu ermöglichen *(Buch des Propheten Jesaja 53).* Der Gott der Machtlosen, der mit seinem Volk zwischen den Mahlsteinen skrupelloser Politik aushielt, war heimgekehrt; ja er war, wie die Überlieferungen der prophetischen Schulen bezeugen, nie fort gewesen. Er war nur emigriert aus den Palästen; nicht als einer, der den Gebrauch der Macht ablehnt, sondern ihren Mißbrauch – so wie das in der Geschichte Davids offenbar wird! Diesem ohnmächtigen und anonymen Opfer galt jetzt die Zusage der bleibenden Solidarität Gottes.

In unserem Jahrhundert, nach den Erfahrungen des brutalen Völkermordes, reklamieren Interpretatoren den Titel «Knecht Gottes» nicht nur für einzelne, die Opfer wurden, sondern für das ganze Volk, das den Holocaust durchlitten hatte. Die alte Zusage von der Gegenwart Gottes gilt allen Opfern dieser Welt.

Die Schatten stiegen den Hang des Kidrontales hinauf und die Umrisse der Stadt Jerusalem, die auch die Stadt Davids heißt, wurden unscharf, verschwammen und ließen uns zurück mit Texten und Erinnerungen, Geschichten und Hoffnungen.

«Ich will ihm ein Vater sein, spricht der Ewige», zitierte Schlomo, *«und er soll mir ein Sohn sein.» (1 Chron 17, 13)*

Dann lachte er, der chassidische Tänzer. Auf meine Frage hin erklärte er, daß wir uns auf dem Dach jenes Raumes befanden, von dem die Überlieferung berichtet, daß Jesus, der Rabbi aus Nazareth, dem sie auch den Ehrentitel «Sohn Davids» verliehen haben, darin sein letztes Mahl mit den Seinen gefeiert habe. «Und drunter, so sagen sie, ist das Grab von David, dem König.»

Er freute sich diebisch – oder königlich – über dieses Zusammentreffen zweier Überlieferungen und beglückte uns mit schmatzend nassen, nach Knoblauch und Zigaretten schmeckenden Küssen.

Gestalt im Umbruch

Dieser Ausflug in das Jerusalem des 20. Jahrhunderts läßt die Wirkungsgeschichte von Traditionen ebenso deutlich werden wie die im Eingangskapitel aufgezeigten Beispiele politischer, theologischer und künstlerischer Rezeption der Erzählung von Davids Kampf gegen den Riesen. Die Geschichte der Bauten auf dem Jerusalemer Tempelberg zeichnet den Weg der Entwicklung nach, die das Konzept von der Gegenwart Gottes erfuhr. Immer neue Deutungen des zur Metapher gewordenen «Hauses Gottes» nahmen Gestalt an in diesen Gebäuden. Der komplexe Bericht von der Verheißung der Gottesgegenwart für den König und sein Haus zeigt die Spuren der wechselvollen Geschichte der Dreiecksbeziehung Gott – Macht – Mensch.

Im Anfangskapitel, das den Kampf Davids gegen einen scheinbar übermächtigen Gegner zum Inhalt hatte, wurde der Weg zu den Spuren der historischen Figur des Königs freigelegt. Es war ein Weg zurück durch die Schichten des Wachstums der Überlieferung, die sich immer weiter von den Ereignissen entfernt hatte, bis die Idealgestalt eines Königs geformt war; der Typos des endzeitlichen Retters Israels und schließlich des ganzen Menschengeschlechtes – eine mythische Figur. Diese Entwicklung begann schon in den ältesten Erzählungen über David. Bereits in ihnen wird das Interesse sichtbar, nicht nur von einer Person zu erzählen, sondern eine Epoche Gestalt gewinnen zu lassen – eine Epoche, in der ein entscheidender Umbruch stattfand: Israel wurde zum Staat.

Eine neue, zukunftsträchtige Identität für den werdenden Staat war nicht in der alten, starren, kultischen Weltdeutung zu finden. König Saul scheiterte an diesem Problem. Der Ausbruch aus der überkommenen vorstaatlichen Ordnung Israels gelang nur durch die Befreiung von den Strukturen der segmentären Gesellschaft. Das neue Staatskonzept ist untrennbar verbunden mit David, dem Stadtkönig von Jerusalem, dem Stammesfürsten von Juda und Wahlkönig von Israel. In ihrem Gründer gewann der Staat seine Gestalt.

David war eine historische Figur und er ist ein Mythos. Vor allem aber ist er die personifizierte Gestalt einer Epoche des Umbruchs.

Sein Aufstieg wurde ebenso durch Erfahrungen der Ohnmacht geprägt wie durch Situationen des Erfolgs. Die Lebensgeschichte Davids zeigt nicht nur die Gestaltungsmöglichkeiten der Machtausübung, sondern auch die Folgen ihrer Verfehlungen. Die Überlieferungen, die um seine Gestalt wuchsen, ermöglichten es während Jahrhunderten, über die Frage nachzudenken, welche Rolle die Macht im Gesellschaftlichen und im Privaten, im Politischen und im Familiären spielt und spielen konnte. Dies war das Thema, unter dem sich folgende Generationen mit der Gestalt und Epoche Davids beschäftigten, die immer glorreicher erschienen, je mehr sich die aktuelle politische und gesellschaftliche Situation der Banalität der Kleinstaaterei und des Provinzdaseins näherte.

Die Macht des Versprechens und des Verzeihens

Die Geschichtsschreiber der deuteronomistischen Schule verwendeten zur Beurteilung späterer Herrscher über Juda einen stereotypen Satz:

«Er tat [oder: er tat nicht], was JHWH gefiel, wie sein Vater David.» (2 Kön 14, 3 u.a.)

Den alten Historikern lag das selbe Quellenmaterial vor, aus dem auch wir heute unsere Kenntnisse über David beziehen. Ihnen ist es zuallererst zu verdanken, daß dieses Material gesichtet, gesammelt und überliefert wurde. Sie hatten also Kenntnis von der Fragwürdigkeit großer Teile der Lebensgeschichte des Königs. Trotzdem hielten die deuteronomistischen Schreiber am Vorbildcharakter Davids fest und beeinflußten damit die politischen Auseinandersetzungen noch im Mittelalter und in der Renaissance. Warum?

Selbst in der Zeit der stärksten Glorifizierung des legendären Gründers der Monarchie in Juda und Israel war die Erinnerung an dessen Verfehlungen nicht verblaßt. Im Kompendium des Jesus Sirach aus dem zweiten vorchristlichen Jahrhundert heißt es abschließend über den Hirten und König David:

«JHWH vergab ihm seine Verfehlungen und erhöhte seine Macht für alle Zeit.

Er schloß einen Bund mit ihm, daß das Königtum und der königliche Thron in Israel bei ihm bleiben sollten.» (Jes Sir 47, 13)

Nicht die Lichtgestalt der Frühzeit wird hier zum Vorbild, sondern der in seinem Umgang mit der Macht fehlbare Mensch David. Sein Erfolg wird nicht auf seine charismatische Ausstrahlung und seinen politischen Instinkt zurückgeführt, sondern auf zwei Komponenten, die

Davids neuem Herrschaftskonzept erst Stabilität und Kontinuität verleihen: Das Verzeihen und das Versprechen.[179]

Durch Davids neuen Umgang mit der ihm vorausgehenden Tradition und Ordnung war ein Moment der Freiheit ins Spiel gekommen, das politisches Handeln ermöglichte. Erst die Loslösung aus den starren Ordnungen, von denen sich Saul noch nicht befreien konnte, eröffnete den Raum, der machtpolitische Entscheidungen ermöglichte. Mit dieser Befreiung aus dem Korsett der alten kultischen Weltdeutung war aber zugleich die Unberechenbarkeit der Folgen des Handelns verbunden.

Anfänglich beeinflußte diese Unabwägbarkeit die Entschdeidungen Davids noch nicht. Er handelte instinktiv der Situation angemessen. Spätestens aber mit der Bathseba-Affäre war die ungebrochene Sicherheit verspielt. Die Schattenseite der errungenen Freiheit zum Handeln wurde sichtbar. David wurden die Augen geöffnet: Sein Handeln konnte auch unkorrigierbar negative Folgen haben. Seine Entschlußlosigkeit während der Auseinandersetzung um die Thronnachfolge zwischen seinen Söhnen zeigt, daß er die Naivität der frühen Jahre verloren hatte. Erst die Versicherung einer Kontinuität auch im prinzipiell noch Unabsehbaren gab ihm jenes Vertrauen zurück, das nötig ist für Entscheidungen in eine noch offene Zukunft hinein. Diese Gewißheit garantierte der Prophet Nathan dem König in der Verheißung, die alles Nachdenken über die Geschichte von Davids Leben immer schon bestimmte:

«Alles, was in deinem Herzen ist, das tue, denn JHWH ist mit dir.» (2 Sam 7, 3)

Durch dieses Versprechen im Mund des Propheten, das Jesus Sirach als «Bund» bezeichnet, war David in der Lage zu *handeln*. Er blieb nicht, wie sein Vorgänger Saul, gelähmt vor möglichen Alternativen stehen . Er war frei. Das war mitentscheidend im Kampf um die Erhaltung der Anfangserfolge. Das lud ihm aber auch die Verantwortung für sein Handeln auf die eigenen Schultern. David konnte nicht mehr länger ein durch Gott verhängtes, unabwendbares Schicksal zur Entlastung heranziehen. Waren seine Taten Untaten, forderten sie Vergeltung heraus. Das in der Blutrache und im Talionsrecht zum Ausdruck kommende Konzept der Wiederherstellung eines sozialen Gleichgewichtes ließ keine andere Möglichkeit zu.

Erst das Moment des Verzeihens durchbricht diesen Teufelskreis. In der Erzählung von der Begnadigung des Brudermörders Abschalom wird dieses Konzept des Verzeihens anhand des Präzedenzfalles der beiden Söhne der weisen Witwe aus Tekoa dargelegt. Für Davids eigene Untaten wurde es in der Erzählung von Nathan und David im Anschluß an den Bathseba-Skandal herausgearbeitet. Langem Nachdenken innerhalb der prophetischen Tradition ist dieses Konzept zu verdanken. Doch Spuren der Vorausetzung für jedes Verzeihen, die Einsicht des Täters in die eigene Verantwortung für die Untat, wurden bereits an der historischen Figur David bei seiner Flucht vor Abschalom sichtbar.

An David wurden die weltlichen Herrscher des Mittelalters gemessen. Das verdankt sich nicht in erster Linie den fraglosen Erfolgen seiner Politik, sondern der exemplarischen Darstellung des Konzeptes vom Versprechen und Verzeihen. An zentralen Stellen von Davids Biographie schuf dieses Konzept Handlungsspielräume. Das Versprechen garantierte die Kontinuität in der Unabsehbarkeit der Folgen politischen Handelns; das Verzeihen einen Neuanfang angesichts der Verfehlungen der Machtausübung.

Wird die prinzipielle Unverfügbarkeit des Verzeihens allerdings nicht ernstgenommen, führt das ebenso in die Katastrophe, wie wenn das Versprechen mit einer schon vorfabrizierten, unumstößlich positiven und gefahrlosen Zukunft verwechselt wird. Beides läßt sich an der weiteren Geschichte der Davididen und der Eigenstaatlichkeit Judas und Israels ablesen: Davids Nachfolger Salomo konnte die Errungenschaften seines Vaters noch in vielfach mühsamer Verwaltungsarbeit halten und absichern. Dann aber begann ein langsames Zurücksinken in die provinzielle Bedeutungslosigkeit. Schon mit dem Tod Salomos zerfiel die Doppelmonarchie wieder in zwei Einzelstaaten. Der Nordstaat Israel verlor 722 v. Chr. seine Souveränität nach der Eroberung seiner Hauptstadt Samaria durch die Assyrer. Juda behauptete sich noch bis 586 v. Chr., dann wurde Jerusalem durch die Truppen der neuen Großmacht Babylon zerstört.

David – eine Gestalt, in der eine Epoche sichtbar wird, in welcher sich das Individuum Handlungspielraum erkämpfte.

David – eine Gestalt, in deren Geschichte sich die Auseinandersetzung vieler Generationen mit den Gefahren und Chancen der Macht widerspiegelt.

Auch der vorliegende Versuch einer Lebensgeschichte von König David ist ein Teil dieser Auseinandersetzung. Er ist vor allem in Aufnahme der aktuellen und drängenden Frage nach dem zu verantwortenden Umgang mit Macht, mit den Mächtigen und den Ohnmächtigen unternommen worden. Er ist eine Annäherung an eine Gestalt, die sich nicht eindimensional der Kategorie der Täter oder jener der Opfer zuordnen läßt!

Anhang

Stammtafel – Verwandtschaftsverhältnisse

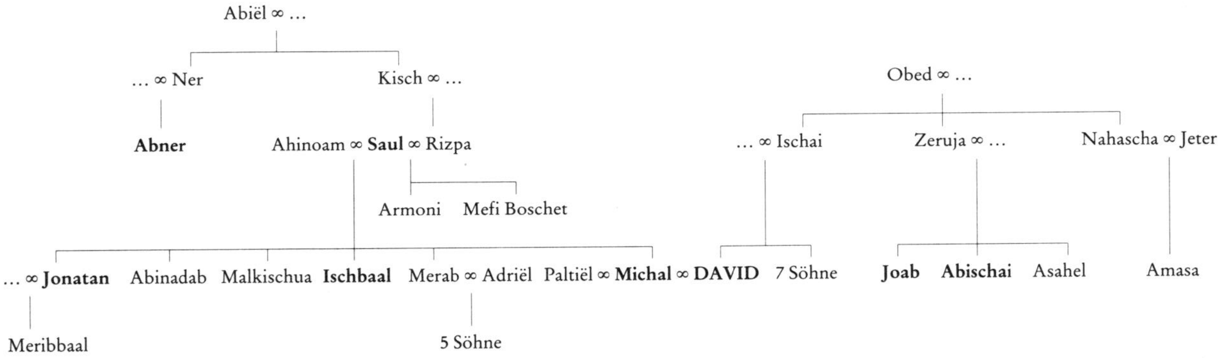

Davids Ehen

Michal ∞ David		
Abigail ∞ David	→	Kilab
Ahinaoam ∞ David	→	Amnon
Maacha ∞ David	→	Abschalom
	→	Tamar
Haggit ∞ David	→	Adonija
Abital ∞ David	→	Schafatja
Egla ∞ David	→	Jitream
Bathseba ∞ David	→	Salomo

Legende: … = Name nicht bekannt; **fett** = wichtige Person

Anmerkungen

1 Cellinis Schmährrede gegen Bandinellis *Herkules und Cacus* in: BENVENUTO CELLINI (Autobiographie), übersetzt von JOHANN WOLFGANG VON GOETHE, 4. Buch, 5. Kapitel.

2 Nachzulesen im Buch Judith, Kap. 14, 8 ff.

3 Dementsprechend wurde David im Osten im byzantinischen Kaiserornat und im Westen mit dem Reichsapfel und dem Zepter, den Insignien der Macht der deutschen Kaiser dargestellt.

4 Berninis *David* steht heute in der Villa Borghese in Rom.

5 Vgl. dazu: FRANZ-JOACHIM VERSPOHL, Der Platz als politisches Gesamtkunstwerk, in: W. BUSCH / P. SCHMOOCK (Ed.), *Kunst. Die Geschichte ihrer Funktion,* Weinheim/Berlin 1987, S. 307–333; besonders S. 319–327.

6 So etwa in der Mitte des 3. Jahrhunderts in den Wandmalereien in der Synagoge von Dura Europos am Oberlauf des Euphrat.

7 So auf einigen Sarkophagen aus den Jahren um 360 n. Chr., die heute in der Lipsanothek von Brescia zu besichtigen sind.

8 AUGUSTINUS, *Enarrationes 1 in Psalmum 33.4:* «In figura Christi David, sicut Golias in figura Diaboli: et quod David prostravit Goliam, Christus est qui occidit diabolum.»

9 So auf dem Fußbodenmosaik von St. Gereon in Köln (11. Jahrhundert), wo David mit den deutschen Reichsinsignien Krone, Zepter und Reichsapfel dargestellt wird.

10 Der Psalter (Paris, Bibliothèque Nationale, MS. gr. 139) geht wahrscheinlich auf eine Vorlage aus dem 6. Jh. zurück.

11 Etwa im Chanson de geste *Les voeux du Paon* von JACQUES DE LONGUYON um 1312; in der *Histoire des neuf Preux* von SEBASTIEN MAMEROT (1460); in den Fresken in der Amtsstube des Augsburger Weberhauses von PETER KALTENHOFF (1457).

12 Siehe ROBERT L. WYSS, Art. «David», in: *Lexikon der christlichen Ikonographie, Bd. 1*, Wien 1959, S. 1083–1119; besonders S. 1112.

13 Ein im alten Orient häufiges Sinnbild der Kraft.
14 So zum Beispiel JULIUS WELLHAUSEN, *Die Composition des Hexateuchs und der Historischen Bücher des Alten Testaments,* Berlin [3]1899, S. 247.
15 Das hatte WELLHAUSEN (wie Anm. 14) mit anderen Vorgaben auch vermutet.
16 Vgl. G. A. WAINWRIGHT, Some early philistine history, in: *Vetus Testamentum* 9 (1959), S. 73–84; bes. S. 79 ff.
17 So HANS WILHELM HERTZBERG, *Die Samuelbücher,* Göttingen 1956, S. 313.
18 In den Versen 32, 33, 34, 37 (2x), 38, 39 (3x), 42 (2x), 43 (2x), 44, 45, 48 (2x), 49, 50 (2x), 51 und 54.
19 In den Versen 8, 10, 11, 36, 37, 40, 41, 42, 43 (2x), 44, 45, 48 (2x), 49, 50 (2x), 51 und 54.
20 Vgl. HERTZBERG, Samuelbücher, wie Anm. 17.
21 Die Heldensagen sind dem alten Testament eigentlich eher fremd, dafür aber sowohl in der griechischen Literatur (Homer, Hesiod und öfter) als auch im phönikischen Umkreis (Tontafeln von Ugarit) belegt. Immerhin finden sich im Buch der Richter einige Erzählungen mit ähnlichem Konzept. Vgl. dazu R. BARTHELMUS, *Heroentum in Israel und seiner Umwelt,* Zürich 1979, S. 134 und Anmerkung 28, S. 131.
22 Vgl. GRØNBAEK, Geschichte, S. 95 f., Anmerkung 66; vor allem aber die Argumentation bei BARTHELMUS, Heroentum (Wie Anm. 21), S. 131 ff.
23 Vgl. OTHMAR KEEL, *Die Welt der altorientalischen Bildsymbolik und das Alte Testament*, Zürich/Neukirchen 1972, Tafel XVII, S.209.
24 Vgl. 2 Sam 5, 2.
25 Die Dynastien der Seleukiden in Antiochien und der Ptolemäer in Alexandrien, die über ein halbes Jahrhundert lang um die Vorherrschaft in Palästina kämpften und dabei wenig Rücksicht auf die ansässige Bevölkerung nahmen.
26 Innenpolitische Diskussionen mit theologischen Argumenten um die Legitimation von Machtausübung zwischen Sadduzäern (einer hellenistisch-hasmonäerfreundlichen Gruppierung) und den sogenannten Chassidim (fromme Landbevölkerung, die die hellenistischen Tendenzen als einen «Greuel» ansahen).
27 Vgl. 1 Sam 17, 28: Bruder: *«Ich kenne deine Vermessenheit wohl...»* David: *«Was habe ich denn getan? Ich habe doch nur gefragt!»*
28 Herodot (490–425/20 v. Chr.) berichtet hier von den Verhältnissen am Hof der griechischen und kleinasiatischen Könige der Zeit um 1000 v. Chr. Die Schilderung ist aber auch für den palästinensischen Raum zutreffend.

29 *Phoinike,* die griechische Bezeichnung für das Land, entstand aus dem Wort *phoinix* (=Purpur).

30 Zu den Apiru vgl. S. 63–69.

31 Vgl. A. STROBEL, Der spätbronzezeitliche Seevölkersturm, in: *Beiheft zur Zeitschrift für die Alttestamentliche Wissenschaft 145,* 1976.

32 DONNER, Geschichte, S. 70.

33 Diese Version der Ereignisse wird auch in THOMAS MANNS Roman *Josef und seine Brüder,* oder seiner Novelle *Das Gesetz*; in SIGMUND FREUDS Buch *Der Mann Mose* und in den Monumentalfilmen aus dem Hollywood der 50er und 60er Jahre vermittelt.

34 Vgl. oben, S. 59f.

35 Vgl. dazu. MANFRED WEIPERT, *Die Landnahme der israelitischen Stämme in der neueren wissenschaftlichen Diskussion* (Forschungen zur Religion und Literatur des Alten und Neuen Testaments 92), Göttingen 1967, v. a. S. 66–102.

36 Der Papyrus Anastasi; vgl. HUGO PRESSMANN, *Altorientalische Texte zum Alten Testament,* Berlin/Leipzig 1926, S. 101–105.

37 So wird z. B. in Gen 26, 12–31 von Auseinandersetzungen zwischen der Sippe Isaaks und den Stadtbewohnern von Gerar berichtet, die nach einigem hin und her auf der Basis eines Vertrages geregelt werden konnten.

38 Der Text ist erhalten auf einem Papyrus, der sich heute in Moskau befindet.

39 Vgl. Jos 9, 17; 18, 28; 15, 60.

40 Die Antwort des Orakels von Delphi für den lydischen König Krösus – der, dessen Reichtum sprichwörtlich wurde – ist hiefür ein schönes Beispiel: Krösus hatte anfragen lassen, ob es opportun sei, das persische Großreich anzugreifen. Die Antwort lautete, frei wiedergegeben: «Greifst du an, wird ein Reich zugrunde gehen.» Das Orakel behielt recht und mehrte seinen Ruhm. Ein Reich ging zugrunde. Freilich war es, zur großen Bestürzung von Krösus, dessen eigenes.

41 Später wird uns noch eine andere Erzählung begegnen, die diesen Satz über die Begeisterungsfähigkeit Sauls nicht so positiv begründet. Vgl. S. 116.

42 L. E. STAGER, The Archeology of the Family in Ancient Israel, in: *Bulletin of the American Schools of Oriental Research 260,* 1985, S. 1–35.

43 Für geraume Zeit war der nachmalige zweite König Israels *der* Garant für die psychische Wirkmacht von Musik. Er wurde in Zeiten, in denen Instrumentalmusik aufgrund ihres Verzichtes auf das scheinbar eindeutige Wort verteufelt wurde, als Kronzeuge angeführt: «Wenn du zur Kithara oder zur Lyra singen willst, so trifft dich kein Tadel, denn damit tust du nur, was der gerechte, Gott wohlgefällige König der Hebräer tat.» (Patriarch Klemens

von Alexandria im 3. Jh. n. Chr.; zit. nach WALTER BLANKENBURG, Art. «David», in: *Musik in Geschichte und Gegenwart III,* Kassel/Basel 1954, S. 42).
Aus einem Brief Luthers an den zu Melancholie neigenden Freiburger Organisten M.Weller vom 7. 10. 1534 : «Darum, wenn ihr traurig seid und es will überhand nehmen, so sprecht: Auf! Ich muß jetzt unserem Herrn Christo ein Lied schlagen auf dem Regal [...] und greift frisch in die clares und singet drein, bis die Gedanken vergehen wie David [...]. Kommt der Teufel wieder und gibt euch eine Sorge und traurige Gedanken, so wehrt euch frisch und sprecht: Aus, Teufel, ich muß jetzt meinem Herrn Christo singen und spielen.» (zit. nach BLANKENBURG, David [wie oben], S. 45).
In einem Stich von David Conrad (geb. 1604) werden der Komponist Heinrich Schütz und seine Kantorei in Dresden dadurch «geadelt», daß mitten unter ihnen David, eine große Harfe spielend, abgebildet ist.

44 So etwa GUNNEWEG, Geschichte [VI David und seine Zeit], S. 71–90.

45 In der Synagoge von Dura Europas (3. Jh. n. Chr.), der Calixtus-Katakombe in Rom (2. Jh. n. Chr.) sowie in byzantinischen Miniaturen (Musik in Geschichte und Gegenwart II, Tafel 20, 1). Zu Asklepios: H. ABERT, *Die Musikanschauung des Mittelalters und ihre Grundlagen,* Halle 1905.

46 Die Scherbe befindet sich heute im Rockefeller Museum in Jerusalem, vgl. KOLB, David, S. 171.

47 Die Philister errichteten die Festung als einen ihrer vorgeschobenen Posten nach dem Sieg bei Eben-Eser. Sie war strategisch günstig gelegen, um die Nord–Süd-Verbindung auf der Höhe des Gebirgszuges zu kontrollieren. Grabungen an anderen Orten, die einen ähnlichen Grundriß für die selbe Zeit belegen, zeigen übrigens, dass die Philister nach einem Musterplan arbeiteten.

48 Diese Grabung war notwendig geworden, weil König Hussein von Jordanien sich exakt diesen alten Festungshügel ausgesucht hatte, um eine königliche Villa in Stadtnähe errichten zu lassen. Er mußte sein Vorhaben nach dem «Sechstagekrieg» (1967) aufgeben. Der Ort wurde von den Israelis besetzt. Heute «ziert» eine neue Ruine den Tell el-Ful.

49 Das wirft – nebenbei gesagt – ein bezeichnendes Licht auf den Ruf, den Gottesmänner zur Zeit der Abfassung dieser Erzählung genossen: Sie galten als Boten des Unheils!

50 Vgl. oben, S. 74.

51 Ein König beim Pflügen! Ein deutliches Bild für die Art der Hofhaltung in diesen frühen Tagen der Monarchie!

52 Ri 20, 16; 2 Kön 3, 25.

53 In Sichtung des Materials kommt die Psychotherapeutin MARIA KASSEL zum Schluß, daß David in ungebrochener Einheit mit sich selbst, in einer gewissermaßen naiven Sicherheit in sich selbst lebte: Handeln und Reden, Auftreten und Selbstverständnis waren so identisch, daß eine enorme Kraft von ihm ausging, mit welcher er die Menschen im Sturm gewann. Schwierigkeiten, die sich ihm in den Weg stellten, wurden als solche gar nicht wahrgenommen und einfach überrannt. Instinktiv handelte er der Situation angemessen und siegte in den ersten kleineren militärischen Unternehmungen, die ihm vom König anvertraut worden waren. KASSEL, Sei, der du werden sollst, S. 93–102.

54 Bei Siegesfeiern, mit denen von solchen Kommandounternehmen zurückkehrende Krieger empfangen wurden, ist eine musikalische Begrüßung durch die Frauen noch in jüngster Vergangenheit bei Beduinenstämmen belegt. Frauen ziehen den Heimkehrenden mit Musik, Reigentanz und Gesang entgegen.

55 Interessant ist in diesem Zusammenhang eine Sage, die in der Ilias (VI, 152ff) überliefert wird: Dort wird das Schicksal des Bellerophontes beschrieben, des Stammvaters der Könige der Lykier. Dieser war in Diensten bei einem König mit Namen Proitos. Der wollte, nach einigen familiären Schwierigkeiten, den Helden loswerden. Zwar «vermied er Mord», schickte den Helden aber mit Briefen, die seinen Tod erbaten, zum König der Lykier. Der gab ihm Aufträge, die unausführbar schienen. Der Held aber bestand alle Prüfungen im Verein mit seinen Getreuen, und endlich war der König überzeugt von der Rechtschaffenheit und – gab ihm seine Tochter zur Frau. Ein Heldenschicksal. Schimmert es nicht auch in diesem Abschnitt der Biographie unseres «Gibor» durch?

56 Einige Forscher versuchen, durch eine Umstellung der Reihenfolge der Ereignisse diesen «fou d'amour» zu einer Liebesgeschichte *vor* der prekären Entwicklung zu machen. Damit wäre das ganze eine Romanze, deren Problematik nur noch in der nicht standesgemäßen Herkunft des möglichen Bräutigams liegt. Das ließe sich auch schön mit der Goliathgeschichte in Einklang bringen, in der ja der König die Hand seiner Tochter dem Riesenbezwinger versprochen hatte. Eine märchenhaft einfache Lösung – und in den Bereich der Märchen ist sie auch zu verweisen. Die Erzählschicht, in der das Motiv von der «versprochenen Hand der Königstochter» auftaucht, ist, wie gezeigt worden ist, das Produkt einer völlig anderen Zeit mit völlig anderen Interessen an der Geschichte. Sie entstand erst 900 Jahre nach den Ereignissen. Dazu kommt, daß die hellenistischen Bearbeiter einen neuen Konflikt einbauen: Damit es nicht zu einfach wird, lassen sie Saul dem David

die ältere Tochter Merab versprechen, dann aber wieder wegnehmen und einem Herrn namens Adriël aus Mekola zur Frau geben. Für die Historizität der letzteren Verbindung spricht die Nachricht von den Kindern aus dieser Ehe, die noch eine wenig rühmliche Rolle im Leben Davids spielen werden (2 Sam 21, 8). Daß zu Zeiten, als Michal ein Auge auf den Helden warf, noch alle in Eintracht lebten, dürfte eine zu glatte Lösung des Problems darstellen.

57 GRETE WEIL, *Der Brautpreis*, Frankfurt 1991, S. 20. © 1988 Verlag Nagel & Kimche AG, Zürich/Frauenfeld.

58 Ebd., S. 24.

59 STOLZ, Samuel, S. 189. Das Zitat bezieht sich auf das Klagelied Davids für Jonathan (2 Sam 1, 23).

60 Vgl. oben, S. 79.

61 1 Sam 20, 19. Vgl. dazu S. 111 und Fussnote 62.

62 Die Anspielung ist nicht mehr aufzuhellen. Hatte David doch mit einem möglicherweise mißglückten Staatsstreich zu tun, oder handelt es sich um den Ort seines Versteckes während des ersten Tobsuchtanfalls des Königs gegen seinen Therapeuten? Vgl. auch STOLZ (Samuel, S. 133 und 137), der die Passage wesentlich «harmloser» übersetzt und so keine größeren Probleme hat. Leider gibt es kein Material, um dieser Frage weiter nachzugehen.

63 Eine ganz in die Situation passende Erklärung. Konkret wird damit gemeint sein, daß David Geschlechtsverkehr hatte, oder daß es bei ihm zu einer Pollution gekommen war. So konnte er nach den Reinheitsvorschriften, wie sie im 3. Buch Mose 15, 16–18 (wenn auch erst in späterer Zeit schriftlich niedergelegt) dokumentiert sind, nicht an einem kultischen Mahl teilnehmen. «Der Verunreinigte muß sich und seine Kleider waschen und ist bis zum Abend des Tages von der Gemeinschaft und den Lebensvollzügen ausgeschlossen.» (STOLZ, Samuel, S. 138).

64 Vgl. unten, S. 164.

65 Vgl. oben, S. 78. Die Entstehung des offenbar bekannten Wortes vom «rasenden Saul» wird dort sehr positiv erklärt. Hier dient es hingegen als Pointe einer Saul gegenüber kritisch eingestellten Berichterstattung.

66 Vgl. KLAUS BALTZER, *Die Biographie der Propheten*, Neukirchen 1975.

67 Vgl. oben, S. 72f, zur vorstaatlichen Zeit, in der Sippen, Großfamilien und Stämme ihr Schicksal selbst in der Hand hatten – mit dem Ergebnis, daß die kleinen gesellschaftlichen Einheiten sich eines geschlossen auftretenden Gegenübers kaum erwehren konnten.

68 In einer ähnlichen Überlieferung aus dieser Zeit wird die Auseinandersetzung zwischen dem Propheten Elia und dem König Ahasja (852–51 v. Chr.)

von Samaria im damaligen Nordreich Israel dargestellt (2 Kön 1). Auch dort sendet der König dreimal Boten zum Propheten, die nicht wiederkehren.

69 Die Notiz am Ende von Davids Riesenkampfgeschichte, daß der Held die Waffen des Besiegten in sein (JHWHs?) Zelt gebracht habe (1 Sam 17, 54), könnte sich auf dieses Heiligtum beziehen.

70 1 Sam 4, 21; 14, 3; 22, 12.

71 Ein kleines Indiz dafür, daß bereits Saul angefangen hatte, eine stehende Truppe aufzubauen, die sicher nicht sehr groß, aber dafür das ganze Jahr einsatzbereit war. Nationalität spielte dabei keine Rolle, nur die richtige Gottesverehrung wurde verlangt, wie die Anwesenheit des Mannes in der Priesterstadt bezeugt.

72 Weiterreichende Vermutungen finden sich bei GUNNEWEG, Geschichte, S.73ff.: Gunneweg vermutet, daß David bereits Anführer einer Kampftruppe war, bevor Saul ihn an den Hof holte, und daß er schon bald nach seinem Auftauchen in der Umgebung des Königs einen Vertrag mit Jonathan schloß, der die zukünftige Machtverteilung klärte. Diese Vermutungen würden zwar die Lücken in der Überlieferung erklären, sie lassen sich aber mit dem biblischen Bericht nicht in Einklang bringen.

73 Auch von dem listenreichen griechischen Heroen Odysseus wird berichtet, daß er sich verrückt gestellt hatte, um einer drohenden Gefahr zu entgehen. Er hatte allerdings weniger Erfolg als David und wurde entlarvt. So mußte er doch noch mitziehen in den trojanischen Krieg (vgl. APOLLODOR, Epitomae 3, 7; sowie PHILOSTRAT, Heroikos 11,2).

74 Es sieht allerdings so aus, als würde in dieser frühen Zeit der Flucht Davids das Prophetentum keine Rolle spielen. Das machte schon den Sammlern der Einzelüberlieferungen aus jener Zeit Schwierigkeiten, und so findet sich heute eine singuläre Notiz von einem Propheten Gad im Text (1 Sam 22, 5). Dieser hat erst wesentlich später eine greifbare Funktion am Jerusalemer Hof. Die Notiz steht also doch sehr unter dem Verdacht der Vervollständigung der Liste der Unterstützer Davids.

75 Adullam wird in den Vätergeschichten in Gen 38 als kanaanäische Stadt erwähnt.

76 Vgl. 2 Sam 17, 28f; 19, 32f.

77 Vgl. das Buch Rut, Kapitel 4.

78 SCHROER, Samuelbücher, Exkurs: Die Stellung der israelitischen Frau in Gesellschaft und Religion der frühen Monarchie, S. 109ff.

79 Vgl. oben, S. 131f.

80 Später besiegte Benaja zwei moabitische Elitekrieger auf einmal. Sein Ruhm als Löwentöter machte auch diese beiden zu «wahren Löwen» und berei-

tete manchen Kommentatoren Probleme, bis man auf die «naheliegende» Lösung kam, «Löwe» sei eine militärische Bezeichnung der Moabiter für Elitekämpfer.

81 Dies ist der dritte Bericht von einem feierlichen Bundesschluß zwischen den beiden Männern. Literarisch der Erste war jener im Anschluß an den Riesenkampf, der wohl zugleich entstehungsgeschichtlich der jüngste ist. Dann war da die Begegnung auf dem Exerzierfeld vor der Festung mit dem Pfeil-und-Bogen-Dialog. Und nun eine dritte Erwähnung der engen Verbindung, die in ihrer ersten Form wohl weniger ein politisches Abkommen war als eine Begegnung zweier Freunde in Krisenzeiten. In der griechischen Übersetzung aus dem Vatikan liegt der Schwerpunkt noch ganz auf dem privaten Treffen mit dem Thronverzicht Jonathans als Beleg für den guten Ausgang der augenblicklich heiklen Situation. Damit ist klar, daß der politische Begriff «zweiter nach dir» oder, wie andere übersetzen, «Stellvertreter», erst sehr spät in den Text eingefügt wurde.

82 Vgl. Schroer, Samuelbücher, S. 103: Nein (Inszenierung des Redaktors der Aufstiegsgeschichte); Stolz (Samuel, S. 151) hält sich bedeckt; Stoebe (Buch Samuelis, S. 427) hält es für möglich, aber an einem anderen Ort.

83 Dieser Kontakt – noch in der späten Überschrift vor Psalm 54 als Verrat geschildert – hatte seine Konsequenzen, die ihn im nachhinein als eine sehr hartnäckige Erinnerung ausweisen: Als David daran ging, die Beute zu verteilen, wurde sehr sorgfältig aufgelistet, wer da Anteile bekam. Die Herren von Sif waren nicht darunter (1 Sam 30,26–31).

84 Vgl. Stolz, Samuel, S. 152.

85 Vgl. zum Folgenden Kolb, David, S. 200ff.

86 Es war eine jener Höhlen, die auch noch 3000 Jahre später als Zufluchtsort brauchbar waren. In den jüdischen Aufständen der Jahre 70–73 und 135 n. Chr. zogen sich die letzten Aufständischen vor den Römern hierher zurück. In einer der Höhlen wurden Fragmente der Korrespondenz Bar Kochbas, des jüdischen Anführers im Krieg von 135 gefunden. Bis auf eine Höhle wurden allerdings alle Verstecke von den Römern ausgehoben und die Bewohner niedergemetzelt.

87 Das Szepter ist heute im Israelmuseum in Jerusalem zu besichtigen.

88 Auch in den folgenden Jahrhunderten wurde sie sicher zu einem guten Argument an die Adresse Aufständischer, wenn an der Unantastbarkeit des jeweils gesalbten Davididen gerüttelt wurde.

89 Der Name ist nicht semitischen Ursprungs, sondern philistäisch-indoeuropäisch. Im Altgriechischen entspricht ihm *anchises*. Die griechische Übersetzung des Textes gibt den Namen denn auch mit *agchous* wieder. Ein

König gleichen Namens findet sich in der griechischen Sagenwelt: Der Vater des prominenten Trojaflüchtlings Aeneas hieß so; er war König von Dardanos im Norden Kleinasiens. Zur Zeit Ramses II. (13. Jh. v. Chr.) treten die *dardeni* als Hilfsvölker der ägyptischen Gegner, der Hethiter, auf. Das ist ein weiterer Hinweis auf die wahrscheinliche Herkunft der Philister.

90 Vgl. dazu STOEBE, Buch Samuelis, S. 140, Anm. 8a; dort Literatur zum Thema.

91 So RUDOLF KITTEL, Geschichte des Volkes Israel II, Stuttgart/Gotha, [7]1925, S. 96.

92 SCHROER, Samuelbücher, S. 117.

93 Ob Davids Truppe tatsächlich 600 Mann stark gewesen ist, sei dahingestellt. In den Kommentaren wird die Zahl in der Regel als typisch – und daher zu hoch betrachtet.

94 Vgl. HANS JOACHIM STOEBE, Das Deutsche Evangelische Institut für Altertumswissenschaft des Heiligen Landes. Lehrkursus 1964, in: *Zeitschrift des Deutschen Palästinavereins 82*, 1966, S. 1–45; bes. S. 18.

95 Vgl. die Rolle Bathsebas bei der Thronbesteigung Salomos, 1 Kön 1–2.

96 Vgl. HUGO GRESSMANN (Hg.), *Altorientalische Texte zum Alten Testament*, Berlin/Leipzig [2]1926, S. 56; JOHN B. PRITCHARD (Hg.), *Ancient Near Eastern Texts relating to the Old Testament*, Princeton 1954, S. 19.

97 Auch in Israel sollten noch Jahrhunderte vergehen, bis durch die klassischen Propheten eine Trendwende eingeleitet wurde. Voraussetzung dafür war eine neue Sicht auf den Menschen, die eng mit der sich entwickelnden Vorstellung vom Einen Gott für alle Völker verknüpft war.

Bis dahin aber, und leider auch noch darüber hinaus, war die selbst erlittene Unterdrückung durch politische Mächte und die damit einhergehende Demütigung und Infragestellung der Identität Keim für ein Losschlagen in Richtung des geringeren Widerstandes. Der grauenvolle, psychologisch zu rekonstruierende Mechanismus, der aus Opfern Täter macht, scheint eine anthropologische Konstante zu sein.

98 Vgl. 1 Sam 15.

99 Die Ebene war immer schon umkämpft. Bis hin zu General Allenby im Ersten Weltkrieg versuchten Strategen, sie in ihre Hand zu bekommen.

100 Vgl. 1 Sam 28, 6.

101 Im hebräischen Text steht hier ein Titel, dessen Bedeutung nicht mehr bekannt ist. Die griechische Übersetzung spricht, aus dem Kontext sicher richtig erschlossen, von *strategoi* (= Feldherren) – ein weiterer Hinweis auf ein sehr differenziertes Herrschaftssystem auf seiten der Philister, das möglicherweise auch durch ägyptische Vorbilder beeinflußt war. David, der ja

mehr als ein Jahr lang Gelegenheit hatte, dieses System vor Ort zu studieren, hat bei der Organisation seines anwachsenden Herrschaftsgebietes offensichtlich darauf zurückgegriffen. Sein Sohn und Nachfolger Salomo hat die Doppelmonarchie dann nach ägyptischem Vorbild zu einem zentralen Beamtenstaat ausgebaut.

102 Die Rede beginnt mit einer Beteuerung, die in Achischs Munde seltsam klingt. Ist sie Indiz für eine engere Beziehung der beiden Männer oder verdankt sie sich einem späteren Bearbeiter, der einen philistäischen Götternamen gegen den Gott Israels ausgetauscht hat?

103 Vgl. Buch der Richter, Kap. 7.

104 Liste der Orte in 1 Sam 30, 27–31.

105 Vgl. zum Folgenden KOLB, David, S. 119ff. und SCHROER, Samuelbücher, S. 124.

106 Dieser Hinweis läßt sich nicht mehr weiter verfolgen, da das Buch verloren gegangen ist. Der Titel deutet aber darauf hin, daß es eine Sammlung von Heroenerzählungen und -Liedern umfaßt haben muß. Möglicherweise waren auch einige der rekonstruierten Daviderzählungen aus älterer Zeit Bestandteil davon.

107 Vgl. SCHROER, Samuelbücher, S. 129.

108 Vgl. dazu 2 Sam 5, 4 und FRANK CRÜSEMANN, *Der Widerstand gegen das Königtum* (Wissenschaftliche Monographien zum Alten und Neuen Testament 49), Neukirchen 1978.

109 Vgl. S. 94–96 sowie 1 Sam 16, 1–13.

110 In manchen Bibelübersetzungen findet sich noch ein anderer Name für den Sohn Sauls. Bearbeiter haben, den Ausgang der Sache schon im Blick, den Namen, der «Mann Baals» bedeutet und ursprünglich einfach «Mann des Herrn» meinte, mit *Ischboschet,* «Mann der Schande» kolportiert. *Baal* war seit den Tagen der Propheten Elia und Elisa (9. Jh. v. Chr.) der Name des kanaanäischen Hauptgottes und damit Inbegriff eines verabscheuungswürdigen und mit allen Mitteln zu bekämpfenden Götzenkultes. Für die Bearbeiter lag also schon im Namen des überlebenden Saulsohnes der Schlüssel für seinen Mißerfolg – ein Beispiel für den Beizug der Volksetymologie als Basis eines theologischen Versuches, der Geschichte Sinn abzugewinnen.

111 Vgl. z. B. wieder einmal Homers Ilias: Achill schleift den Leichnam Hektors über das Schlachtfeld. Die Trojaner setzen alles daran, ihren toten Helden heimzuholen, um die üblichen Toten- und Trauerrituale vollziehen zu können (HOMER, Ilias XXIV).

112 Die Übersetzung nach SCHROER, Samuelbücher, S. 133. Vgl. die dortige Begründung dafür.

113 Vgl dazu die Stammtafel im Anhang.

114 Die Bezeichnung wäre sinngemäß mit dem «Saupreiß» der Bayern oder dem «Sauschwaben» der Schweizer zu übersetzen.

115 Vgl. 2 Sam 16, 1 und unten, S. 249.

116 In einigen Kommentaren ist zu lesen, die erste Eheschließung habe gar nicht stattgefunden. Beweise dafür können allerdings keine vorgelegt werden.

117 Anders beispielsweise GRETE WEIL, Der Brautpreis.

118 Vgl. zum Folgenden 2 Sam 3, 26–27.

119 Über die Art des Eindringens gibt es zwei unterschiedliche Versionen. Entweder gelang es Baana und Rechab ganz unbehelligt, denn die Türwächterin war am Feuer eingeschlafen (so die Version der griechischen Übersetzung), oder sie tarnten sich mit einem Sack als Weizenholer, wurden überrascht und beseitigten einen nicht näher bezeichneten Anwesenden (so ungefähr die etwas schwierig zu deutende hebräische Fassung). Im ersten Fall wäre ein relativ kleines Haus ohne große militärische Bewachung anzunehmen. Für manche Kommentare ist das eines Königs unwürdig, aber es scheint durchaus der Realität zu entsprechen, wenn man die Nachrichten über die damalige Hofhaltung berücksichtigt (vgl. die Bemerkung Herodots über einen Königshof damaliger Zeit, oben, S. 56). Im anderen Fall wäre das Haus Ischbaals eher als Gutshof mit Vorratskammern zu verstehen.

120 Die Grabstätte wurde noch 2500 Jahre später gezeigt und viel besucht: Petrus Diaconus berichtet um 1137 davon und 1258 war auch Rabbi Jakob von Paris dort.

121 Vgl. nur den Anfang von Psalm 23: *«JHWH ist mein Hirte ...»*.

122 «Fürst» ist im alten Israel ein Begriff, der die Funktion des Herrschers als Stellvertreter des eigentlichen Königs JHWH unterstreicht. Vgl. dazu TIMO VEIJOLA, *Die ewige Dynastie*, Helsinki 1975, S. 129: «‹Fürst› *(Nagid)* unterstreicht nach der Theologie des Deuteronomistisches Geschichtswerkes die legitime Nachfolge Sauls, für den dieser Titel in den ‹Königserhebungsgeschichten› (1 Sam 9, 16; 10, 1) bereits vordeuteronomistisch belegt ist. Der Titel wird vor 2 Sam 5, 3 (Salbung Davids durch die Ältesten Israels) zweimal als etwas bevorstehendes angesprochen. Später (2 Sam 6, 21; 7, 8b) ist er bereits auf die Vergangenheit bezogen.»

123 HERTZBERG (Kommentar, S. 219) versucht, durch Analyse der Bewegungsverben nachzuweisen, daß diese militärische Aktion vor der Eroberung Jerusalems durch David stattgefunden haben muß. Denn «zur Festung hinab» (2 Sam 5, 17) kann sich nur auf den Weg von Hebron nach Adullam beziehen; nach Jerusalem zieht man «hinauf». Seine Argumentation ist überzeugend, auch wenn STOLZ (Samuel, S. 210f.) den Text so liest, als wäre der

Ausgangspunkt Davids bereits Jerusalem. Würde man STOLZ folgen, müßte David unterstellt werden, daß er die uneinnehmbare Stadt Jerusalem freiwillig aufgegeben habe. Das ist unter Berücksichtigung von Davids strategischer Begabung sehr unwahrscheinlich.

124 «Bei weitem die berühmteste Stadt im Orient» – PLINIUS DER ÄLTERE im 1. Jh. n. Chr. über Jerusalem (*naturalis historiae liber V*, 15, 70).

125 SHALOM BEN CHORIM, *Ich lebe in Jerusalem*, Gerlingen [2]1983, Vorwort.

126 AMOS OZ, Israelischer Autor, Träger des Friedenspreises des Deutschen Buchhandels, zitiert nach ULRIKE BERGEN u. a. (Hg.), *Jerusalem – Symbol und Wirklichkeit. Materialien zu einer Stadt*, Berlin 1976, S. 55.

127 Vgl. oben, S. 79f. und 1 Sam 14, 1–15, bes. 13.

128 Vgl. die «Geschichten der Väter und Mütter» im 1. Buch Mose; Gen 21, 3–6; 29, 32. 33. 34. 35; 30, 6. 8. 11. 13. 18. 20. 24; 35, 18.

129 Vgl. 1 Chron 18 u. 24.

130 Vgl. auch S. 47 sowie, zum Folgenden, BARTELMUS, Heroentum.

131 Simson und Schamgar (Buch der Richter 5; 6–9).

132 Das Zusammenspiel von Eingeninitiative und göttlicher «Hand im Spiel» wird exemplarisch zusammengefaßt in der Antwort der Göttin Athene, als Odysseus ihr nicht blind gehorchen will: «Immer hast du solchen Gedanken in dir, darum kann ich dich im Unglück nicht verlassen, weil du besonnen bist und schnell von Verstand und voll Einsicht.» (Homer, Odyssee XIII, 330–332, Übersetzung nach ARBOGAST SCHMIDT, *Selbständigkeit und Abhängigkeit menschlichen Handelns bei Homer*, Mainz 1990, S. 90.) Schmidt zeigt in seiner Untersuchung, wie sehr das Ineinanderwirken von Mensch und Gottheit im Handeln und Entscheiden ein erster Schritt der Emanzipation des Menschen aus einer marionettenhaften Abhängigkeit von den Schicksalsmächten ist. Auch an der Gestalt Davids ist dieser Ablösungsprozeß sichtbar. Für C. F. NAEGELSBACH ist Odysseus der Prototyp des Menschen, der innerhalb einer von Göttern beeinflußten Welt auf sich und seine Begabung gestellt ist (C. F. NAEGELSBACH, *Die homerische Theologie*, Nürnberg 1840, 1. C 1, Nr. 29–31).

133 Melchisedek war ein sagenhafter König aus der jebusitischen Frühzeit Jerusalems, der gleichzeitig als Priester der Stadtgottheit fungierte. Vgl. dazu unten, S. 203.

134 Vgl. dazu auch HOMER, Odyssee IX, 40–42: «Da verheert' ich die Stadt, und würgte die Männer. Aber die jungen Weiber und Schätze teilten wir alle unter uns gleich, daß keiner leer von der Beute hinausging.» (Übersetzung von JOHANN HEINRICH VOSS, Stuttgart, o. J., S. 85).

135 «Die Tatsache, daß Jerusalem bzw. sein Stadtgott sonst nirgends in der Ge-

nesis [1. Buch Mose] vorkommen – angesichts des nomadischen Charakters der Traditionen der Genesis nicht weiter verwunderlich – legt den Schluß nahe, daß hier durch eine ätiologische [= begründende] Erzählung erwiesen werden soll, daß die den Israeliten des Nordreiches [und den Judäern, deren ‹Vaterfigur› Abraham vor allem war] höchst suspekte Übernahme der Jerusalemer Stadtkultur und des Stadtkultes mitsamt seiner Priesterschaft durch David ganz legitim war, denn was schon Abraham recht war, war es auch für David.» BARTELMUS, Heroentum, S. 144.
Im Namen Melchisedek steckt die gleiche hebräische Wurzel wie im Namen Zadok – die Zadokiden waren ein wichtiges Priestergeschlecht der Davidszeit! Diese Verbindung ist wohl kein Zufall.

136 KURT MARTI, *Die Psalmen Davids. Annäherung*, Stuttgart 1991, Psalm 24, S. 106.

137 Vgl. oben, S. 74.

138 Möglicherweise wurde die Lade aber auch in das bereits vorhandene und dafür adaptierte Stadtheiligtum gebracht.

139 Wenn dieser König tatsächlich Hiram war, wie die biblischen Texte wissen wollen, dann war er zu diesem Zeitpunkt noch sehr jung, denn er regierte auch zur Zeit Salomos (vgl. FLAVIUS JOSEPHUS, Antiquitates 5, 11). In diesem Fall ergeben sich gewisse Parallelen zu dem in Davids Frühzeit ebenfalls noch jungen Achisch von Gat. Möglicherweise gab es eine bis zur Koalition führende Sympathie unter den jungen Herrschern dieser Gegend.

140 Aus der Analyse von Vasallenverträgen jener Zeit geht hervor, daß es den Vasallen strikte untersagt war, eigenständige Außenpolitik zu betreiben. Vgl. D. J. MCCARTHY, *Treaty and Covenant. A Study in Form in the Ancient Oriental Documents and in the Old Testament*, Rom [2]1978, S. 143. Wäre so die Heirat Davids mit Maacha unter dem Aspekt einer Verschleierung von eventuell ausgehandelten Geheimverträgen zu verstehen, dank welcher die Kontrolle durch die Philister zu umgehen war? Jetzt jedenfalls spielt David nicht mehr mit verdeckten Karten.

141 SILVIA SCHROER schreibt: «Während Nacktheit im Kult für viele Völker des alten Orient, auch die KanaanäerInnen ganz selbstverständlich oder sogar wichtig war, hat Israel sie als erniedrigend empfunden und später entsprechend strenge Kultvorschriften erlassen (Ex 20, 26b untersagt Stufen am Altar, damit der Altar die männliche Scham nicht sehe; es werden Hosen für die Priester eingeführt: Ex 28, 42; Ez 44, 18) [...] Die Notiz von Michals Kritik an Davids Tanz signalisiert den Anfang einer sehr problematischen Entwicklung des Verhältnisses von Sexualität, Erotik und Kult im alten Israel. Im Zusammenhang mit der Abgrenzung gegen Kanaan gewann in der pro-

phetischen Tradition die israelitische Einstellung, wie Michal sie vertritt, immer mehr an Bedeutung. Die Unbefangenheit und Aufgeschlossenheit eines David vermochte sich in diesem Punkt auf längere Sicht nicht durchzusetzen.» SCHROER, Samuelbücher, S. 152–154.
Immerhin bleibt anzumerken, daß in den zur Verfügung stehenden Darstellungen von Prozessionen nie Männer erscheinen, geschweige denn Könige. Davids Verhalten entsprach also nicht dem Gängigen.

142 Vgl. oben, S. 121.

143 Vgl. ROST, Überlieferung, und RAD, Anfang, S. 148–188.

144 E. WÜRTHWEIN, *Die Erzählung von der Thronfolge Davids – theologische oder politische Geschichtsschreibung,* Zürich 1974; T. VEIJOLA, *Die ewige Dynastie,* Helsinki 1975; W. DIETRICH, *David, Saul und die Propheten,* Stuttgart 1987.

145 Vgl. 1 Chron 19–20.

146 Die Analyse des Textes und seiner Entstehungsgeschichte wird neuerdings auch durch die Ergebnisse T. VEIJOLAS gestützt, die er mit den Mitteln der literarkritischen und redaktionsgeschichtlichen Methode herausgearbeitet hat: T. VEIJOLA, Salomo – der Erstgeborene Bathsebas, in: DERS., *David. Gesammelte Studien zu den Davidüberlieferungen,* Göttingen 1990, S. 84–105; bes. 103ff.

147 K. BUDDE, *Die Bücher Samuel,* Tübingen 1902, S. 257.

148 A. SCHULZ, *Die Bücher Samuel II,* München 1920, S. 135.

149 W. CASPARI, *Die Samuelbücher,* Leipzig 1926, S. 534.

150 ROST, Überlieferung, S. 98.

151 JOHANNES PEDERSEN, *Israel. Life and Culture III–IV,* London/Kopenhagen 1940, S. 456. PEDERSEN verwendet seine Deutung, um dem Text eine davidkritische Intention zu unterstellen. Das ist nicht überzeugend. Geht man von den jüngsten Forschungsergebnissen (T.VEIJOLA, Salomo [wie Anm. 144], S. 103ff.) aus, die belegen, daß der Text 2 Sam 12, 15b–24a zur Ehrenrettung der Davidischen Dynastie geschrieben wurde, läßt sich allerdings die Beobachtung fruchtbar machen.

152 Die Methode ist sicher nicht von Nathan entwickelt worden und wohl auch nicht von den Prophetenkreisen, denen die Erzählung zu verdanken ist. Diese lernten sie wahrscheinlich von den weisen Frauen Israels kennen.

153 «Er kennt nicht die Ambivalenz der unbewußten Energien; er kann sie deshalb nicht bewußt steuern und wird dann von seinen inneren ‹bösen› Kräften einfach überwältigt. Am deutlichsten zeigt das die Bathseba-Geschichte, in der David dargestellt ist als ein Mensch, bei dem die Vernunft außer Kraft gesetzt ist.» KASSEL, Sei, der du werden sollst, S. 96.

154 STEFAN HEYM, *Der König David Bericht,* München 1972, S. 162–163, in Auszügen. © Kindler Verlag München.
155 Ebd., S. 163–165, in Auszügen.
156 SCHROER, Samuelbücher, S. 173; vgl. zum Ganzen besonders PHYLLIS TRIBLE, Tamar. Im Königshaus wird die Weisheit geschändet, in: DIES., *Mein Gott, warum hast du mich vergessen? Frauenschicksale im Alten Testament,* Gütersloh [2]1990, S. 61–98.
157 Vgl. S. 181–184.
158 Im Hintergrund dieser Charakterisierung Joabs steht eine nie ausgeglichene Differenz zwischen der Jerusalemer Partei, die den dort von einer Jebusiterin geborenen Salomo favorisierte, und der judäischen Fraktion, die koalitionsfähig war mit den Nordstämmen Israels und die auf die Söhne Davids aus der Hebroner Zeit setzte.
159 Von einem ähnlichen Umgang mit der alten Tradition zeugt auch der von der Weisheitsschule am salomonischen Hof verantwortete Einschub in den Geburtsbericht Salomos. Obwohl also die Texte sicher nicht authentisch sind, geben sie doch einen Grundzug von Davids Umgang mit den alten Traditionen wieder, der schon an anderer Stelle auffiel (vgl. z. B. S. 160). Sind offensichtlich für die Nachrichten ganz verschiedene Überlieferungsträger auszumachen, so stützt das die Vermutung, daß diese Schilderungen einerseits Anhalt an Person und Charakter Davids fanden, andererseits die Zeit reif war für solche Entscheidungen, die neue Handlungsspielräume eröffneten. David wurde zu dem, was die Tradition aus ihm machte, weil er, aus der segmentären Gesellschaft kommend, doch wenigstens einen Fuß auf dem Boden der neuen, einen Territorialstaat ermöglichenden Ordnung hatte.
160 Vgl. oben, S. 157.
161 Vgl. unten, S. 259f.
162 Vgl. zum Ganzen SCHROER, Samuelbücher, Exkurs: Die Stellung der israelitischen Frauen in Gesellschaft und Religion der frühen Monarchie, S. 109–115.
163 Vgl. oben, S. 149.
164 Vgl. dazu WÜRTHWEIN, Erzählung, S. 33 u. 42.
165 Der Erzähler erhöht an dieser Stelle noch geschickt die Spannung. Er berichtet von der Enttarnung der verdeckten Nachrichtenübergabe am Brunnen Rogel durch einen einfachen Soldaten. Darauf berichtet er von einer Verfolgung der Priestersöhne, die in eine äußerst kritische Situation führt: Die beiden werden schließlich durch eine Frau aus Bahurajim gerettet, die sie in einer kleinen Quellhöhle versteckt. Ein beliebtes Erzählmotiv (vgl.

Josua 2; Richter 1, 22ff): Die Verfolger werden in die Irre geschickt und die beiden können ihren Auftrag ausführen.

166 Auch wenn einige Kommentatoren das rechnerisch nicht für möglich halten, so spricht doch vieles dafür, daß Ahitophel tatsächlich der Großvater Bathsebas war. Vgl. dazu 2 Sam 11, 3: Bathseba ist die Tochter Eliams. Dieser war einer aus der Gruppe der «Dreissig» (2 Sam 23, 34b) und Sohn des Ahitophel.

167 Vgl. oben, S. 173.

168 Ein Motiv, das sich auch in der griechischen Tragödie wiederfindet: Antigone sorgt für die Bestattung ihrer gefallenen Brüder und damit für ihr ehrendes Gedenken – gegen den Befehl des Usurpators von Theben, Kreon.

169 Mindestens ein Anteil für Juda, möglicherweise auch zwei (nach der Idealzahl der Stämme 12), höchstens aber sechs nach der Anzahl der zum Haus Juda zusammengeschlossenen Stämme und Sippen.

170 Heute Tell Abil, zwei Kilometer nördlich des Kibbuz Kfar Giladi an der Straße nach Metulla, nordöstlich des Hule-Sees.

171 Eine ethische Grundsatzentscheidung, die sich auch in den frühen Weisheitstexten Israels findet. Im Buch der Sprüche wird z. B. überliefert:
«Wo nicht weiser Rat ist, da geht das Volk unter;
wo aber viele Ratgeber sind, da findet sich Hilfe.
Wer für einen anderen bürgt, der wird Schaden haben;
wer sich aber hütet, Bürge zu sein, der geht sicher.» (Prov 11, 14–15).

172 Die Stammväter des Südens und des Nordens waren in ein Vater-Sohn-Verhältnis gebracht worden: Die Identifikations- und Integrationsfigur des Nordens, der Stammvater Jakob mit dem von Gott selbst verliehenen Ehrennamen «Israel», wurde mit Hilfe des Zwischengliedes Isaak in ein direktes Abstammungsverhältnis zum Erzvater des Südens, Abraham, eingesetzt. Das sollte die Einheit aller Stämme gewährleisten.
Schon die verschiedenen Gewichtungen der Ahnherren der einzelnen Stämme in den Segenssprüchen in Gen 49 und Deut 33 deutet auf die Entwicklung hin, die in der Führungsposition Judas endete. Die Losung des Seba ben Bichri *(«Wir haben keinen Anteil an David und kein Erbteil am Sohne Ischais. Ein jeder ab und in sein Zelt, Israel!»)* macht deutlich, wie wenig tragfähig das Konzept geworden war.

173 Die Nachricht von der Volkszählung findet sich im jetzigen Kontext nur noch als Ursache für ein Strafgericht Gottes, das erst durch die Errichtung des Jerusalemer Heiligtums abgewehrt werden konnte. In diesem Zusammenhang wird der ursprüngliche Widerstand gegen die Zählung theologisch umgedeutet: Der Fehler in Davids Politik liegt damit nicht mehr in der

Mißachtung der Eigenständigkeit der Sippen, sondern in einem Verstoß gegen ein nirgends näher erläutertes Verbot einer Zählung durch Gott.

174 Flavius Josephus, ein jüdischer Politiker und Historiker der Zeitenwende, berichtet davon in seinen *Antiquitates*. Auch in den Überlegungen des antiken Arztes Galenus ist die Ansicht belegt, daß ein junger, unversehrter, lebensfrischer Körper einem alten verbrauchten Körper seine Lebenskräfte mitzuteilen vermag.

175 Über ein solches Versprechen gibt es keine weiteren Informationen und im aktuellen Zusammenhang wird der Anschein erweckt, es solle dem greisen David unterschoben werden. Es entspricht der Vorgehensweise des Verfassers des Oppositionsberichtes, daß mit Hilfe der bloßen Aneinanderreihung von Fakten ein ungünstiger Eindruck erweckt wird, der sich einzig auf Schlußfolgerungen der Lesenden stützt. Es wäre aber durchaus auch vorstellbar, daß David seiner Favoritin dieses Versprechen tatsächlich gegeben hatte. Es hätte sich aber lediglich auf Jerusalem beziehen können, das einzige Gebiet, in dem David absoluter Herrscher war. Für den Süden und den Norden hätte es jener Verhandlungen bedurft, die Adonja mittlerweile aufgenommen hatte.

176 Vgl. dazu eine ebenfalls ins 6. Jh. v. Chr. zu datierende Notiz in 1 Kön 1, 48, in welcher dieser «Putsch von oben» als eine Handlung Gottes interpretiert wird.

177 Möglicherweise hat diese Information einen historischen Hintergrund: Aus kleinasiatischen Städten der Antike (z. B.: Termessos) ist bekannt, daß die mythologische Gestalt des Heroen und Gründers der Stadt an einem zentralen Ort in ihr bestattet wurde. Das Grab wurde zum Kristallisationskern der Anfänge eines Stadtkultes. Letzteres scheint für Jerusalem unter judäischer Herrschaft undenkbar. So blieb lediglich das Wissen um den ungewöhnlichen Ort der Grabstätte im Gedächtnis.

178 Mehr noch als der deutsche Begriff «Haus» ist der entsprechende hebräische Ausdruck *beth* doppeldeutig. Er kann sowohl ein Gebäude bezeichnen, als auch «Familie, Dynastie» meinen.

179 Vgl. zum Folgenden: Hannah Arendt, *Vita Activa. Oder vom täglichen Leben*, München [5]1987, S. 231–242.

Literatur

Allgemeine Literatur

WALTER BLANKENBURG, Art. «David», in: *Musik in Geschichte und Gegenwart III,* Kassel, Basel 1954, S. 39–47.

EDUARD KOLB, *David. Geschichte und Deutung. Eine Lese- und Arbeitsbuch in einfacher Sprache,* Olten/Freiburg i. Br. 1986.

LAWRENCE A. SINCLAIR, Art. «David I», in: *Theologische Realenzyklopädie,* Bd. VIII, Berlin 1981, S. 378–84.

ISRAEL M. TA-SCHMA, Art. «David in der Aggadah», in: *Encyclopaedia Judaica,* Bd. 5, 1971, S. 1326–1329.

Wissenschaftliche Kommentare

HANS WILHELM HERTZBERG, *Die Samuelbücher,* Göttingen 1956.

SILVIA SCHROER, *Die Samuelbücher,* Stuttgart 1992.

HANS JOACHIM STOEBE, *Das erste Buch Samuelis,* Gütersloh 1973.

FRITZ STOLZ, *Das erste und zweite Buch Samuel,* Zürich 1981.

Darstellungen der Geschichte Israels

YOHANAN AHARONI / MICHAEL AVI-YONAH, *Der Bibelatlas. Die Geschichte des heiligen Landes 3000 Jahre vor Christus bis 200 Jahre nach Christus. 264 Karten mit kommentierendem Text,* Augsburg 1990.

HERBERT DONNER, *Geschichte des Volkes Israel und seiner Nachbarn in Grundzügen,* Göttingen 1984 ff.

Antonius H. J. Gunneweg, *Geschichte Israels bis Bar Kochba,* 4., neu bearbeitete Auflage, Stuttgart 1982.

J. Alberto Soggin, *Einführung in die Geschichte Israels und Judas von den Ursprüngen bis zum Aufstand Bar Kochbas,* Darmstadt 1991.

Archäologische, topographische und soziologische Darstellungen

Israel Finkelstein, *The Archaelogy of the Israelite Settlement,* Jerusalem 1988.

James W. Flanagan, *David's social drama: A Hologram of Israel's Early Iron Age* (ISOT 73), Sheffield 1988.

Othmas Keel / Max Küchler / Christoph Uehlinger, *Orte und Landschaften der Bibel. Ein Handbuch und Studien-Reiseführer zum Heiligen Land,* Zürich/Göttingen 1982 ff.

Kathleen M. Kenyon, *Jerusalem – die heilige Stadt von David bis zu den Kreuzzügen, Ausgrabungen,* Bergisch-Gladbach 1961/1967.

Leonard E. Stager, The Archaeology of the Family in Ancient Israel, in: *Bulletin of the American Schools of Oriental Research 260,* 1985, S. 1–35.

Arbeiten zu einzelnen Fragestellungen

Randall C. Bailey, *David in love and war: the pursuit of power in 2 Samuel 10–12* (ISOT 75), Sheffield 1990.

Rüdiger Bartelmus, *Heroentum in Israel und seiner Umwelt. Eine traditionsgeschichtliche Untersuchung zu Gen 6, 1–4 und verwandten Texten in Israel und seiner Umwelt,* Zürich 1979.

Walter Dietrich, *David, Saul und die Propheten. Das Verhältnis von Religion und Politik nach den prophetischen Überlieferungen vom frühesten Königtum in Israel,* Stuttgart 1987.

Heike Friis, *Die Bedingungen für die Errichtung des Davidischen Reiches in Israel und seiner Umwelt* (Dielheimer Blätter, Beiheft 6), Heidelberg 1986.

Jørgen H. Grønbaek, *Die Geschichte vom Aufstieg Davids,* Kopenhagen 1971.

Maria Kassel, *Sei, der du werden sollst. Tiefenpsychologische Impulse aus der Bibel,* München 1982.

ABRAHAM MALAMAT, Aspects of the Foreign Politics of David and Solomon, in: *Journal of the Near Eastern Studies 22*, 1963, S. 1–17.
GERHARD VON RAD, Der Anfang der Geschichtsschreibung im alten Israel, in: *Gesammelte Studien zum Alten Testament*, München 1971, S. 148–188.
ABRAHAM ROSNER, *Davids Leben nach Talmud und Midrasch*, Bern 1907.
LEONHARD ROST, *Die Überlieferung von der Thronnachfolge Davids*, Stuttgart 1926.
PHYLLIS TRIBLE, Tamar. Im Königshaus wird die Weisheit geschändet, in: DIES. (Hg.), *Mein Gott, warum hast du mich vergessen? Frauenschicksale im Alten Testament*, Gütersloh [2]1990, S. 61–98.
TIMO VEIJOLA, *Die ewige Dynastie*, Helsinki 1975.
DERS., *David. Gesammelte Studien zu den Davidüberlieferungen des Alten Testamentes*, Göttingen 1990.
ARTHUR WEISER, Die Legitimation des Königs David. Zur Eigenart und Entstehung der sogenannten Geschichten von Davids Aufstieg, in: *Vetus Testamentum 16*, 1966, S. 325–354.
ERNST WÜRTHWEIN, *Die Erzählung von der Thronfolge Davids – theologische oder politische Geschichtsschreibung*, Zürich 1974.
YIGAL YADIN, Some Aspects of the Strategy of Ahab and David, in: *Biblica 36*, 1955, S. 332–351.

David in der Literatur (in Auswahl)

HANS MARTIN GAUGER, *Der Aufstieg Davids*, München 1993.
STEFAN HEYM, *Der König David Bericht*, München 1972.
RENÉ MORAX (Text) / ARTHUR HONEGGER (Musik), *Le Roi David. Psaume symphonique en trois parties*, Uraufführung 11.Juni 1921.
GRETE WEIL, *Der Brautpreis*, Frankfurt, 1991.

Personenregister mit Erklärungen

Abigail	Frau des Kalebiters Nabal; später Frau Davids: 10, **133–137**, 152, 176, 248.
Abischag	Letzte Frau im Leben Davids: 265.
Abischai	Vetter Davids, Bruder Joabs, Heerführer Davids: 132, 175, 231, 233, 248, 251, 262, 266.
Abjathar	Priester, letzter Überlebender der Priesterschaft von Nob; flüchtete zu David, später Priester in Jerusalem: 138f., 200, 219, 247, 255, 262, 266, 268, 270.
Abner	Feldhauptmann Sauls; läuft zu David über: 30, 111, 165, 169, 172–185, 238, 246, 255.
Abraham	Patriarch einer Sippe der nichtseßhaften Zeit: 203, 227.
Abschalom	Sohn Davids mit Maacha; sein Aufstand gegen David scheitert: 149f., 236–241, 243–254, 256–259, 267.
Achisch	König der Philisterstadt Gat, Lehnsherr Davids während seiner Zeit in Ziklag: 126, 151–158, 166, 187, 247f.
Adonja	Sohn Davids mit Hagid; unterliegt Salomo als Nachfolger Davids: 266–268, 270.
Ahimaz	Sohn Zadoks: 253f.
Ahimelech	Oberster Priester in Nob, wird von Saul umgebracht: 120, **123–125**.
Ahinoam	Frau Davids aus Jesreel; Mutter Amnons: 152f., 176.

Ahitophel — Ratgeber Davids, später Abschaloms; Großvater Bathsebas:
216, 245–250, 253.

Amasa — Oberbefehlshaber Abschaloms:
251, 255, 259, 262.

Amnon — Sohn Davids mit Ahinoam; vergewaltigt seine Halbschwester Tamar:
235–238, 241, 244.

Asahel — Vetter Davids, Bruder Joabs, wird von Abner getötet:
175f., 182.

Bathseba — Frau Urias; später Frau Davids:
10, 103, 200, 215–218, 220–223, 226, 231, 237, 241, 266, 268f.

Benaja — Mitglied der Gruppe der «Dreissig», später Komandant der Kreter und Plether (Leibwache Davids):
41f., 141, 233, 262, 266, 269.

Chuschai — Ratgeber Davids mit dem Titel «Freund des Königs»:
247, 249f.

Doëg — Edomiter; Verrät Saul Davids Aufenthalt bei Ahimelech in Nob:
98, **122–125**.

«die Drei» — Die «Drei Helden Davids»: Elitekämpfer in Davids Gefolge:
39, 139f.

«die Dreißig» — Elitetruppe Davids:
132, 141, 175, 215f., 247, 266.

Eliab — Älterer Bruder Davids: 28.

Elkanan — Mitglied der Gruppe der «Dreissig», tötete Goliath im Zweikampf:
37, 39f., 47, 50.

Gad — Seher und Prophet, wahrscheinlich Judäer:
200.

Goliath — Riesenhafter Zweikämpfer aus der Stadt Gat:
10, 13, 15, 23, 26–53.

Hagid — Frau Davids in Hebron:
266.

Ischai — Vater Davids:
40, 86, 88, 95f.

Ischbaal — Sohn und Nachfolger Sauls als König von Juda; wird von Davids Truppen besiegt:
165, 169, 171–173, 175, 177f.,181, 184f., 238, 246, 250, 255.

Jakob — Patriarch einer Sippe der nichtseßhaften Zeit und Sohn Isaaks nach der israelitischen Genealogie; erhält den Ehrennamen Israel («Er hat mit Gott gerungen»):
64f.

Joab — Vetter Davids, Heerführer Davids:
132, 172–176, 180–184, 198, 216f., 230, 233, 238–241, 244, 251, 253–256, 259–262, 266, 268, 270.

Jonadab — Vetter Amnons:
235, 238.

Jonathan — Sohn von König Saul; Freund Davids:
31, 79f., 88, **104–114**, 141–143, 163–165, 183, 185f., 198, 248, 257.

Lachmi — Bruder Goliaths in 1 Chron 20,5:
37, 50.

Maacha — Frau Davids, Tochter des Königs von Geschur:
177, 209, 235, 237.

Melchisedek — Priester und König aus sagenhafter Vorzeit Jerusalems; Jebuister:
203.

Merib — Tochter Sauls:
257.

Meribbaal — Verkrüppelter Sohn Jonathans:
185f., 248, 257f.

Michal — Tochter Sauls; erste Frau Davids:
10, **101–103**, 104f., 114f., 152, 178f., 183, 205f., 211f.

Nabal — Kalebitischer Herdenbesitzer; erster Mann von Abigail; verweigert David die Zahlung eines Schutzzolles:
127–129, 133–137.

Nathan — Hofmann und Prophet; Jebusiter (nichtisraelitischer Einwohner Jerusalems):
48, 200, 223–225, 266–269, 277, 282.

Paltiël — Zweiter Mann Michals:
152, 178f.

Rizpa	Nebenfrau Sauls: 257.
Samuel	Prophet, Seher und Richter. Letzter Repräsentant der vorstaatlichen Ordnung: 78, 81, 89, 94–96, 107, 109, 116f., 157, 161, 168, 271.
Salomo	Sohn Davids mit Bathseba; Nachfolger Davids: 89, 151, 176, 182, 219–223, 227, 237, 240f., 261f., 266, 268f., 278.
Saul	Erster König von Israel; Vorgänger Davids: passim.
Schimei	Entfernter Verwandter Sauls: 248, 266.
Seba ben Bichri	Anführer eines Aufstandes gegen David; aus dem Stamm Benjamin: 258–260, 262, 266.
Tamar	Tochter Davids mit Maacha, die von ihrem Halbbruder Amnon vergewaltigt wird: 10, 177, **234–238**.
Uria	Mitglied der Gruppe der «Dreissig», erster Mann der Bathseba: 103, 216–218, 231, 220f., 225.
Zadok	Priester; Jebusiter: 200, 247, 249, 255, 262, 266, 269.
Ziba	Verwalter der Güter des Sauliden Meribbaal: 248, 257f.

Ortsregister

Abel Beth Maacha	243, 259.
Adullam	35, 36, 129f., 137, 141, 187.
Aphek	74, 157, 160.
Aschdod	61.
Aschkalon	61.
Aseka	26, 36.
Baal Perazim	188f., 209.
Beerscheba	227.
Bethlehem	27, 35, 59f., 86, 120, 140.
Beth Schean	156, 169.
Dahret el Kola	144.
Dan	227.
Eben-Eser	74, 81, 157, 205.
Efes-Damin	26, 35, 36, 39, 43f., 46.
Eilat	231.
Ekron	35, 61, 74.
En-Dor	157, 242.
En-Gedi	145–148.
Ephraim	77.
Eschtemoa	162f.
Gat	27, 35, 36, 37, 42f., 61, 126, 151f., 157, 187, 247.
Gaza	61, 151, 227.
Gibea	35, 36, 39, 75, **93**, 105f., 113, 120, 141, 143, 152, 165, 173, 199, 211.
Gibeon	36, 172–176.

Gilboaberge 163f., 166, 186, 233.
Gob 35, 36, 39.

Hebron 35, 36, 39, 127, 129, 137, 175f., 178, 180, 185–188, 245, 266.
Horescha 142f.

Israel 58, 61–64, 69f.

Jabesch 97, 169.
Jericho 62f., 229, 250.
Jerusalem 35, 36, 47, 49f., 55, 59f., 67, 69f., 86, 120, 158, 188, 190, **193–207**, 211, 238, 275–279.
Jesreelebene 55, 156, 158, 169.
Jutta-Ebene 127, 141.

Kanaan 58–61, 65, 67, 73f.
Karmel 127, 129, 137.
Kegila 36, 59f., 137–139, 141.
Kirjat-Jearim 74, 205.

Mahanajim 165, 172, 175, 250–252, 255.
Mar-Elias-Paß 36, 188.
Maon 127, 137, 141, 143.
Massada 132.
Megiddo 65f., 78, 158.
Michmas 79, 198.

Nawyot 116.
Nob 120f., 138, 200, 219.

Rabba 216f., 229–231.
Rama 115.
Rephaïmebene 140, 188, 209.

Schilo 74, 97, 120, 205.
Sif 141–143.
Soko 26, 35, 36.

Terebinthental	26f., 35, 36, 39, 44, 46, 53, 129, 137, 188.
Thekoa	239f., 243.
Tyros	209, 229.
Wadi Abu l'Hayat	144.
Wadi Cheber	144.
Wadi el Malaqi	144.
Ziklag	154, 159f., 187, 203, 233, 248.
Zuf	77.

Der Nahe Osten in alttestamentarischer Zeit

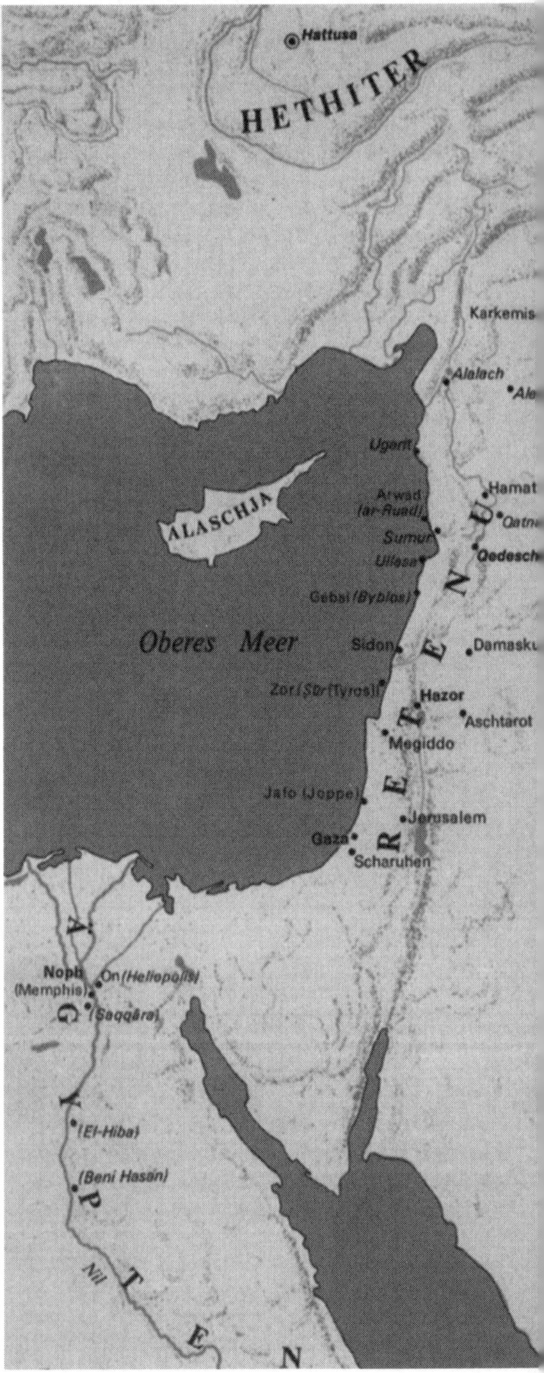

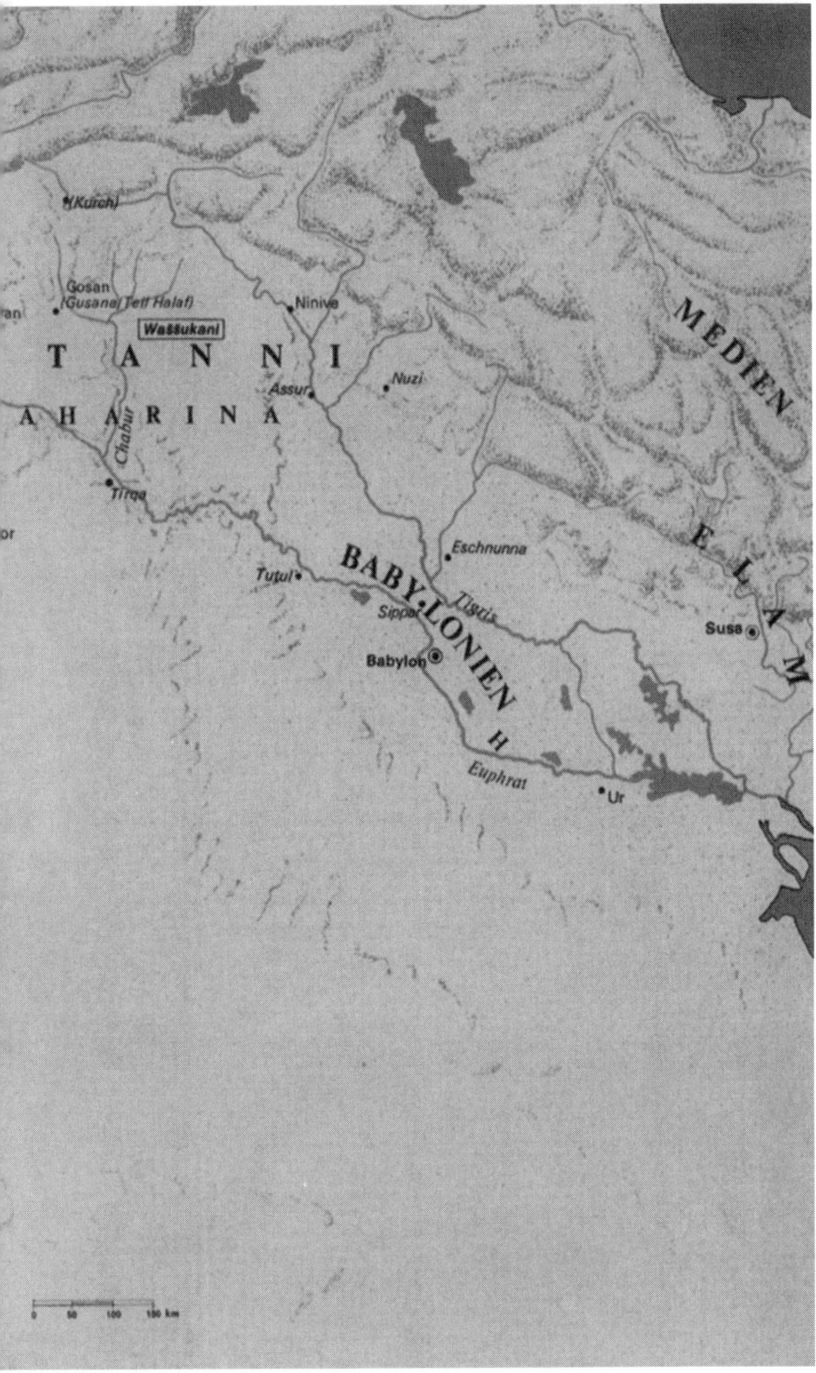
(Kurch)
Gosan
(Gusana/Tell Halaf)
Waššukani
TANNI
AHARINA
Ninive
Assur
Nuzi
Chabur
Tirqa
Tuṭul
Eschnunna
BABYLONIEN
Sippar
Tigris
Babylon
Euphrat
Ur
Susa
MEDIEN
ELAM
0 50 100 150 km

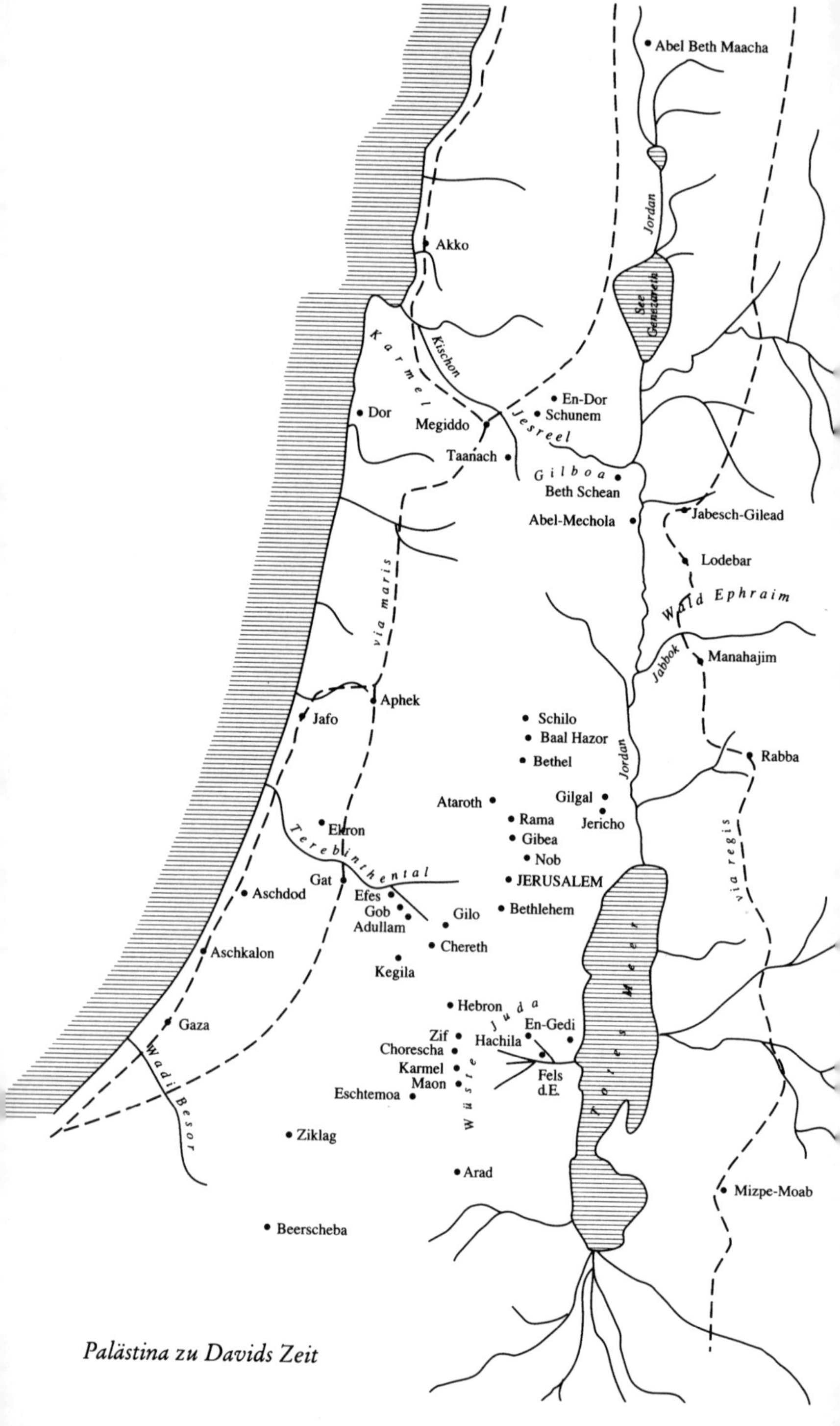

Palästina zu Davids Zeit

Corrigenda

S. 5	Inhalt	Ein Handstreich – die Eroberung Jerusalems	196
17		Baccio	
21	Z. 4	Verrocchio	
22	Abb. 2	Gian Lorenzo	
25	Z. 16	1453	
29	Z. 13 v.u.	der Schild	
31	Z. 4 v.u.	Jesus Sirach 47,2-11	
49	Z. 13 v.u.	1 Sam 17,4	
113	Z. 14	2 Sam 1,26	
128	Z. 8 v.u.	1 Sam 25,4-12	
154	Z. 8 v.u.	Assurbanipals	
161	Z. 11	1 Sam 30,20.26	
169	Z. 3 v.u.	Ammoniter	
173	Z. 17 v.u.	2 Sam	
183	Z. 10 v.u.	Abner ben Ner	
210	Z. 8	2 Sam 5,23b-24	
212	Z. 9 v.u.	2 Sam 6,23	
223	Z. 8 v.u.	ca. 868-847 v. Chr.	
224	Z. 2	1 Kön 22,13-14	
245	Z. 11 v.u.	1 Sam 20	
290	Anm. 27	1 Sam 17,28f.	
295	Anm. 76	2 Sam 17,27-29; 19,32f.	
299	Anm. 115	2 Sam 16,22	